高等院校电子商务
职业细分化创新型规划教材

U0734608

跨境电子商务多平台操作实务

陈战胜 卢伟 邹益民 ◎ 主编

人民邮电出版社

北　京

图书在版编目（CIP）数据

跨境电子商务多平台操作实务 / 陈战胜，卢伟，邹
益民主编. -- 北京 ：人民邮电出版社，2018.10（2021.1重印）
高等院校电子商务职业细分化创新型规划教材
ISBN 978-7-115-49307-1

Ⅰ. ①跨… Ⅱ. ①陈… ②卢… ③邹… Ⅲ. ①电子商
务－高等学校－教材 Ⅳ. ①F713.36

中国版本图书馆CIP数据核字(2018)第208507号

内 容 提 要

本书以工作过程为导向，采用案例教学的方式组织内容。全书介绍了 9 个典型的出口跨境电子
商务平台的操作流程及操作技巧，具体包括以阿里巴巴国际站、环球资源网和中国制造网为代表的
跨境 B2B 电子商务平台，以亚马逊、速卖通、敦煌网和 eBay 为代表的跨境 B2C 电子商务平台，以
及以 Wish 和 Lazada 为代表的移动跨境电子商务平台。通过本书的学习和训练，读者不仅能够掌握
跨境电子商务平台的操作技能，还能选择正确的跨境电子商务平台。

本书由高校教师与企业从事出口跨境电子商务的专家共同编写，流程规范、可操作性强，适合
作为普通高等院校、职业院校跨境电子商务课程的教学用书，也可作为从事出口跨境电子商务工作
的企业员工的培训教程。

- ◆ 主　编　陈战胜　卢　伟　邹益民
  　　责任编辑　古显义
  　　责任印制　马振武
- ◆ 人民邮电出版社出版发行　　北京市丰台区成寿寺路 11 号
  　　邮编　100164　　电子邮件　315@ptpress.com.cn
  　　网址　http://www.ptpress.com.cn
  　　天津翔远印刷有限公司印刷
- ◆ 开本：787×1092　1/16
  　　印张：15.25　　　　　　　　　2018 年 10 月第 1 版
  　　字数：318 千字　　　　　　　2021 年 1 月天津第 4 次印刷

定价：45.00 元
读者服务热线：(010)81055256　印装质量热线：(010)81055316
反盗版热线：(010)81055315
广告经营许可证：京东市监广登字 20170147 号

PREFACE   前　言

随着经济全球化、产业信息化及移动互联网的快速发展，跨境电子商务在世界经济发展中扮演着越来越重要的角色，世界各国都在大力推动跨境电子商务的发展，主动应对全球贸易新格局，使跨境电子商务成为进入他国市场的利器。2015年3月，国务院批准杭州设立首个跨境电子商务综合试验区。2016年1月，国务院常务会议决定在宁波、天津等12个城市新设跨境电子商务综合试验区。2018年7月，国务院常务会议决定在北京、呼和浩特、沈阳等22个城市新设跨境电子商务综合试验区。从杭州第一个试点到12个跨境电子商务综合试验区的经验复制，再到此次22个城市的大规模扩张，从试点到普惠，从所属地域来看向中西部和东北地区倾斜，择优选择基础条件好、发展潜力大、有良好的产业带基础、有成熟的电子商务氛围、区域辐射带动明显、有一定的国际物流条件、对外贸易发展好、发展跨境电子商务主观能动性强的城市，同时兼顾分布平衡，足以说明国家政策对跨境电子商务行业的利好持续。跨境电子商务综合试验区继续扩容，为我国外贸打开新上升通道，从国家战略高度谋划跨境电子商务的发展，搭建具有全球竞争力的跨境电子商务平台，建立权威的全球跨境电子商务的大数据交易中心，建立服务全球的跨境电子商务服务体系，促进企业降成本、增效益，抢占境外市场。统计数据表明，2015年以来，跨境电子商务出口增速超过30%，带动了大量中小企业出口，成为我国新的外贸增长点。

目前，中国各类跨境电子商务平台企业超过5000家，通过平台开展跨境电子商务业务的外贸企业超过20万家。跨境电子商务产业的快速发展亟需大量高技能应用型的跨境电子商务人才的支持，阿里研究院与对外经济贸易大学国际商务研究中心联合发布的《跨境电子商务人才研究报告》显示，中国存在巨大的跨境电子商务人才供需缺口。调查结果表明，跨境电子商务专业性、复合型人才的高质量培养已经迫在眉睫。

跨境电子商务人才的培养需要高水平、高质量的教材提供有力支撑。本书一方面简明扼要地讲解跨境电子商务的理论知识，重点强调平台操作技能及实战技巧，具有较强的针对性；另一方面，将多个跨境电子商务平台的分类对比介绍，有助于学习者全面了解不同平台的优缺点，快速掌握平台的运营及管理，能更快、更好地适应跨境电子商务行业领域的相关工作。

本书以跨境电子商务操作技能为核心，以工作过程为导向，以熟悉平台功能模块为主、同步提升平台操作技能和实战技巧为辅的的方式组织教学内容，强化着眼跨境电子商务平台操作的专注度。第1章概要介绍了跨境电子商务平台的分类及盈利模式。第2章重点介绍了以阿里巴巴国际站、环球资源网和中国制造网为代表的出口跨境B2B电子商务平台的基础知识和实际操作。第3章重点介绍了以亚马逊、速卖通、eBay和敦煌网为代表的出口跨境B2C电子商务平台的基础知识和实际操作。第4章重点介绍了以Wish和Lazada为代表的出口跨境移动电子商务平台的基础知识和实际操作。第5章介绍了我国跨境电子商务的发展状况和未来发展趋势。

本书是北京联合大学2017年特色亮点校内专项建设成果，由北京联合大学跨境电子商务中心骨干教师和慧睿国际贸易有限公司平台运营专家经反复研讨共同合作编写。其中，第1章由北京联合大学陈战胜、慧睿国际贸易有限公司卢伟和内蒙古财经大学孙宝军共同编写，第2章由陈战胜、北京联合大学申海伟、卢伟共同编写，第3章由陈战胜、孙宝军、北京联合大学赵劲松和北京联合大学刘建国共同编写，第4章由陈战胜、北京联合大学刘晓宇和北京联合大学胡正坤共同编写，第5章由陈战胜和浙江师范大学邹益民共同编写。全书由陈战胜、卢伟和邹益民共同完成统稿。此外，本书在编写过程中得到了北京联合大学李宇红教授、翟世骏副教授、王廷梅副教授、陈道志副教授，中山大学沈鸿教授、桑应朋副教授，北京交通大学李浥东副教授的热情鼓励和大力支持，在此深表感谢。

本书可以作为应用型本科院校、职业院校跨境电子商务专业、国际贸易专业或电子商务专业国际贸易课程的参考教材，也可供跨境电子商务运营专员参考学习。

跨境电子商务热潮来袭，我们对跨境电子商务领域的认知和观点尚未完全达成共识，书中难免有欠妥和不当之处，恳请读者批评指正。

编　者
2018年6月

CONTENTS 目 录

第 1 章

跨境电子商务平台概述

教学目标

了解跨境电子商务平台的定义和分类，熟悉跨境电子商务平台的不同类型，了解跨境电子商务平台的盈利模式，并掌握跨境电子商务平台的操作流程。

学习目标

本章将从跨境电子商务平台的认知出发，介绍跨境电子商务平台的发展现状。通过本章的学习，学习者需要：

1. 认识跨境电子商务平台的定义；
2. 了解跨境电子商务平台的分类；
3. 了解典型跨境电子商务平台的区别；
4. 了解跨境电子商务平台的盈利模式；
5. 掌握跨境电子商务平台的操作流程。

本章重点

本章重点了解典型的跨境电子商务平台，掌握跨境电子商务平台的操作流程。

随着"互联网+"时代的快速发展，互联网全面渗透到金融、教育、健康、旅游及物流等各个领域，对社会经济的发展和人们的生活方式产生了巨大影响。出口贸易作为拉动我国经济持续发展的"三驾马车"之一，是我国实施"走出去"战略，借助"互联网+"行动计划推动移动互联网、大数据、云计算和物联网等与实体经济结合，引导互联网企业拓展国际市场，扩大我国企业产品销路，增强国际影响力的重要途径。

跨境电子商务作为推动经济一体化、贸易全球化的技术基础，具有重要的战略意义。我国对外贸易产业就是在此大环境下，利用"互联网+外贸"实现优进优出，尝试转型升级，积极探索适合我国国情的跨境电子商务模式。

1.1　跨境电子商务平台的定义及分类

关境是指实施同一海关法规和关税制度的境域。跨境电子商务是指分属不同关境的交易主体，通过跨境电子商务平台达成交易、进行支付结算，利用跨境物流运送商品，从而完成交易的一种国际商业活动。

1.1.1　跨境电子商务平台的特点

跨境电子商务的特点主要有以下几点。

1. 全球性

跨境电子商务依靠网络冲破国家间的贸易障碍，使国际贸易走向无国界贸易，具有全球性和非中心化的特性。对企业来说，跨境电子商务构建的开放、多维、立体的多边经贸合作模式，大大促进了国际多边资源的优化配置与企业间的互利共赢；对消费者而言，只要具备一定的技术条件，在任何时候、任何地方都能够获取其他国家的商品信息并买到物美价廉的商品。

2. 无形性

跨境电子商务使数字化产品和服务通过网络进行无形传输，税务机关难以检查到，即增加了产品和服务的无形性。

3. 匿名性

匿名性是指跨境电子商务在线交易往往不显示在线消费者的真实身份和地理位置。在线交易的匿名性，使纳税人纳税成本的降低成为可能。

4. 即时性

即时性是指跨境电子商务在线交易双方信息的交互几乎同时发生，与交易双方的实际时空距离无关。比如，数字化产品的订货、付款、交货可以瞬间完成。跨境电子商务在线交易的即时性提高了交易效率，减少了传统交易中的中间环节。

5. 无纸化

无纸化是跨境电子商务交易的主要特征，是指买卖双方在线交易的整个信息发送和接收过程实现了无纸化，使信息传递摆脱了纸张的限制。跨境电子商务中的数字合同、数字时间以及其他保密措施大大提高了跨境贸易的交易效率。

1999年阿里巴巴成立到2004年敦煌网上线，标志着国内供应商通过互联网与海外买家实现对接，是我国跨境电子商务发展的起步摸索阶段。从2004年起，国内跨境电子商务平台不再单纯地提供信息展示和咨询服务，进一步实现了买卖双方信息的对接，服务和资源的优化整合，逐步纳入支付和物流等，有效打通跨境贸易的各个环节，真正实现跨境贸易的在线交易。

跨境电子商务构建的开放、便利、高效的贸易环境，拓宽了中国企业进入国际市场的路径，优化了外贸产业链，给面临转型升级困境中"中国制造"品牌的创立和产品的创新提供了便利的平台和宝贵的发展机遇。2013年，我国跨境电子商务交易规模为3.1万亿元。第三方机构艾媒咨询发布的《2016—2017中国跨境电子商务市场研究报告》显示，2016年中国进出口跨境电子商务整体交易规模达到6.3万亿元，预计2018年将达到8.8万亿元。

跨境电子商务的快速发展，使得我国急需一批理论知识扎实、操作流程规范、技术过硬和综合能力较强的中高级跨境电子商务人才。本书能够助力中小跨境电子商务企业正确选择适合企业发展的跨境电子商务平台，推动我国跨境电子商务的快速发展。

1.1.2 跨境电子商务平台的定义

跨境电子商务的崛起，离不开政府的诸多鼓励扶植政策。但是，跨境电子商务企业要想真正运营好业务，离不开以下平台支撑体系。

1. 跨境电子商务平台

跨境电子商务平台是指为从事进出口贸易的企业或个人提供线上产品展示、咨询服务及网上交易洽谈的虚拟网络空间，是协调整合信息流、货物流、资金流以使其有序高效流动的重要场所，是保障跨境贸易顺利运营的平台。企业通过跨境电子商务平台提供的网络基础设施、支付平台、安全平台和管理平台等共享资源，能够有效、低成本地开展跨境贸易活动。

2. 跨境物流平台

由海关"三单独立推送"的监管要求可知，跨境物流平台是跨境电子商务中必不可少的一环。通常，海关总署和质检总局简称"关检"。B2B2C指电子商务类型的网络购物模式，中间的"B"即指物流平台，其作用是代理业务和接受监督，其功能是首先接受来自电子商务平台的订单，然后产生运单，最后向关检推送。

通常，跨境物流平台的经营主体是符合关检要求资质的物流公司，具备与关检系统对接的B2B2C报关系统，以及暂存货物的保税仓等配套部分。目前，海外建仓已经成为跨境电子商务发展的一大潮流，一些较大尺寸的产品开始逐渐走入跨境电子商务的经营范畴。

3. 跨境支付平台

跨境支付平台是指基于互联网技术实现跨境支付，具有跨境支付牌照的支付机构。具体来说，支付平台是接收消费订单、产生支付信息、对接关检系统的重要组成部分。此外，跨境支付平台向海关独立推送的支付信息必须经过海关设定的"订单、运单、支付信息"三单核对，验证通过后才可以清关。

4. 跨境政务/服务平台

跨境政务/服务平台是为跨境外贸企业进出口通关提供便利服务的系统性平台。与传统外贸流程一致，跨境电子商务同样需要"关、检、税、汇"4个部门的支持。目前，跨境政务/服务平台由海关和国检（国家出入境检验检疫机构）两个部分接入和监管。

2014年海关总署发布的《关于跨境贸易电子商务进出境货物、物品有关监管事宜的公告》（"56号文件"）要求，无论是企业还是个人，想要经营跨境电子商务以及运输商品，都必须在海关进行备案并接受监管。

1.1.3 跨境电子商务平台的分类

从业务模式角度分，跨境电子商务可分为跨境零售电商（B2C及C2C）及跨境B2B电商。其中，B2C是Business-to-Customer的缩写，中文简称为"商对客"或"企业对顾客"；C2C是Customer-to-Customer的缩写，中文简称为"顾客对顾客"；B2B是Business-to-Business的缩写，中文简称为"企业对企业"。通常，跨境B2B电商不仅包括线上交易部分，还包括线上撮合、线下交易的部分。

从关境角度分，跨境电子商务分为出口跨境电子商务和进口跨境电子商务。若无特殊说明，本书一律采用跨境电子商务表示出口跨境电子商务。中国企业要想将"中国制造"销往全世界，需要了解跨境电子商务平台有哪些，然后选择适合自身发展的跨境电子商务平台。

1.1.4 主流跨境电子商务平台

目前，跨境B2B电子商务平台的典型代表主要有阿里巴巴、中国制造网和环球资源网；跨境B2C电子商务平台的典型代表主要有亚马逊、敦煌网、eBay、Wish、全球速卖通和Lazada等。下面分别进行简单介绍。

1. 阿里巴巴

阿里巴巴集团是阿里巴巴网络技术有限公司的简称，是一家主要提供电子商务在线交易平台的公司，于1999年在杭州创立。阿里巴巴集团经营的业务包括淘宝网、天猫、聚划算、全球速卖通、阿里巴巴国际交易市场、1688、阿里妈妈、阿里云、蚂蚁金服和菜鸟网络等。2016年4月6日，阿里巴巴正式宣布成为全球最大的零售交易平台。

阿里巴巴集团拥有阿里巴巴国际站和全球速卖通两个跨境电子商务平台。其中，阿里巴巴国际站是世界领先的B2B电子商务公司，服务于中国和全球的中小企业。阿里巴巴国际站基于全球领先的企业间电子商务网站平台，通过向海外买家展示、推广供应商的企业和产品，拓宽对外贸易商机和订单，是国内企业拓展国际贸易的首选跨境电子商务平台之一。

全球速卖通即AliExpress，是为全球消费者搭建的零售市场，买家主要来自俄罗斯、美国和巴西。全球速卖通的最大特点是开店门槛低、操作简单且手续费低，适用于新手操作。2016年11月，全球速卖通"2017年招商及考核标准"规定，所有新账户必须以企业身份注册认证，并且实行全行业产品商标化。

阿里巴巴跨境电子商务平台的主要优势如下。

（1）是用户访问量最大的跨境B2B电商平台。

（2）平台功能较完善且推广力度较强。

（3）平台采购商主要集中在亚太地区，经营的轻工产品较有优势。

阿里巴巴跨境电子商务平台的主要劣势如下。

（1）在用户访问量中，中国用户占60%以上，国外买家访问量相对较少。

（2）平台中文站访问量占80%以上，英文站访问量相对较少。同时，平台英文站价格较高，实际效应与宣传存在一定差距。

（3）中国同行业企业竞争激烈，表现为同一种产品存在多页的诚信通会员。

（4）平台采用付费方式进行产品排名策略，出价高者产品排名靠前。

（5）买家询盘多采用群发策略，没有太多的针对性。

（6）平台英文站的采购商资质不一。作为全球领先的跨境B2B电子商务平台，卖家主要来自中国、印度、巴基斯坦、美国和日本，平台在欧洲有待进一步开拓。

阿里巴巴之所以能有今日的成就，离不开其精准的市场定位策略。1999年成立之初的阿里巴巴发现互联网都在为全球顶尖15%的大企业服务，并没有考虑规模小、销售渠道窄、急需拓展海外市场的中小企业。于是，阿里巴巴开始主攻中小企业的"弃鲸鱼抓虾米"战略，将平台定义为"为全球的中小企业通过互联网寻求潜在贸易伙伴，并且彼此沟通和达成交易"。

2. 中国制造网

中国制造网即"Made in China"，隶属于焦点科技开发有限公司。中国制造网成立于1998年，于2003年被《互联网周刊》评为"最具商业价值的中国网站100强"，并且同年对中国供应商推出高级会员服务，开始正式收费。经历年轮的洗礼，中国制造网已经发展成为国内数一数二的跨境B2B电子商务平台，使"Made in China"成为世界上认知度最高的产品标签，为国内无数中小企业走出国门提供了桥梁。

中国制造网跨境电子商务平台的主要优势如下。

（1）平台是一个专业的跨境B2B电子商务平台，产品供应信息全部来源于中国供应商。

（2）依据Alexa网站流量全球综合排名查询，平台的国外买家浏览率高达75%以上。

（3）平台提供的TopRand服务，会帮助卖家将产品信息排在前10名，并且将产品推荐给国外买家。

（4）平台询盘系统采用一对一发送方式，使询盘邮件具有很强的针对性。

（5）平台经营的产品价格适中，销售效果较好。

中国制造网跨境电子商务平台的主要劣势如下。

（1）平台的国内知名度不是很高。

（2）平台投放的广告还不是很多。

3．环球资源网

环球资源网旨在促进亚洲各国的出口贸易，成为联系全球供应商与买家的国际贸易网站。

环球资源网跨境电子商务平台的主要优势如下。

（1）采用网络、光盘等推广方式，将产品信息直接卖给采购商。

（2）平台以杂志起家，在贸易杂志和展会推广方面比较专业。

（3）平台经营的电子产品有较强优势。

环球资源网跨境电子商务平台的主要劣势如下。

（1）平台与杂志风格类似，都呈现信息载体的功能，二者的用户重复。

（2）平台功能主要是供应商目录查询，且互动性不强。

（3）平台经营的产品价格较高，针对高品质客户群体，现推出低价服务，但效果不佳。

（4）采购商信息采集和分类不够精细，但产品信息被高质量采购商获取显得尤为关键。

（5）跨境B2B行业在突飞猛进，环球资源网却迟滞不前。

4．亚马逊

亚马逊即Amazon，创立于1995年，总部位于美国华盛顿州的西雅图。目前，亚马逊已成为全球商品品种最多的网上零售商和全球第二大互联网公司。2004年8月，亚马逊全资收购卓越网，使亚马逊全球领先的网上零售专长与卓越网深厚的中国市场经验相结合，成为中国网上零售的领先者。

作为全球最大的跨境电子商务企业，亚马逊跨境平台的主要优势是流量大、交易快，拥有完整的跨境电子商务交易生态链。然而对于企业而言，亚马逊准入门槛较高，有很大的开店风险。

5. 敦煌网

敦煌网是国内首个聚集中国众多中小供应商的产品，为国外众多中小采购商提供采购服务的全天候国际网上批发交易平台。目前，敦煌网在线外贸交易额在亚太地区排名第一。

敦煌网跨境电子商务平台的主要优势如下。

（1）区别于阿里巴巴、环球资源网等信息服务平台模式，敦煌网以交易服务为核心。

（2）平台创新推出买家按交易金额付费的动态佣金模式。

（3）卖家在平台上传产品免费，平台还会帮助消费者和供应商商谈折扣。

敦煌网跨境电子商务平台的主要劣势是入驻的大规模企业数量较少。

6. eBay

eBay中文名为易贝，是一个帮助全球民众上网买卖物品的线上拍卖及购物网站。eBay创立于1995年，总部位于加利福尼亚州圣荷西。在"2017年Brandz最具价值全球品牌100强"中，eBay名列第86位。

eBay跨境电子商务平台的主要优势是入驻平台门槛低、利润高、买家多、交易便利。eBay平台的主要劣势是经营的产品品牌相对较杂。

7. Wish

Wish是移动跨境电子商务平台的领先者，创立于2011年，总部位于美国旧金山硅谷。截至2016年年底，Wish继续保持了北美最大移动电子商务平台的市场地位，并且跻身成为全球第六大电子商务平台。Wish改变了游戏规则，开启了未来开展移动商务活动的潮流。

Wish跨境电子商务平台的主要优势如下。

（1）平台专注产品展示与个性化推荐，极大增强了用户的黏性。

（2）针对不同国家，平台采用当地语言进行本土化网站的建设，具有亲和力。

Wish跨境电子商务平台的主要劣势是对消费者采用"宽松容忍"原则，只要消费者提出退款，平台基本都通过，无法保证卖家的利益。

8. Lazada

Lazada成立于2012年，是目前东南亚最大的移动跨境电子商务平台。目前，Lazada平台在泰国、印度尼西亚、马来西亚、菲律宾和越南都占据电子商务市场第一的位置，在东南亚市场一枝独秀。

Lazada移动跨境电子商务平台的主要优势如下。

（1）平台拥有产品质量审核环节，不会随意接受买家的退货。

（2）平台市场定位东南亚，目标专注度高。

Lazada移动跨境电子商务平台的主要劣势表现为物流相对比较烦琐、退货成本较高。

1.1.5 其他跨境电子商务平台

准备从事跨境出口电子商务的企业，考虑的无外乎是对产品的选择、定位以及海外市场的选择。为了进一步帮助中国卖家，下面我们将简要介绍其他跨境电子商务平台。

1. 以垂直3C业务为主的跨境电子商务平台

3C是计算机、消费电子和通信的简称。Bestbuy即百思买，是一家美国跨境电子商务垂直3C平台，目前是全球最大的家用电器和电子产品零售企业。New egg即新蛋，是一家美国跨境电子商务垂直3C平台，专门从事计算机、消费电子、通信等垂直3C产品的销售。

2. 本土化跨境电子商务平台

美国本土化跨境电子商务平台还有Sears、Walmart和Tophatter等。其中，Sears是能找到Kenmore、Craftsman和DieHard等品牌的唯一零售商，是最大的产品维修服务提供商；Walmart即沃尔玛，是美国本土用户访问量排名第二的购物网站，仅次于亚马逊；Tophatter是一个美国在线拍卖行，是世界上最有趣的生活卖场。

日本本土化跨境电子商务平台有Ipros等。Ipros专注于B2B业务，是日本最大的制造业类B2B平台。

东南亚本土化跨境电子商务平台有Shopee和Ensogo。其中，Shopee总部位于新加坡，作为Garena旗下的移动电子商务平台，是Lazada的有力竞争者；Ensogo为东南亚移动跨境购物平台。

欧洲本土化跨境电子商务平台有CDiscount、Otto、BellaBuy、Zalando、Tesco和Trademe。其中，CDiscount是法国最大的电子商务在线购物网站，是法国人最喜爱的电子商务平台的前三甲；Otto即奥托，是德国领先、全球综合B2C排名第二、仅次于亚马逊的电商平台；BellaBuy是移动跨境电子商务平台中首个女性购物平台，主攻欧美地区的女性消费者；Zalando总部位于德国柏林，是一家大型网上电子商城，主要经营服装和鞋类；Tesco即乐购，是英国领先、全球三大零售商企业之一的电子商务平台；Trademe是新西兰最大的跨境电子商务平台，旗下还有新西兰第二大招聘网站和第二大交友网站。

拉丁美洲本土化跨境电子商务平台有Linio、Mercado Libre、Etsy和Mercadolivre。其中，Linio是拉丁美洲地区最大的电子商务平台；Mercado Libre是拉丁美洲的一家网上商城；Etsy以手工艺成品买卖为主；Mercadolivre即魅卡多，是巴西最大的C2C跨境电子商务平台，其地位类似于中国的淘宝。

非洲本土化跨境电子商务平台当属尼日利亚的两大跨境电子商务平台Jumia和Konga。

俄罗斯本土化跨境电子商务平台有Yandex和MoBuy。其中，Yandex是俄罗斯重要的网络服务门户，是本土用户访问量最大的网站；MoBuy是本土第一家主打移动时尚购物的跨境电子商务平台。

韩国本土化跨境电子商务平台的代表是Gmarket，其在线零售的商品销售总值排名韩国第一。

印度本土化跨境电子商务平台的代表是Flipkart，是印度最大的跨境电子商务零售商。

中国出口跨境电子商务平台还有兰亭集势、壹零客等。其中，兰亭集势主要经营B2C零售业务，整合了供应链服务在内的在线交易服务；壹零客主要经营B2B外贸服务，定位东南亚市场，是Lazada的有力挑战者。

欲从事跨境电子商务领域的企业，在确定企业经营产品的类目、定位后，应瞄准目标市场，才能够正确选择适合企业发展的跨境电子商务平台。

1.2 跨境电子商务平台的盈利模式

盈利模式作为管理学的重要研究对象，是指对企业经营要素进行价值识别和管理，从中捕捉盈利时机，探求企业利润的来源、生产过程及产出方式的系统方法。跨境电子商务平台的盈利模式是一种归结于企业战略和核心竞争力的动态模式。

1.2.1 盈利模式

跨境电子商务平台的盈利模式主要有以下几点。

1. 会员制收费模式

会员制是指入驻平台的企业通过缴纳会员费优先享有平台提供的众多优惠，如产品优先发布、产品优先推广的机会等。

2. 增值服务模式

增值服务模式也称为有偿服务模式，如平台通过提供扩大产品曝光的"旺铺"服务，吸引入驻企业付费获取相应的增值服务。

3. 资金服务模式

资金服务是指平台与银行合作，对平台入驻企业提供网络联保贷款服务。

4. 广告收费模式

广告收费是指入驻平台的企业通过图片、文字、动画或视频等形式，依靠受众广泛的专业网站传播自身的商业信息。其中，广告中可以通过设置链接，引导消费者到达指定网页。网络广告具有针对性强、价格低廉和传播范围广的优势，是平台盈利的主要来源之一。

1.2.2　平台盈利模式介绍

不同跨境电子商务平台的盈利模式不尽相同，现分别介绍如下。

1.　阿里巴巴的盈利模式

2008年，阿里巴巴盈利高达12亿元。如此骄人的销售业绩离不开平台良好的盈利模式。

（1）会员付费模式

阿里巴巴平台的会员分为中国供应商和诚信通会员两种，不同会员每年缴纳会员费也不相同。会员付费模式是阿里巴巴的主要盈利模式之一。

（2）创新增值服务模式

阿里巴巴推出的增值服务主要有关键词服务、通信软件贸易通、关键词竞价服务、阿里认证、客户品牌推广展位服务、提供商业贷款、旺铺服务和橱窗推荐等。增值服务的目的在于吸引入驻企业主动付费，以扩大产品的销售机会。

2.　环球资源网的盈利模式

环球资源网专注于国内中小企业的外贸，对国外买家的服务非常专业。

（1）会员付费模式

环球资源网接纳的多为大型企业高端会员，会员费是平台的基本盈利保障。

（2）线下会展费

线下会展费是平台的特色盈利渠道。

（3）行业资讯推送服务费

行业资讯推送服务费也是环球资源网的特色盈利渠道。

（4）增值服务费

入驻企业通过付费可以获取平台提供的增值服务。

3.　中国制造网的盈利模式

中国制造网是国内著名的跨境B2B电子商务平台，经营产品覆盖工业品、原材料、家居百货和商务服务等。

（1）会员收费模式

入驻企业只有通过付费获取高级会员资格后，方可获得平台定向配对后推荐采购商信息的机会。会员收费模式是平台盈利的基本保障。

（2）增值服务收费模式

平台提供的增值服务有搭建企业展厅、移动营销及深度推广等。

（3）企业认证收费模式

平台只接受中国供应商，主攻中国产品的推广，是仅有的一家以推广中国产品为目标的大型B2B平台。平台客户大部分来自西方发达国家，具有很强的地区针对性。入驻企业通过付费获得企业认证，提升企业信誉，赢得海外买家的信任。

中国制造网通过独有、直观形象的网址，明确定位中国制造，吸引了来自全球200多个国家或地区的数百万买家。

4. 亚马逊的盈利模式

亚马逊作为网络上最早的电子商务公司，已成为全球商品品种最多的网上零售商和全球第二大互联网企业。

（1）会员收费模式

平台会员收费即平台月租费。平台根据每月销售物品的种类、数量，将入驻企业划分为专业卖家或个人卖家，然后收取平台月租费。其中，个人卖家无须支付月租费。

（2）成交手续费

专业卖家无须缴纳商品成交手续费，个人卖家需按照每件商品缴付商品成交手续费。

（3）物流费用

FBA是Fulfillment by Amazon的简称，即亚马逊提供的代发货业务。入驻企业若采用FBA功能，则按照FBA相关标准支付费用。入驻企业若采用自主配送方式，则按照物品类别和运送方式向平台支付费用。

（4）可变结算费

对于诸如DVD、音乐、软件和视频游戏等媒体类商品，入驻企业需要为成功售出的每件商品支付1.35美元的可变结算费。

（5）大批量刊登费

平台规定每月可发布200万美元的SKU（库存量单位），一旦超出200万美元，就需要为超出的SKU支付大批量刊登费。其中，每个SKU的费用为0.0005美元。

一线卖家应该了解SKU的基本概念，SKU是指产品统一编号，每种产品均对应唯一的SKU号。在电子商务中，SKU是指一款商品每款都出现的一个SKU，便于识别商品。比如，一款商品多色，则是有多个SKU。以一件衣服为例，衣服颜色有红色、白色和蓝色，则其SKU编码也不相同，因为SKU相同会出现产品混淆、发错货的现象。

（6）退款手续费

由于卖家原因取消订单，卖家需要向平台支付一定的退款手续费。

5. eBay的盈利模式

eBay是世界上最大的拍卖网站，也是跨境C2C电子商务平台的典型代表。

（1）刊登费

入驻企业刊登产品，需要向平台支付产品刊登费，刊登费因产品类别不同而不同。

（2）成交手续费

刊登物品成功售出后，需要按照成交价的一定比例向平台交付相应的费用。

（3）特色功能费

入驻企业刊登产品时，可以通过付费获取平台提供的特色功能。

（4）店铺费

入驻企业向平台支付店铺费，可以开设店铺。店铺的月租费和平台站点、店铺级别有关。

（5）收款手续费

PayPal为全球跨境电子商务平台提供一种全新、安全与便捷的在线支付方式，其全球活跃用户超过2亿，是全球领先的开放性支付平台，是很多跨境电子商务商家用于收款的热门选择。PayPal是eBay的合作支付平台，入驻企业一旦发生交易，就需要向PayPal平台单独缴费。

6. Wish的盈利模式

Wish是中小卖家云集的第三方平台，卖家规模较小，极少见到大型品牌商的身影。

平台入驻企业在交易成功后，需要向平台缴纳佣金。通常，Wish根据销售额收取10%～15%的佣金。

7. Lazada的盈利模式

Lazada是东南亚首屈一指的网上购物平台，在印度尼西亚、马来西亚、菲律宾、新加坡、泰国以及越南设有分支机构。客户可以通过移动设备或计算机访问该跨境电子商务平台。

（1）佣金

2016年，平台根据经营产品类目的不同，设置了交易佣金的比例。

（2）成交手续费

只要有商品成功交易，企业就需要向平台缴纳2%的成交手续费。

（3）物流费用

LGS是Lazada Global Shipping的简称，是Lazada平台指定的物流平台。入驻企业若使用平台的LGS服务，则需要按照标准向平台支付费用。LGS费用因为平台站点的不同也会有所不同。

8. 敦煌网的盈利模式

敦煌网通过免费注册吸引企业入驻，通过提供信息服务、交易支付、物流及客户管理等给交易双方提供桥梁。

敦煌网采用以收取交易佣金为主的盈利模式。其中，交易佣金由买家支付，而非卖家。

综上所述，跨境B2B电子商务平台对企业资质要求很高。在跨境B2C电子商务平台中，亚马逊店铺运营难度较大，速卖通、Lazada提出只有企业才能入驻的要求。因此，对于打算从事跨境电子商务的个人而言，敦煌网、Wish和eBay倒不失为最佳选择。

1.3 跨境电子商务平台的操作流程

不同的跨境电子商务平台存在不同的入驻门槛、不同的入驻资质、不同的收费标准以及不同的特色功能，存在经营业务不同、目标市场不同及消费群体不同，但是，跨境电子商务平台的操作流程却大致相同，如图1-1所示。

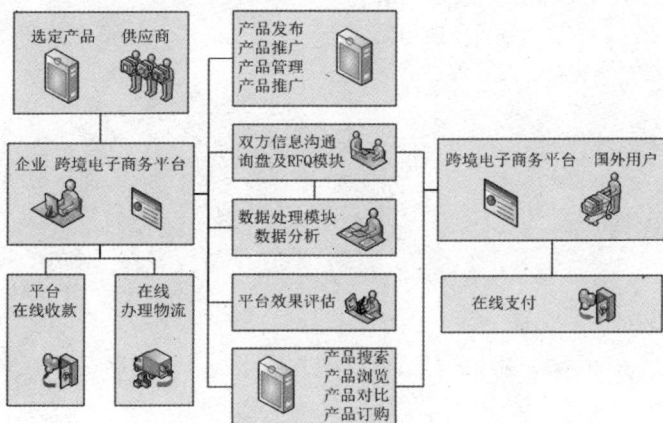

图1-1 跨境电子商务平台操作主流程示例

未来几年，跨境电子商务将快速发展，迎来黄金发展期。跨境电子商务行业的快速发展及贸易市场的多元化发展，急需一大批高素质、高技能的跨境电子商务人才。

而高素质、高技能的综合应用型跨境电子商务人才，通常需要具备宽阔的国际视野、专门的国际商务知识与技能、较强的跨文化交际与沟通能力以及扎实的英语基本功。

因此，在任何一个跨境电子商务平台上运营店铺，只有熟悉平台规则、熟练地进行平台操作并掌握平台操作的各项优化技能，才能成功地开启并经营好自己的店铺。

本章总结

本章对跨境电子商务平台的定义、分类、盈利模式进行了介绍，并对典型的跨境电子商务平台进行了概要介绍。欲从事跨境电子商务的学习者，要在了解跨境电子商务相关知识点的基础上，掌握跨境电子商务平台的操作流程。

习题

1. 简述跨境电子商务平台的定义。

2. 跨境电子商务平台的分类有哪些？试举例说明。

3. 跨境电子商务平台的盈利模式主要有哪些？试描述亚马逊和eBay平台的盈利模式。

4. 简述跨境电子商务平台的操作流程。

5. 目前提供移动端访问方式的跨境电子商务平台有哪些？

第 2 章

跨境B2B
电子商务平台

教学目标

了解代表性跨境B2B电子商务平台的特点，熟练掌握跨境B2B电子商务平台的操作技能。

学习目标

本章主要介绍阿里巴巴、环球资源网和中国制造网在内的三大跨境B2B电子商务平台的操作流程及操作技能。通过本章的学习，学习者需要：

1. 了解阿里巴巴国际站的平台特点；
2. 掌握阿里巴巴国际站的平台操作技能；
3. 了解环球资源网的平台特点；
4. 掌握环球资源网的平台操作技能；
5. 了解中国制造网的平台特点；
6. 掌握中国制造网的平台操作技能。

本章重点

本章重点学习阿里巴巴国际站、环球资源网和中国制造网的平台操作技能。

2.1 阿里巴巴国际站

阿里巴巴国际站是全球最大的跨境B2B贸易市场，曾被美国《福布斯》杂志连续7年评为全球最佳跨境B2B电子商务网站。

2.1.1　阿里巴巴国际站简介

阿里巴巴国际站是阿里巴巴集团下的跨境B2B电子商务平台，该平台已经成为大多数企业拓展跨境贸易的首选电子商务平台。阿里巴巴国际站旨在助推中小企业积极拓展国际贸易，向海外潜在客户展示、推广品牌供应商的产品，从而挖掘海外贸易商机并获取订单。目前，阿里巴巴国际站的注册企业超过230万，覆盖34个进出口行业，覆盖高达200多个国家和地区。

阿里巴巴国际站能够为入驻企业提供店铺装修、产品展示、产品营销及推广、生意洽谈等一站式线上服务，不仅可以帮助企业降低成本，而且可以提升国际贸易市场拓展的效率。阿里巴巴国际站作为跨境B2B电子商务平台，不仅便于海外购买方发布采购信息、搜索卖家并实现产品对比，而且有助于卖家发布产品信息、合理定位产品价格，并且为卖家、买家提供便利的在线沟通工具、账户管理工具、平台信用卡直接支付功能、在线电汇支付交易和跨国转账功能以及在线安排海运、空运等功能，在促成双方交易成功方面发挥了重要的作用。

2.1.2　平台注册及体验

阿里巴巴国际站的首页如图2-1所示。

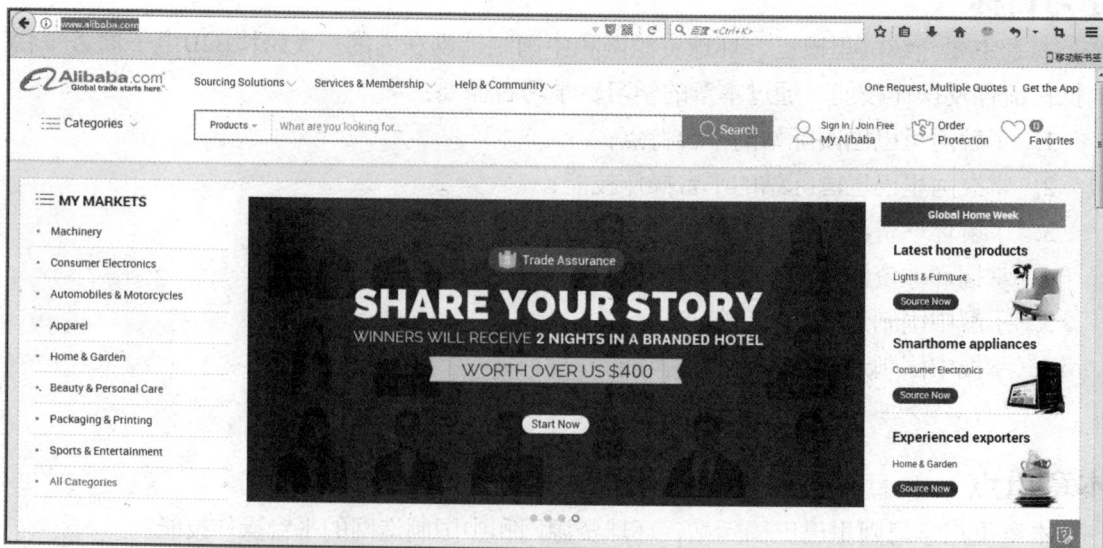

图2-1　阿里巴巴国际站首页

企业入驻平台的注册流程是：单击图2-1右上方的"Join Free"超链接，在显示页面中完成"设置用户名""填写账号信息"和"注册成功"三个步骤，如图2-2所示，然后经过阿里巴巴国际站客服人员的核实及确认后，才能成功注册为该网站的会员。

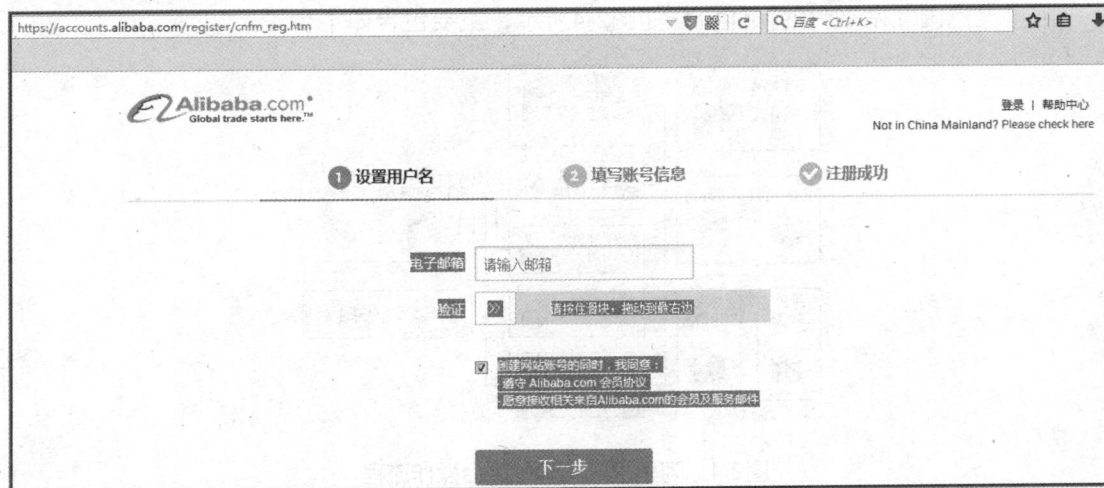

图2-2　阿里巴巴国际站注册页面

成功注册为平台会员的企业，单击图2-1右上方的"Sign In"超链接进行登录，在页面中正确输入企业账户及密码即可实现账户登录，如图2-3所示。

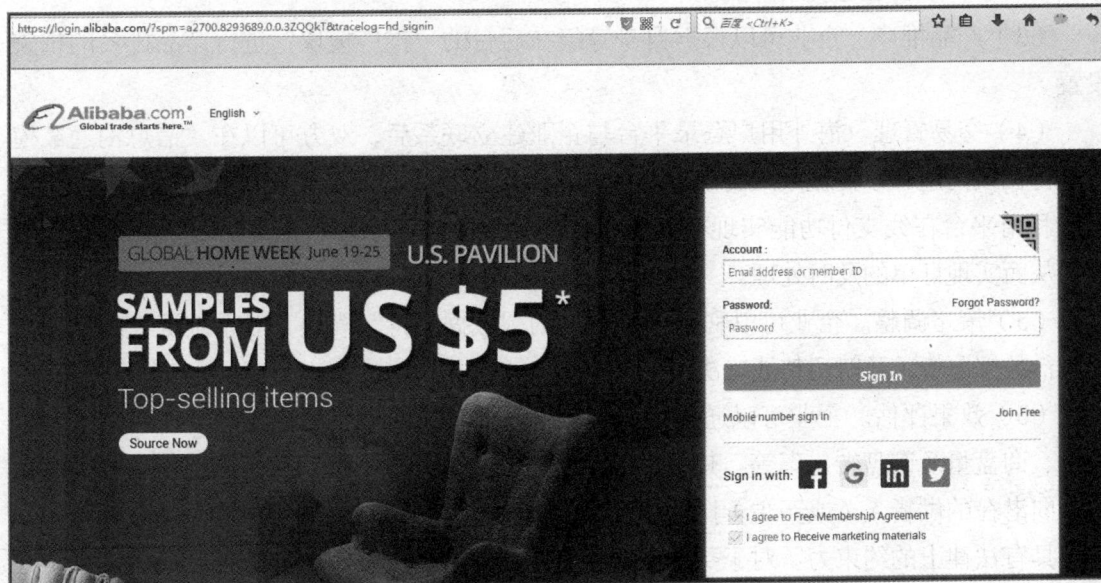

图2-3　阿里巴巴国际站登录页面

企业资质不同，需要填写的信息也会有所区别。准备入驻阿里巴巴国际站的商家可以结合自身情况，按照平台提示输入相应的信息进行注册。

2.1.3　平台操作流程

阿里巴巴国际站平台的操作流程如图2-4所示，主要包含如下步骤。

图2-4　阿里巴巴国际站平台操作流程

（1）确定选品。入驻企业经过市场调研，选定产品、确定供应商，以保证货源的稳定性。

（2）发布产品。输入合法账户和密码后，登录系统后台，在"产品模块"中进行产品发布，也可以管理已发布产品。

（3）产品推广。企业可以根据自身等级在后台的"推广模块"进行产品排名的相关设置。

（4）交易管理。海外用户登录平台与企业建立联系后，双方可以在"信息沟通"模块进行在线沟通，以便促成最终的交易。以线上交易为例，一旦买卖双方达成交易，买家可以利用平台在线支付功能实现在线支付，卖家接收到买家货款信息后可以在线办理物流，从而实现订单的及时处理。

（5）策略调整。企业可以利用平台提供的"数据支持"模块，对系统沉淀的详细数据进行数据分析，及时调整战略决策。

（6）效果评估。企业可以通过"平台效果评估"模块来了解自身经营产品的平台曝光量、询盘量及询盘转化率等。其中，询盘是指交易的一方准备购买（或出售）某种商品的人向潜在的供货人（或买主）探寻该商品的成交条件（或交易的可能性）的业务行为，它不具有法律上的约束力。对于买方而言，询盘是买方主动发出的向国外厂商咨询欲购买货物的函电，内容通常包含价格、规格、品质、数量、包装、货运及样品索取等；对于卖方而言，询盘是指卖方向买方发出的征询其购买意见的函电。询盘其实就是咨询，是买卖双方的试探性接触，不是交易的必经程序。

为了让学习者在较短时间内快速掌握阿里巴巴国际站平台的相关操作，下面主要介绍产品模块、推广模块、信息沟通模块和数据支持模块，而在线交易、在线物流办理等模块的操作则需要在工作实战中积累。

1. 产品模块

产品模块主要包含产品发布和产品管理两部分。

（1）产品发布

产品发布是跨境B2B电子商务平台操作的重要环节。在阿里巴巴国际站后台，利用产品发布模块可以将企业经营的产品发布到平台上进行展示，发布流程如图2-5所示。

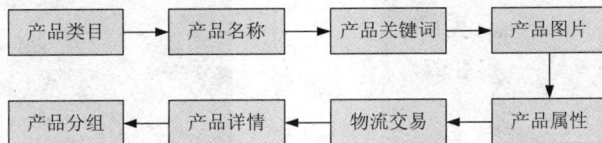

产品类目 → 产品名称 → 产品关键词 → 产品图片

产品分组 ← 产品详情 ← 物流交易 ← 产品属性

图2-5　产品发布流程

下文在介绍产品发布的操作流程时，会从用户购买良好体验的角度出发，针对互联网产品展示的虚拟性，介绍产品发布的技巧。

入驻平台会员在登录页面上输入合法账户信息，成功登录后单击"My Alibaba"超链接，进入阿里巴巴国际站的后台，界面如图2-6所示。后文将入驻平台会员统一简称为卖家。

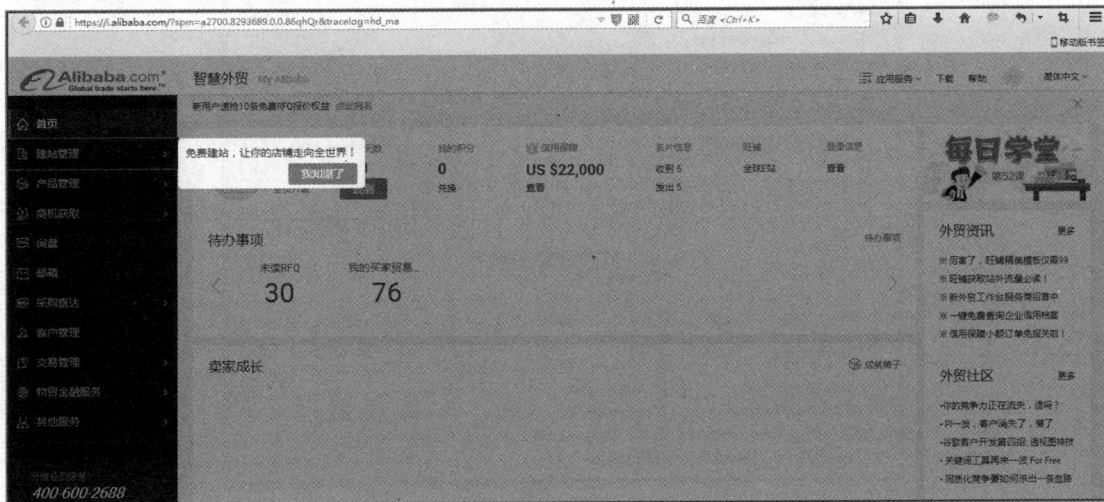

图2-6　阿里巴巴国际站的后台界面

卖家初次进入阿里巴巴国际站后台，系统会自动跳出"免费建站，让你的店铺走向全世界"的提示，单击"我知道了"按钮后，会依次显示"商机获取""邮件""卖家成长""信用保障"等一系列提示。

在图2-6所示的后台卖家首页里，单击页面左侧导航菜单中的"建站管理"，显示如

图2-7（a）所示。参照"用户案例"，卖家可以进行"公司信息"的修改、公司"贸易记录"的查看等操作。单击页面左侧导航菜单中的"产品管理"，显示如图2-7（b）所示，单击"发布产品"可以进行产品发布，如图2-8所示。

（a）　　　　　　　　　　　　　　　　　　（b）

图2-7　建站管理和产品管理

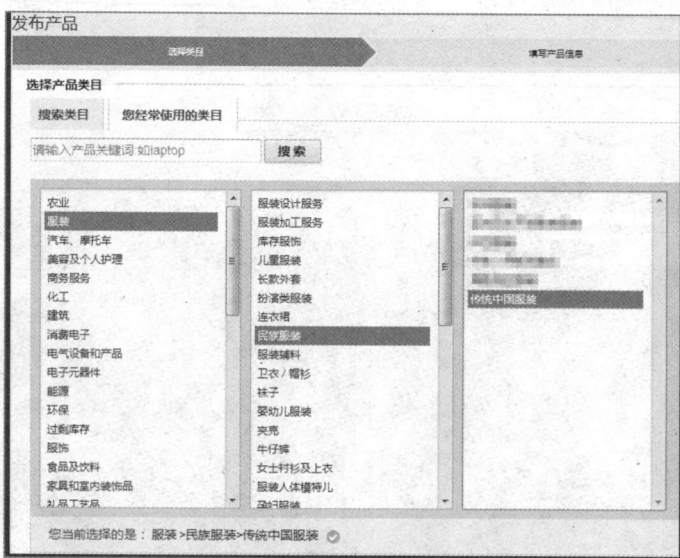

图2-8　产品类目

① 产品类目。卖家在产品发布过程中，必须严格遵守平台规定，第一步就是确定产品所属行业，选择正确的产品类目。产品类目选择正确，将直接提升产品被前台用户成功搜索的概率，否则将会导致前台用户搜索失败，从而影响产品的曝光率。所以，产品发布要求卖家对经营的产品有清晰的认知。

本例选择"服装"—"儿童服装"—"儿童连衣裙",如图2-9所示,单击"我已阅读如下规则,现在发布产品"按钮,进入基本信息填写页面,如图2-10所示。

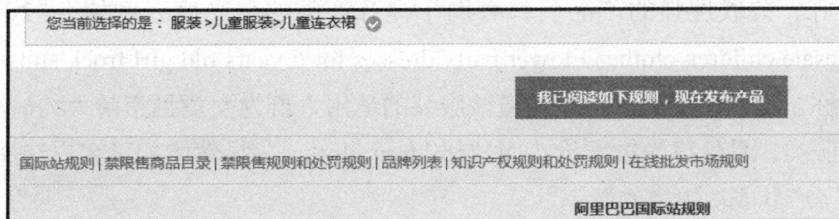

图2-9　确认产品类目

图2-10　产品基本信息填写页面

② 产品名称。产品名称作为吸引买家眼球的第一要素,也作为买家搜索的第一匹配要素,同时作为产品浏览、产品搜索的重要标识,是产品发布的重要内容。产品名称设置的专业性决定了买家是否能精准搜索定位到卖家的产品,决定了卖家产品的排名是否靠前。

产品名称一经定义,将会显示在平台的各个角落。通常,产品名称应该遵循以下几点。

- 做好产品名称和买家搜索词的相关性。以"Snake sandal"为例,"2017 Ladies nice snake skin hemp sole wedge sandals"与"Thong sandal snake cross"从文本相关性上讲都是一样的,所以,卖家不要为了搜索词不断发产品,重复铺货。
- 使用for/with突出产品用途和属性。平台会自动判断with/for前面的名称核心词。例如,描述"steel pipe"可以写成"steel pipe with ASTM DIN JIS Standard"。
- 产品名称长度要适当。产品名称能恰当地突出产品优势和特性就是最好的。名称不要过短,也不要过长,有50个字符的限制。
- 切忌将多个关键词在名称中罗列堆砌。产品名称罗列和堆砌不但不会提升产品曝光率,反而会降低产品与买家搜索词匹配的精度,从而影响搜索结果,进而影响排序。

- 慎用特殊符号。产品名称中慎用特殊符号"/""–""（）"等，因为系统可能会默认成无法识别的字符，从而影响排序。

可读性好、关联性强的产品名称有助于提升产品的曝光度。例如，"2017 Cheap Turkey wholesale children clothes Flower party dresses for 6 years old girl frock suits for Kids" 这个产品名称，可以让买家清晰地知道该服装的适用人群为女童且年龄大约6岁，服装为2017新款礼服类，且价格为批发价。而"children clothes"显然增加了客户选择的难度，同时也降低了产品成功销售的概率。

③ 产品关键字。产品关键词是对产品名称的校正，便于机器快速识别并准确抓取、匹配，和卖家产品排名没有关系。若产品名称有多种叫法，可以采用关键词，如"手机"可以定义关键词为cellphone或mobile phone等。产品关键词的填写有如下注意事项。

- 不能与产品名称冲突。冲突的含义是两者代表的不是同一产品。
- 三个关键词不必都填满。三个关键词是否填满不影响搜索结果顺序，但主关键词必填。
- 切忌铺词。用不同的或者相近的关键词不断发布产品信息将导致出现大量重复产品，会严重影响买家体验，增加产品管理维护成本。
- 热门关键词。选择买家常用的热门关键词，让买家快速搜索到产品。
- 短关键词。关键词不要太长，因为买家一般较少用很长的词进行搜索。
- 添加产品型号。若产品型号为行业通用，可以添加公司内部产品型号。
- 三个关键词不要相同。关键词同等重要，与次序无关。例如，手机的关键词可设置为mobile phone、cell phone和mobile。
- 关键词不区分大小写。

对于一线卖家，建议做到以下几点。

- 弄清行业大类关键词。行业大类关键词又称为直销词。以首饰为例，Jewelry、Ring、Earring、Pendant、Necklace等能直接体现产品的类型。能正面了解产品用途的关键词就是直销词。
- 学习长尾关键词。在直销词前面可以加很多的修饰词，这些修饰词就称为长尾关键词。长尾关键词主要表现为材质、质量、工艺、类型、性价比、所在地、用途、目标群体等。如直销词为Ring，Fashion Silver Ring For Women就是修饰Ring的"地区+形容词+材质+用途"的长尾关键词。
- 通过"数据管家"学习查看热门搜索词，里面包含搜索词的竞争度和搜索热度。

使用过谷歌、百度搜索平台的用户知道，输入任何一个字、词，无论有无意义，都可以得到一定范围的搜索结果。但是，阿里巴巴电子商务平台有别于谷歌、百度这样的搜索平台，它只有设定具备产品特征的关键字才是有效的关键字。因此，卖家必须定义能够突出产品名称、凸显产品特点的关键词，才能提高产品被搜索到的概率。

④ 产品图片。精美清晰的产品图片，会提升买家的体验，激发买家的购买欲望。平台提供了产品图片上传功能，允许一线卖家上传产品多维展示的图片。同一个产品多维度、多角度的图片，能够让买家直观了解产品的功能，拉近买家与产品之间的距离。

平台对产品图片上传的格式要求如下。

- 产品主图的要求。产品主图格式为JPEG、JPG和PNG，大小为3MB以内，比例最好是正方形，最佳尺寸为1000像素×1000像素，色彩模式为RGB。另外，每个产品最多可上传6张产品主图，建议卖家多角度展示商品，提升买家满意度。
- 详细描述图片的要求。图片尺寸为750像素×800像素，采用普通编辑最多可以插入15张图片，采用智能编辑最多可以插入30张图片。

此外，平台提供了图片银行功能，避免图片重复上传的问题，提高了卖家的工作效率。

⑤ 产品属性。产品属性是对产品特征及参数的标准化提炼，便于买家在属性筛选时快速找到卖家的产品。通常，一个属性代表一个展示机会，建议卖家填写系统给出的所有属性。必要的时候，卖家还可以添加自定义属性。这里需要注意，自定义属性最多可以添加10个。

产品属性填写完毕，所有属性会在每条信息的详细页面进行展示，效果如图2-11所示。

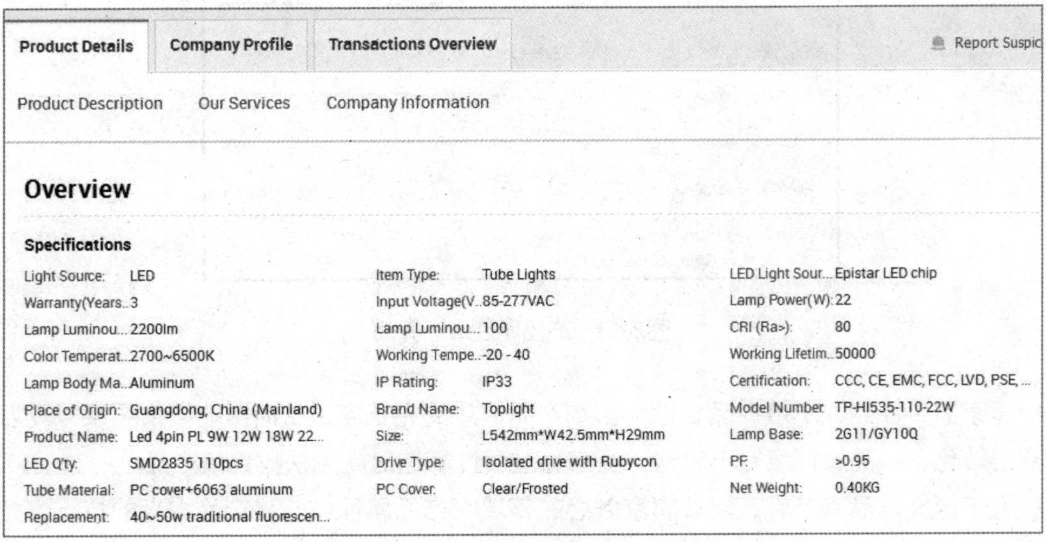
Product Details | Company Profile | Transactions Overview | Report Suspic

Product Description | Our Services | Company Information

Overview

Specifications

Light Source:	LED	Item Type:	Tube Lights	LED Light Sour...	Epistar LED chip
Warranty(Years...	3	Input Voltage(V...	85-277VAC	Lamp Power(W):	22
Lamp Luminou...	2200lm	Lamp Luminou...	100	CRI (Ra>):	80
Color Temperat...	2700~6500K	Working Tempe...	-20 - 40	Working Lifetim...	50000
Lamp Body Ma...	Aluminum	IP Rating:	IP33	Certification:	CCC, CE, EMC, FCC, LVD, PSE, ...
Place of Origin:	Guangdong, China (Mainland)	Brand Name:	Toplight	Model Number:	TP-HI535-110-22W
Product Name:	Led 4pin PL 9W 12W 18W 22...	Size:	L542mm*W42.5mm*H29mm	Lamp Base:	2G11/GY10Q
LED Q'ty:	SMD2835 110pcs	Drive Type:	Isolated drive with Rubycon	PF:	>0.95
Tube Material:	PC cover+6063 aluminum	PC Cover:	Clear/Frosted	Net Weight:	0.40KG
Replacement:	40~50w traditional fluorescen...				

图2-11　产品属性完整填写最终效果示例

以图2-9确认的产品类目为例，产品属性自动确定的内容如图2-12所示。

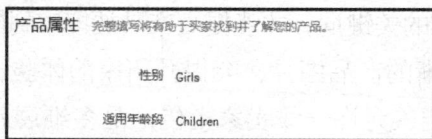

图2-12　产品所属自动确定属性示例

接下来，遵循真实填写原则继续填写"女童礼服"的型号、品牌、原产地、适用季节、产品特性、长短款式、风格、工艺、设计、适用年龄、面料类型、材质、供应类型等选项，确保产品数据的准确性，如图2-13所示。

图2-13　产品属性填写界面

卖家需要注意，不填产品属性会影响产品信息的完整度，从而影响搜索结果以及后续的点击转化；产品属性填写不完整，买家通过属性筛选时就无法找到该产品。

为了提高产品曝光率，建议卖家务必完整填写产品属性，凸显产品本身的特点，拉开同类产品区分度，增强平台对产品的甄别度，从而大幅度提升订单转化率。此外，准确的产品属性不仅能够直接提升经营产品与访客需求之间的匹配度，还能间接利用平台沉淀的数据来挖掘客户的购买偏好，从而提升具体对顾客推荐产品的精准度。

⑥ 交易及物流。交易信息是买家对卖家经营能力评价的重要参考，主要包含最小起

订量、产品价格、供货能力等，交易信息的完善，便于买家做出采购决定。

就交易信息而言，建议卖家做到以下几点。

- 交易条件的完整度：卖家尽量将系统给出的交易条件填写完整。若交易字段有缺失，会影响买家线上对卖家实力的评估。
- 交易条件的真实有效性：卖家遵循"真实有效填写"的原则，避免夸大供货能力和交货时间，切忌虚拟交易价格。

为了便于买家对产品的快速了解，卖家需要主动、规范地设置交易细节，例如，产品价格、产品订购数量及付款选择方式等交易细节，如图2-14所示。

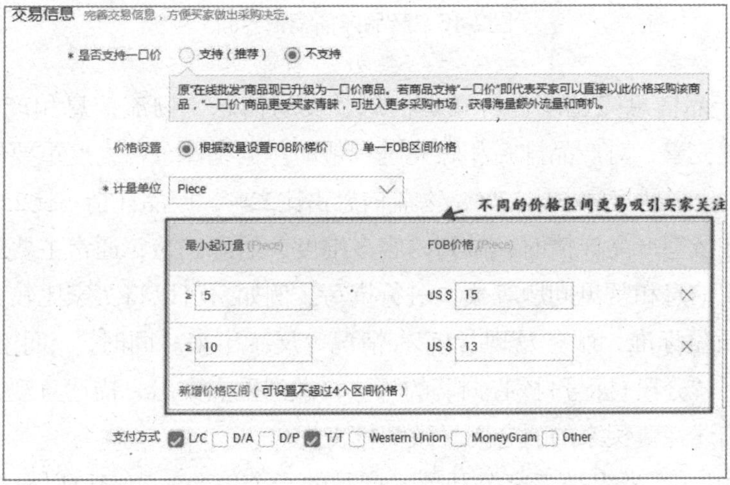

图2-14 产品交易信息填写示例

同样，物流配送信息也是在线购买海外商品中的重要信息。一旦买方与卖方完成在线交易，在卖家收到买家付款信息后，就进入了备货及物流环节。其中，供货商的供应能力是买方最为看中的衡量指标。卖家应该客观、准确地填写物流信息，向买家传达自身的供货能力，避免随意填写而导致客户的流失，如图2-15所示。

图2-15 产品物流信息填写示例

⑦ 产品详情。通常，若买家对产品搜索结果中的某产品感兴趣，则会详细深入地了解该产品，这就需要卖家精心设置"产品详情信息"，如图2-16所示。

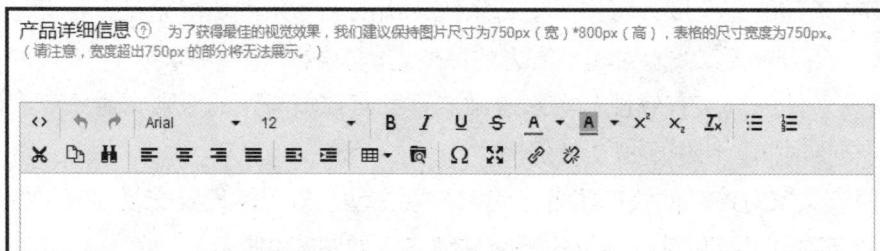

图2-16　产品详情编辑界面

据统计，产品信息完整度包含基本信息、交易信息、物流信息和产品详情这4个维度。产品信息越完善，对产品排名和曝光越有帮助。据统计，各维度重要性占比分别是基础信息占比34%，交易信息占比22%，物流信息占比22%，产品详情占比22%。

建议卖家在撰写产品详情时，做到内容多维度、信息完整，通常主要围绕产品描述、包装运输、公司信息和常见问题等模块进行撰写。例如，可以将买家比较关注的产品细节特征、参数、质量标准、服务及现货/库存情况等展示出来。同时，为了保证顾客的阅读体验，建议采用"分段+标号+核心词"的写法，做到重点突出、描述直观、条理清晰，避免混乱冗长的描述耗费买家的耐心而导致商机丧失。

⑧ 产品分组。产品组是卖家公开展示产品的一个集合，卖家可以根据自身公司和产品情况设置多个产品组，将同类产品放在一个产品组里，方便自己管理，也方便买家查看。

卖家需要注意，产品类目是平台系统自动归类的，而产品分组是卖家对经营产品的自定义分组。鉴于产品分组会在店铺主页中体现，以便于买家在卖家经营的不同产品分类中切换和查看，因此，分组是否明确、数量是否合理，都会对产品的曝光率造成不同程度的影响，同时会影响客户对供货商专业度的判断。

产品分组旨在对经营产品进行分类，如图2-17所示。卖家单击"产品分组"下拉按钮时，会自动弹出分组类目供卖家选择，如图2-18所示。

根据多年积累的贸易经验，卖家需要考虑买家所在区域的特点、购买习惯以及产品的专业程度等多种因素，进行科学有效的分组。

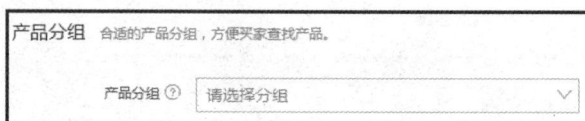

图2-17　产品分组的默认界面

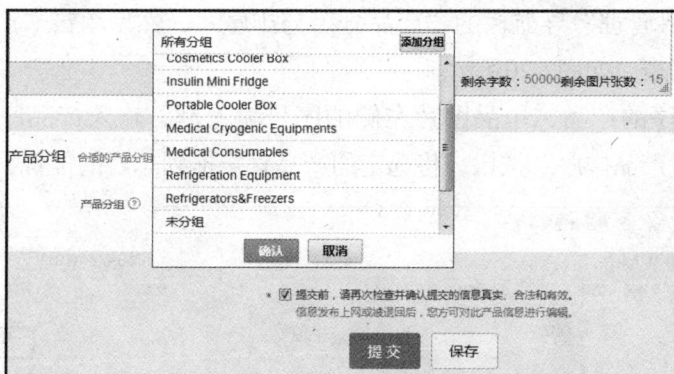

图2-18　产品分组界面

经过上述产品相关信息的设置，卖家就完成了产品的发布。

（2）产品管理

卖家在产品发布后，应在前台以买家身份进行产品浏览，以检查是否存在不妥的地方。一旦发现存在不妥，则需要进行修改，这就需要使用"管理产品"模块。

单击"管理产品"，在众多产品列表中选定需要操作的产品条目，进行编辑或删除操作，如图2-19所示。需要注意，产品处于审核状态时无法进行修改或删除操作，只有已审核完毕的产品才可以进行修改或删除。

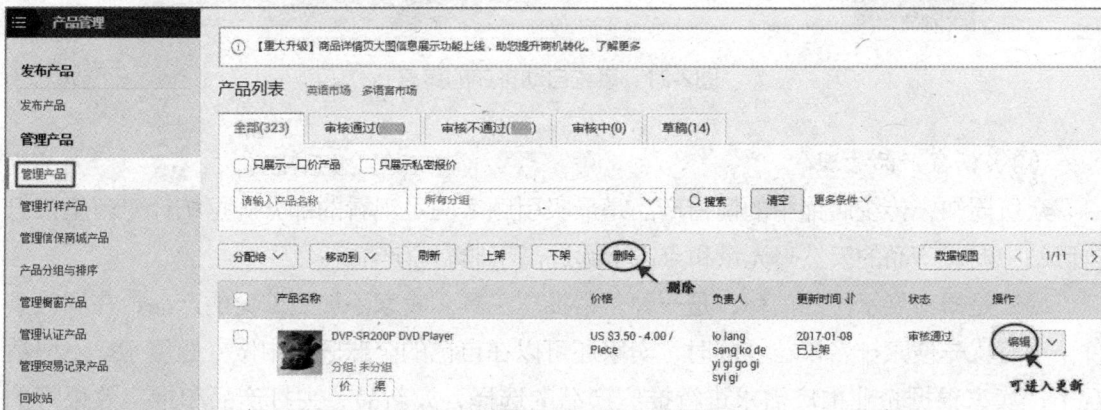

图2-19　管理产品界面

（3）产品分组与排序

产品分组后，可以对组中产品的次序进行调整，但只有管理员账号和制作员账号才有权限操作，其他子账号没有"产品分组与排序"模块。

产品分组与排序分为手动排序和系统自动排序两种。其中，手动排序的操作步骤如下。

① 单击"产品管理"导航栏的"产品分组与排序"，然后单击"产品管理与排序"按钮，显示产品列表，如图2-20所示。

② 选择要排序的产品，单品图片左侧的序号输入框，输入产品序号实现排序。此外，也可以单击"产品排序"按钮，将选定的产品直接拖到想要的位置，如图2-20所示。

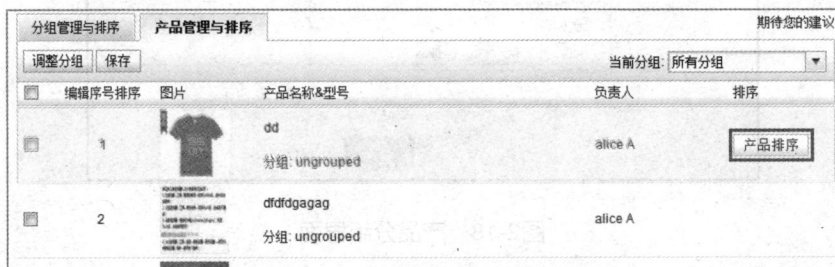

图2-20　产品管理与排序示例

系统自动排序操作与手动排序的步骤类似，但是，该设置方法只针对首次发布之后发布的产品生效。系统自动排序的策略包括新产品置顶和新产品置末，如图2-21所示。

图2-21　系统自动排序的策略

（4）橱窗产品管理

众所周知，传统店铺中的橱窗产品是最吸引顾客驻足观看的部分。据统计，阿里巴巴国际站中橱窗产品的天然曝光量和点击率远远高于非橱窗产品。

橱窗是橱窗展示位的简称，是一种营销推广工具。卖家添加到橱窗的产品，在同等条件下享有优先搜索排名权益。同时，卖家还可以在自己的全球旺铺中做专题展示。一般情况下，卖家根据企业推广需求进行推广产品的选择，如新品、主打产品和推广效果好的产品。

橱窗属于增值服务，如"平台口通"服务包含10个橱窗，"金品诚企"服务包含40个橱窗，橱窗效果如图2-22和图2-23所示。

橱窗产品的优势主要表现在以下方面。

① 享有搜索优先排名的"特权"，即在同等条件下，橱窗产品排在非橱窗产品前面。

② 设有公司网站首页推广专区，能够提升主打产品的推广力度。

③ 可以自主更换橱窗展示产品，轻松掌握主打产品推广的主动权。

图2-22　四大六小的橱窗布局示例

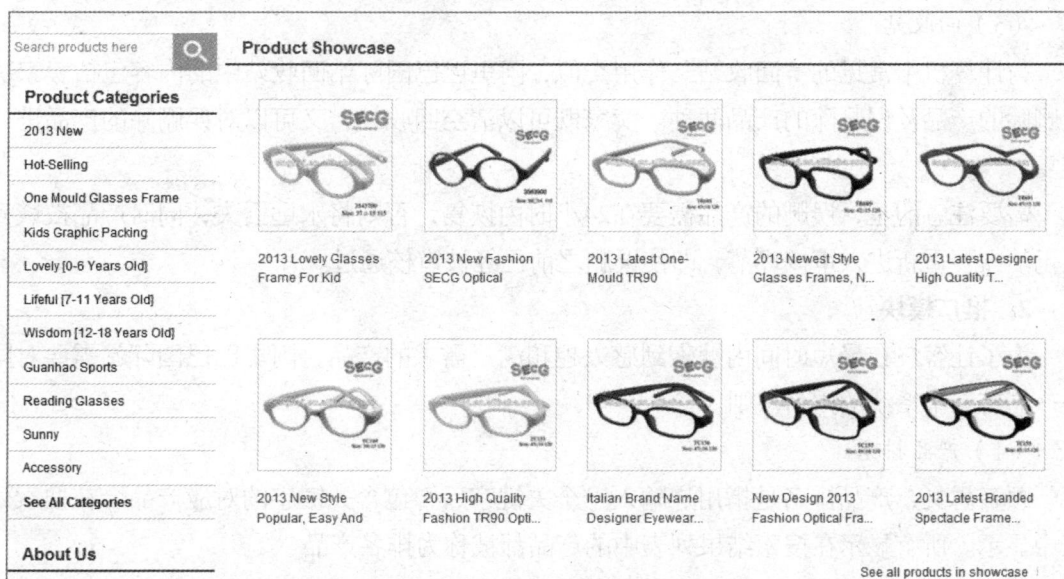

图2-23　全小图的橱窗布局示例

橱窗产品的添加非常简单，选择产品图片，单击"添加橱窗"按钮即可，如图2-24所示。需要注意的是，只有主账号和操作账号才有查看和开通橱窗的权限。此外，图片银行中的图片无法直接添加为橱窗，卖家需要将产品发布为公共产品，且审核通过才可以添加到橱窗。

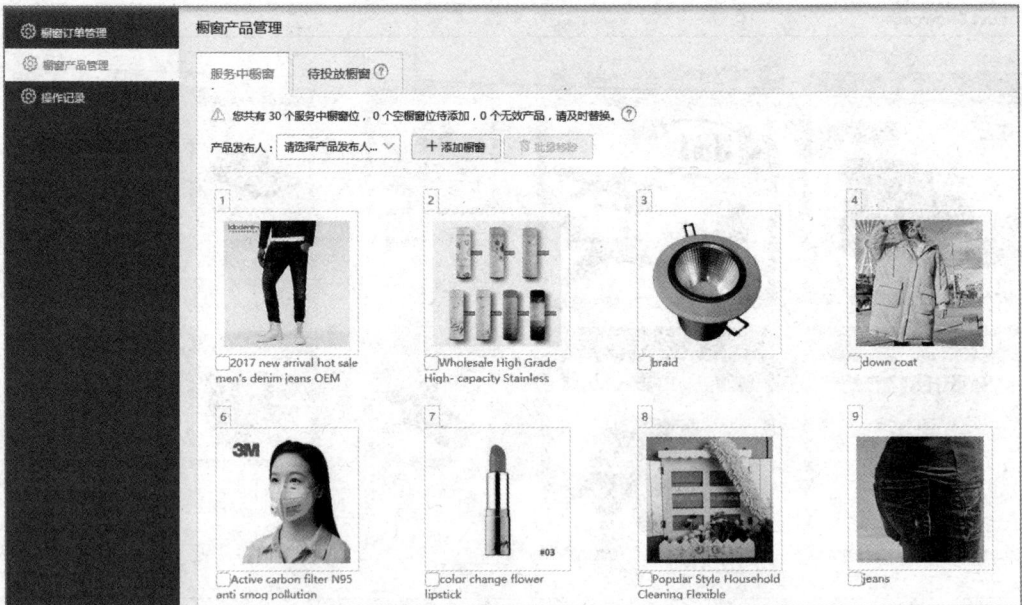

图2-24　橱窗产品添加示例

（5）回收站

与计算机中常见的"回收站"作用类似，阿里巴巴国际站回收站中的内容包括卖家决定删除的产品及误删除的产品两种。卖家既可以清空回收站，又可以对误删除的产品进行恢复。

需要注意的是，误删的产品需要在24小时内恢复，否则将永远丢失，同时产品被恢复后仍然需要重新进入审核环节，即使误删之前已经被审核通过。

2. 推广模块

为了让客户在最短时间内搜索到感兴趣和满足需求的产品，阿里巴巴国际站需要对同类产品有一个系统的排名规则。

（1）产品排名

顾名思义，产品排名是指用户输入一个关键字后，包含关键字的对应产品会在搜索列表中显示。所有显示在搜索结果列表中的产品都被称为排名产品。

不同于谷歌、百度这样的搜索引擎，阿里巴巴国际站早期采用自然排名和付费排名两种方案。自然排名主要依据产品名称、关键字及产品属性的优化使之符合一定规则后进行的排名。付费排名是供应商根据不同的付费方案，选定关键字后决定对应产品在搜索结果页中的排序显示位置。

鉴于付费排名不一定能够保证真正品质过硬的产品排在搜索结构列表的最前部，阿里巴巴国际站终止了付费排名系统。为了进一步提升用户体验，增加平台吸引力，阿里巴巴国际站采用"顶级展位""外贸直通车""橱窗产品"和"自然排名产品",取代了之前复杂的排名系统。

在阿里巴巴国际站上,指定关键字进行产品搜索的排序规则是:顶级展位→外贸直通车产品→橱窗产品→自然排名产品。其中,顶级展位是阿里巴巴国际站提供的付费推广资源位,卖家可借此抢占某个搜索词结果展示区的第一位,以提升产品曝光量和店铺流量。当客户搜索某指定关键字后,对应关键字顶级展位的产品便会显示在搜索结果展示区的第一位;外贸直通车是一个依据关键字进行竞价、获取产品排名的系统;橱窗产品是卖家在旺铺首页展示的产品。

(2)外贸直通车

P4P(Pay For Performance)是一种付款方式,是阿里巴巴国际站提供推广资源位,让卖家自行设置产品的多维度关键字后免费展示产品信息,通过大量曝光产品来吸引潜在买家,并按照点击付费的全新网络推广方式来进行产品推广。P4P是一种CPC(Cost Per Click)竞价推广模式。

通过将CPC推广模式和点击率限制措施相结合,大大提升了点击作弊的难度,从而使每一次点击都为打广告的卖家带来真实流量或潜在买家。平台规定,付费会员方可以开通外贸直通车。无效点击是指经外贸直通车过滤系统确认的、不为卖家带来有效访问的点击。已经确认被过滤,卖家无须为无效点击付费。

开通外贸直通车之后,卖家可以通过出价获得期望的外贸直通车的产品展示区域。外贸直通车的产品展示区域是第一页前五位,每页右侧十个和下方四个智能推荐位,如图2-25所示。其中,第一个区域是阿里巴巴网站搜索结果第一页的前五位,如果有顶级展位,则是前二至六;第二个区域是搜索结果列表每页右侧区域"Premium Related Products"位置的十个智能推荐位;第三个区域是搜索结果列表每页下方区域"Premium Related Products"位置的四个智能推荐位。

卖家需要知道,搜索结果列表区域和两个智能推荐区域的展示都是由推广评分和关键词出价共同决定的。"推广评分×出价"的值越高,排名越靠前。其中,推广评分为"优"是保证排名能够在搜索列表前五名的条件之一。如果该区域的竞争较为激烈,有多个客户出价参与排名,就需要卖家设定较有竞争力的价格,否则仍有可能无法在前五名展现。

接下来,我们将介绍外贸直通车的产品评级体系。推广评分就是星级,用于衡量关键字和产品的相关程度以及产品信息的质量,分为一星到五星。在外贸直通车推广中,推广评分是影响产品的推广展示区域以及排名的重要因素之一。单一产品是没有评分可言的,只有与关键字匹配之后才会有推广评分的概念。

图2-25　外贸直通车的产品展示区域

较高的推广评分不仅能够增加产品进入搜索结果列表区域的机会，也能够使卖家仅以较低的价格就可以获得更高的排名，并能有效降低卖家的点击成本，节省推广费用，从而提高卖家的投资回报率。

为了保证优质的产品在阿里巴巴国际站平台的搜索结果中有更多的、关键位置的显示，阿里巴巴国际站专门设置了产品评级体系。

在产品评级体系中，参与推广的产品都会被系统给出相应的"星级"，级别范围为一星到五星，以五星产品为最高。产品评级系统给推广产品评级的依据有以下几个。

① 产品的信息质量，即产品信息的完整度。

② 关键字和推广产品的匹配程度，产品通过产品类目、产品名称、产品属性、产品详情等得以体现。

③ 买家的喜好度，主要包含买家的成交信息、点击信息及反馈信息等。

产品星级和产品评级的关系属于模拟评价体系，如表2-1所示。

表2-1　产品星级和产品评级指标的对应关系

星　级	产品与关键字的相关度	产品的买家喜好度（转化率）
★	低	低
★★	低	较高
★★★	高	低
★★★★	高	较高
★★★★★	高	高

作为买家重点关注的区域，搜索结果列表区域展示的产品有着较强的订单转化率。因此，为了更好地保证卖家投放效果以及买家搜索体验，推广评分较高且出价更有竞争力的P4P产品，才会获得展现在搜索结果列表前几位的机会。此外，为了让更多产品有展示机会，获得更好的买家搜索体验，在同一页面的外贸直通车展示位置中不会出现同一个卖家的多个推广产品。

要想做好P4P推广，卖家首先要熟悉外贸直通车的业务流程。P4P推广的业务流程是"先选品、再选词、后出价"，如图2-26所示。

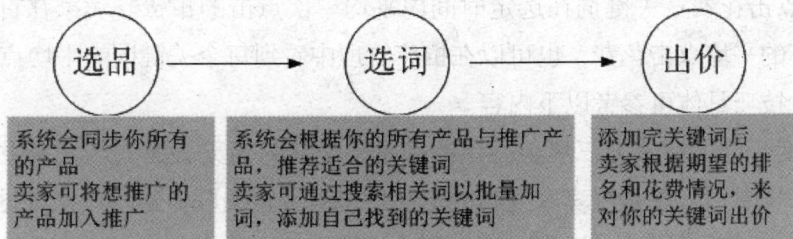

图2-26　P4P推广业务流程

"选品"是指卖家确定显示在外贸直通车中的推广产品。换言之，只有P4P产品才可以加入外贸直通车的推广。因此卖家必须知道，成为P4P产品的前提是该产品必须已经发布审核通过，并且能在网站上正常展示。

外贸直通车推广产品展示在买家面前，需要具备如下基本要求。

① 账户状态正常且当前账户的余额大于0，余额包含现金和红包。

② 账户当日的实际费用在每日投放预算额之内。

③ 产品对应关键词的出价小于每日投放预算上限的余额。

④ 推广产品本身以及产品所属推广计划为"已激活"状态。

⑤ 卖家的推广信息满足推广评分要求，即推广评分至少达到"良"以上。

⑥ 买家搜索了卖家选择的推广关键词，或者浏览了含有卖家选定为外贸直通车产品的相关类目。

⑦ 推广产品配有图片。

通常，平台对选取推广产品的建议是，推广的产品数量越多，被买家搜索到的概率就越大。

"选词"是指针对外贸直通车里的推广产品，卖家应该选择什么样的关键词来做产品推广。默认情况下，平台会根据卖家的所有产品和推广产品，自动推荐适合卖家产品的关键词。当然，卖家也可以根据如下维度和技巧选择相应的关键词，然后进行批量添加。

① 搜索热度：在后台"工具"模块的"关键词工具"里，查看关键词在一段时间内买家搜索的频率。不过，不推荐只关注搜索热度高的关键词的做法，因为可能存在关键词比较宽泛、意义有限的情形。如果忽略搜索热度低的词，很可能会错失转化率高的关键词。

② 推广评分：关键词和产品的相关程度以及产品的信息质量，是影响产品展现区域及排名的重要因素。其中，三星、四星及五星的产品可以通过出价进入主搜索前五名，一星、二星的产品只能在搜索页面的右侧及底部被展示出来。如果产品是"0星"，则不会被展示出来。

③ 产品即时排名：平台给出的产品排名是指产品信息的平均排名。尽量让关键词能在首页展示，也就是38名之前。

④ 平均点击花费：关键词在选定时间内平均单次点击的扣费。卖家在首页可以看到单日整体推广的平均点击花费，也可以在推广管理中看到每个关键词的平均点击花费。

"选词"技巧具体可参考以下内容。

① 相关度：推广评分为三星至五星的都是系统认为当天关键词与卖家发布的产品信息密切相关，一星至二星是跟卖家发布的产品信息有一定关联。建议卖家依据客观事实结合主观判定，如材质、用途、适用人群及标记性地区等维度来判定关键词是否相关，切忌用搜索热度的高低来判断关键词的取舍。

② 性价比：性价比可以理解为获得推广效果的花费，这点可以参考平均点击花费和产品即时排名。每个关键词在被点击后都会有平均点击花费，一般地，推广效果比较好的用户，平均点击花费控制在10元以内，所以建议尽量使用平均点击花费低的词。其次，选择产品即时排名尽量靠后的关键词，建议选择第38名以后的。但是，如果可选择的关键词比较少，则选择在第10名以后的关键词。

③ 海量加词：卖家在做到上述两点的情况下，可以考虑适量增加关键词。

"出价"是指关键词确定后，卖家需要根据自己对产品排名和费用的预期，对关键词进行出价。关于出价的相关概念介绍如下。

① 底价：关键词的底价是指为获得在该关键词下的投放展示机会，卖家需要设定的最低出价。关键词的底价是由产品的商业价值决定的。在系统计算过程中，当卖家的产品排在竞争某指定关键词的所有卖家序列的最后一名时，或者卖家的产品是某指定关键词下曝光的唯一推广产品时，卖家所需要支付的点击价格为该关键词的底价。底价会在卖家关键词出价页面展示出来，如图2-27所示。

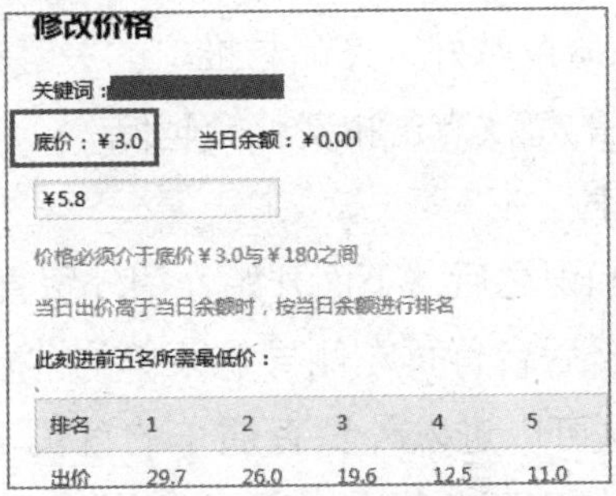

修改价格

关键词：

| 底价：¥3.0 | | 当日余额：¥0.00 |

¥5.8

价格必须介于底价¥3.0与¥180之间

当日出价高于当日余额时，按当日余额进行排名

此刻进前五名所需最低价：

排名	1	2	3	4	5
出价	29.7	26.0	19.6	12.5	11.0

图2-27　出价页面

② 出价：关键词的出价是指在底价的基础上，关键词排到相应位置上所要出的价格。出价代表卖家排名的意愿，但不等于实际的扣费。

③ 扣费：关键词的扣费即每次实际的点击花费，取决于卖家和其他卖家的排名关系、出价和推广评分，并不是卖家出价了多少，点击后就扣费多少。

通常，上述三者的关系是底价≤扣费≤卖家出价。如果卖家的出价不是底价，则卖家所需支付的点击扣费如下所示。

$$扣费 = \frac{下一名卖家出价 \times 下一名卖家的推广评分}{卖家的推广评分} + 0.1$$

系统会根据不同星级计算推广评分，如图2-28所示。需要注意的是，由于产品星级的不同，参与推广的产品在每次点击的扣费也不尽相同。

产品	推广评分	出价	得分	排序	扣费
A	10	9	90	6	5
B	20	13	260	1	（20*11/20）+0.1=11.1
C	10	10	100	5	(10*9/10)+0.1=9.1
D	15	8	120	3	（12*10/15）+0.1=8
E	12	10	120	4	(10*10/12)+0.1=8.43
F	20	11	220	2	（15*8/20）+0.1=10.1

图2-28　扣费计算示例

排名是根据推广积分与出价的乘积确定的，扣费根据公式可验证。

综上所述，得出以下结论。

① 每次点击花费不会超过卖家的出价。

② 点击花费会受其他卖家的影响。即使卖家出价不变，同一关键词在不同时刻的实际点击花费也可能不同。

③ 点击花费会受推广评分的影响。卖家的推广产品与关键词的推广评分越高，所需要付出的每次点击花费越低。

对于卖家而言，产品信息质量越好，产品与推广的关键词越匹配，买家喜好度越高，卖家的推广评分就越高，卖家的每次点击扣费就会越低。

（3）外贸直通车基本操作

在学习上述P4P相关理论知识之后，下面开始介绍外贸直通车的基本操作。

① 进入外贸直通车。单击后台首页左侧导航菜单的"营销中心"，然后单击"外贸直通车"，如图2-29所示，就可以进入外贸直通车的首页，如图2-30所示。从图2-29可见，外贸直通车、顶级展位和橱窗三项都在"营销中心"，三者的功能都是产品推广。

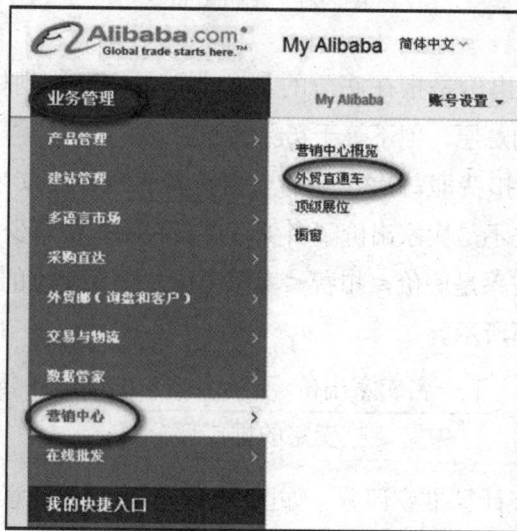

图2-29　营销中心界面

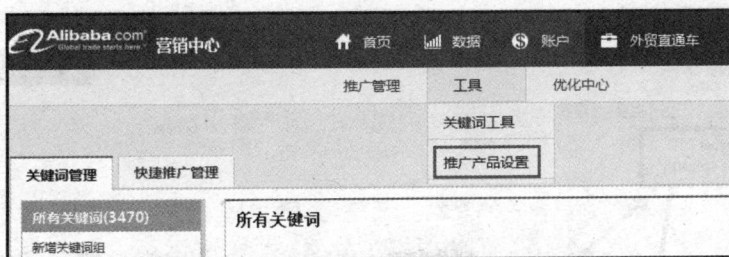

图2-30　推广产品设置菜单

②　投放产品的设置。外贸直通车的投放产品通常为卖家经营的具有优势和重点的产品。单击图2-30所示的"推广产品设置",进入"推广产品设置"页面,如图2-31所示。对于新增产品,默认设置为"暂不推广",卖家可以将其修改为"加入推广"。这样的好处是,卖家后期发布的产品会自动加入推广,不用自己手动添加产品。若存在未加入推广的产品,卖家可以在已经上传且正常显示的产品中按类目逐个勾选产品并单击"加入推广"按钮,如图2-32所示。

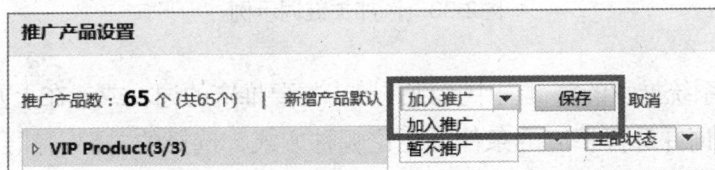

图2-31　推广产品设置

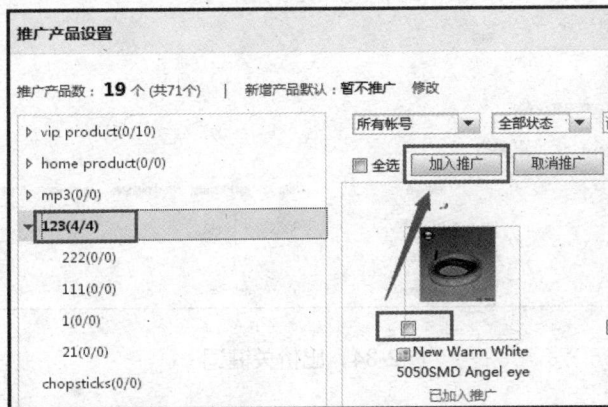

图2-32　添加推广产品

③　添加合适的关键词。单击图2-30中的"关键词工具",出现图2-33所示的页面。系统提供了"系统推荐"和"手动搜索"两种方式进行关键词的选择。

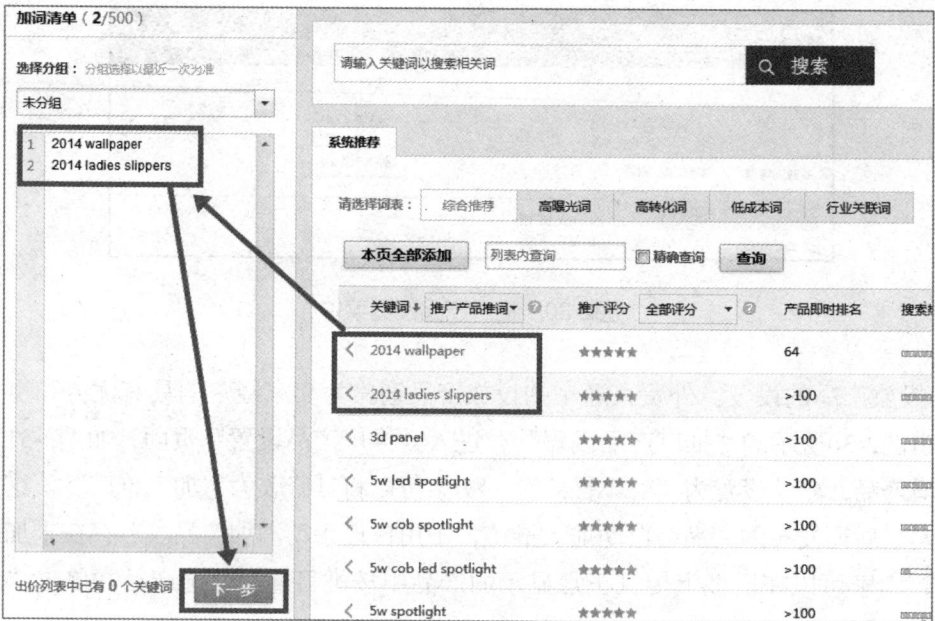

图2-33 添加关键词示例

卖家可以从系统推荐的关键词中找到并单击想要推广的词，或者在上方搜索框中输入需要查找的相关词并选择相应的条件。无论哪种方式，选择的关键词都会出现在左侧的"加词清单"中，然后，单击"下一步"按钮，如图2-33所示，进入"出价"页面，如图2-34所示。

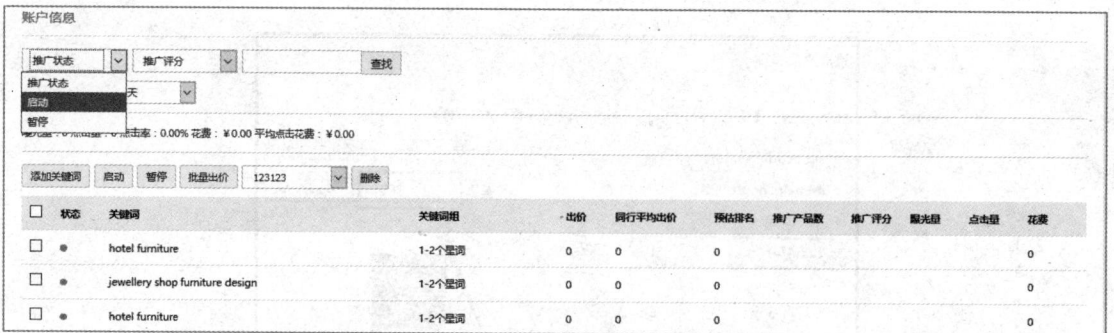

图2-34 出价关键词

④ 对关键词出价。卖家可以将"推广状态"由"暂停"修改为"激活"，并且可以对每一个关键词设置"推广产品价"，实现竞争有利排名。若卖家要对关键词进行价格调整，点击对应关键词的"出价"按钮，输入调整后的价格单击"确定"按钮即可，如图2-35所示。

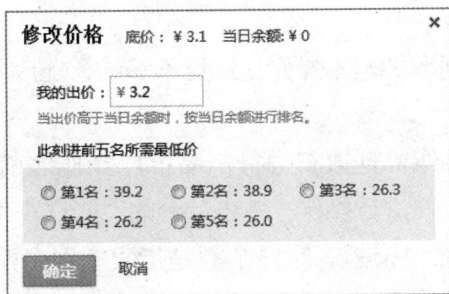

图2-35　调整关键词出价

最后，单击图2-34页面右下角的"完成"按钮，直至页面出现"加词成功"，如图2-36所示，整个推广才算建立完成。

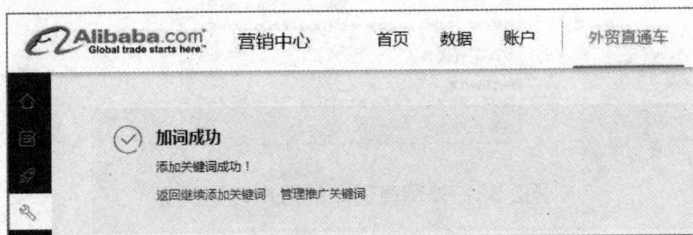

图2-36　加词成功

对于已经成功执行上述操作的卖家，若想对已经加入推广管理的关键词进行价格调整，可以参考以下基本操作。

① 进入外贸直通车。单击后台业务管理模块"营销中心"中的"外贸直通车"。

② 进入产品推广管理。单击页面左侧的"推广管理"。

③ 进行出价调整。卖家可以批量选择需要调整价格的关键词，然后单击"批量出价"按钮，输入需要调整的价格后，单击"确认"按钮即可，操作如图2-37所示。

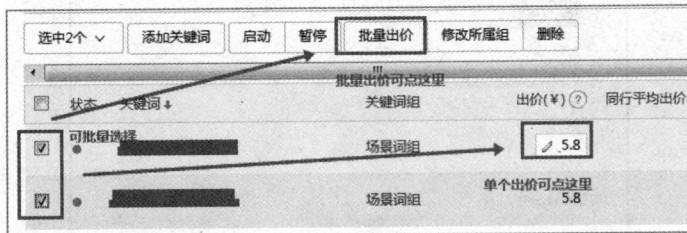

图2-37　调整出价

外贸直通车实际上就是对关键字进行操作，从而映射到与关键字相关联的推广产品上。关键字设置的好坏以及竞价排名，直接影响外贸直通车中产品的推广效果。

（4）外贸直通车相关技巧

卖家仅仅掌握外贸直通车的基本操作是远远不够的，还应掌握外贸直通车的其他操作和相关技巧。

① 账户设置。在使用外贸直通车进行产品推广操作之前，卖家必须告诉系统打算"怎么做"，这就需要对账户进行操作。单击后台的"账户"菜单，显示如图2-38所示。

其中，卖家需要关注账户余额。账户余额是指卖家现金账户与红包账户的实时总余额。若发生账户余额不足的情况，卖家参加推广服务的权限将自动终止。

红包可以作为外贸直通车推广现金使用。红包所在的账户称为红包账户，这个账户中的金额代表卖家当前的红包余额。当然，若卖家停止了外贸直通车，或违反任何与阿里巴巴之间的协议或网站规则，则平台有权取消红包。

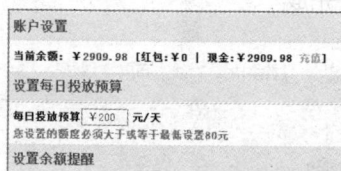

图2-38　外贸直通车的账户设置界面

外贸直通车的账户设置包含：设置关键字的开启状态来决定推广服务的开启或关闭，快捷推广的开启和关闭，预算设置及余额提醒等设置。如果同时关闭关键词状态和快捷推广，意味着关闭了外贸直通车的功能。当开启外贸直通车后，卖家可以设置每日的推广投资预算额度，一旦推广额度达到设置的预算限额后，参与排名的产品将不再投放，以便于节省卖家的日均费用。

② 拓展匹配功能。对于新手卖家，有必要开通外贸直通车的拓展匹配服务，如图2-39所示。

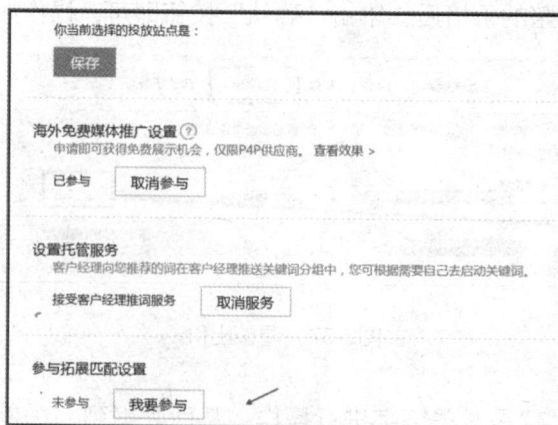

图2-39　外贸直通车的拓展匹配界面

单击"参与拓展匹配设置"的"我要参与"按钮，即可开启拓展匹配功能，以发挥平台优势，帮助新手卖家获取广泛流量。例如，选定推广关键词为"power bank"，则访客搜索"pink power bank"自动被平台系统判断为关键词，产品自动获取展示的机会。不过，平台提供的拓展匹配功能存在流量不精准的情形，以至于访客点击不精准。

为了帮助卖家获取广泛流量并转化为精准点击，建议店铺运行稳定后关闭拓展匹配功能，将沉淀的稳定关键字手动添加到词库。

③ 投放地域和时间。默认情况下，外贸直通车不会选择多地域站点投放。只有P4P等级达到LV4，才可以设置多语言投放，如图2-40所示。

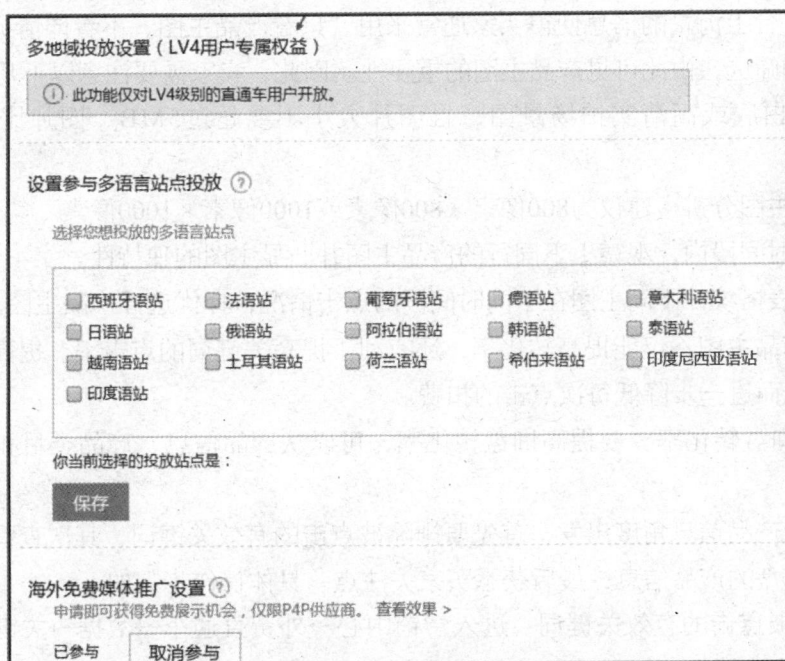

图2-40　外贸直通车多语言站点投放界面

卖家针对自身定位的目标市场选择需要推广的目标市场或目标地域，能够达到精准投放的效果。结合电子商务贸易的累积经验，卖家需要判断投放产品在目标市场的询单率和转换率，基于自身的每日投放预算将产品投放时间匹配到目标区域内，能够实现精准营销。

注意，未达到LV4可通过外贸服务市场相关P4P软件设置投放时间。当然，如果卖家每日投放的预算充裕，可以直接24小时投放。

④ 账户授权。阿里巴巴国际站平台默认，只有主账号有权限操作外贸直通车，但平台也允许主账户授权某个"子账号"来操作外贸直通车业务，如图2-41所示。

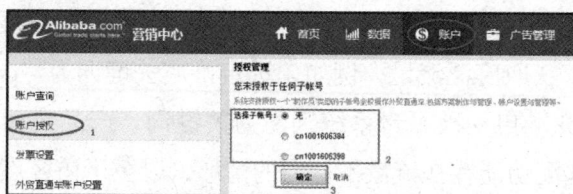

图2-41　账户授权界面

⑤ 产品主图的重要性。产品图片是对文字描述的补充，使用图片能直观地展示产品，让买家在浏览产品时获得更多的产品细节特征。丰富的、高品质的图片对买家转化有较大益处。平台上海量的信息使得买家通常采用"只看产品主图、不看详情页"的浏览方式进行产品的筛选，由此可见产品主图的重要性。因此，卖家需要注意以下几点。

- 高清白底或高清实拍场景图，且图片大小不要超过5MB，图片比例建议为正方形。
- 产品主图分辨率建议为800像素×800像素或1000像素×1000像素。
- 推广时间段内，观察上下同行的产品主图并凸显主图的独特性。
- 使用表格统计不同主图在不同时间段的点击情况，择优选择产品主图。

高品质产品主图不仅能提高转化率，还有利于提高关键词的点击率、提高卖家产品的推广评分，从而进一步降低每次点击的扣费。

⑥ 提高询盘转化率。要提高询盘转化率，可以从产品信息、产品类目和数据管家三个方面入手。

其中，从产品信息角度出发，首先要排除被点击的有效关键词，其次查看产品报告并确定未带来询盘的产品信息，最后获悉买家关注点。具体操作步骤如下。

- 排除被点击的有效关键词：进入营销中心→外贸直通车→数据→关键词报告，单击"点击量"后面的小箭头，就会自动按照点击量从高到低排列。查看被点击的关键词是否跟产品相符，如果不符，则需修改此关键词对应的产品信息。
- 查看"产品报告"：进入营销中心→外贸直通车→数据→关键词报告，单击"点击量"后面的小箭头，就会自动按照点击量从高到低排列。查看有点击的产品，对比数据管家询盘产品，对没带来询盘的产品做信息的优化。
- 获悉买家关注点：密切关注买家对产品描述、生产设备、包装、时间因素与支付方式等因素的关注程度。

从产品类目角度出发，卖家可以利用"管理产品"中的搜索诊断工具，修改错放类目的产品，删除重复铺货的产品，如图2-42所示。此外，卖家可以借鉴同行的产品类目路径，具体操作是：在平台搜索自己的产品，在搜索结果列表的第一页中单击某个产品，查看产品详情页面最上方的类目路径，再对比自己的路径，学习优秀卖家对产品类目路径的设置技巧，如图2-43所示。

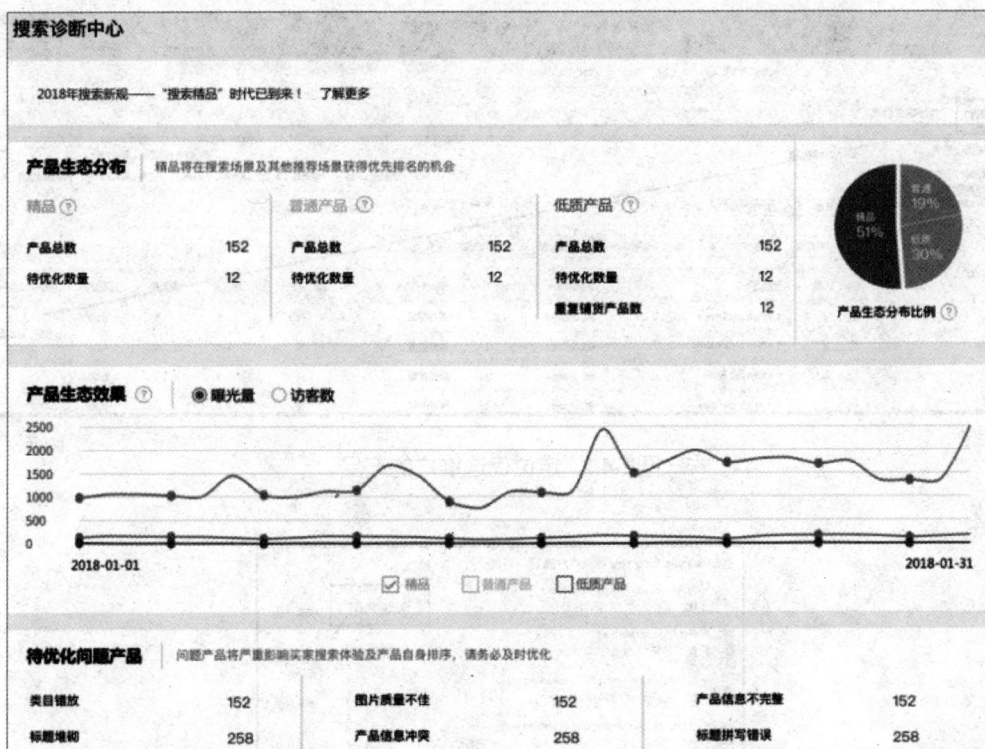

图2-42　产品类目的搜索诊断

从数据管家角度出发，卖家可以利用数据管家中的"我的产品"，查看曝光率高、点击率高但并未获得询盘的产品，优化这类产品的信息质量。此外，还可以针对曝光率不高，但是有点击率和反馈的产品，加大对应关键词的推广，扩大询盘转化。

图2-43　产品类目路径的参考

⑦ 产品的优先推广。一个关键词可以匹配多个相关产品，但若想在某个重点关键词下优先推广、展示公司的某一款重点产品，则需要使用"产品优先推广"设置功能。

进入推广管理界面，定位到想要重点推广的关键词，单击该关键词所在行右侧的"推广产品数"指标下的具体数字，可以进行产品推广，如图2-44所示。平台规定，只有产品的推广评分为"优"时，才有资格进行优先推广，如图2-45所示。

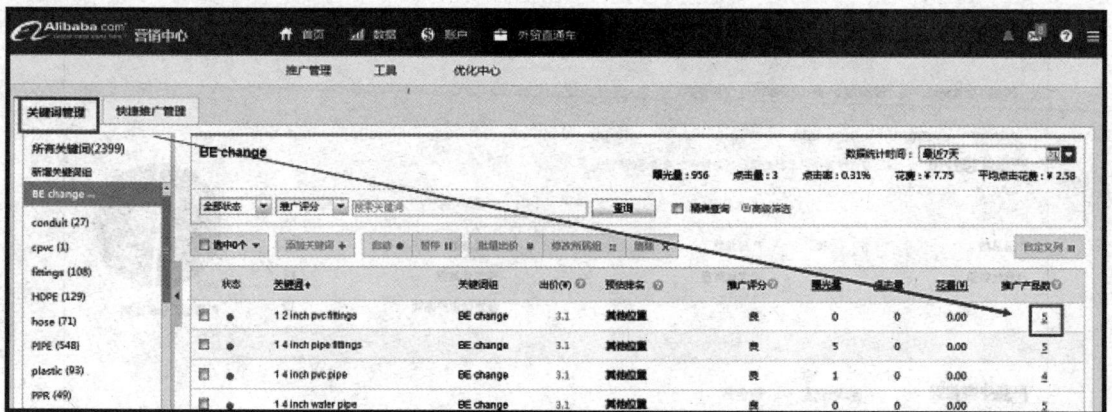

图2-44 定位优选推广的产品

图2-45 产品优先推广的设置

单击"设置优先推广"按钮，即可成功设置产品的优先推广，如图2-46所示。

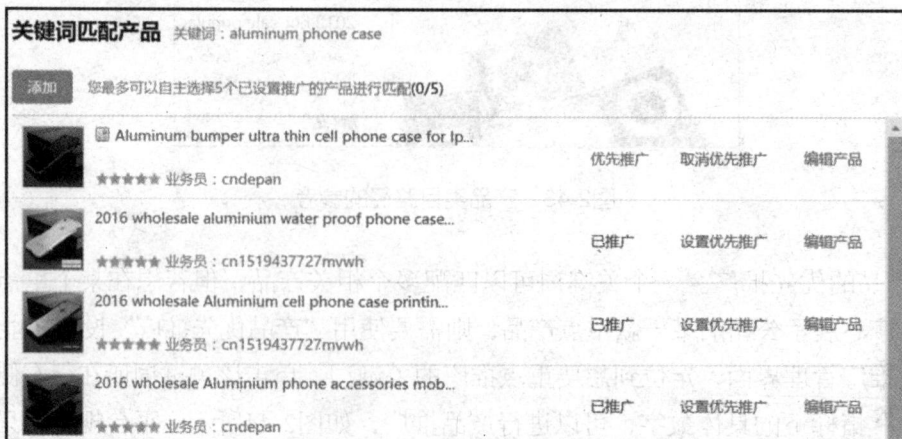

图2-46 产品优先推广设置成功

⑧ 成长等级。成长评分是指P4P会员通过推广及操作所积累的成长分值。成长等级的升降均由系统自动处理，无需申请。

P4P会员将拥有一个成长等级以及对应的成长等级评分，成长等级由成长评分决定，成长评分越高，成长等级越高，享受的会员权益越多。

外贸直通车会员成长体系如图2-47所示。

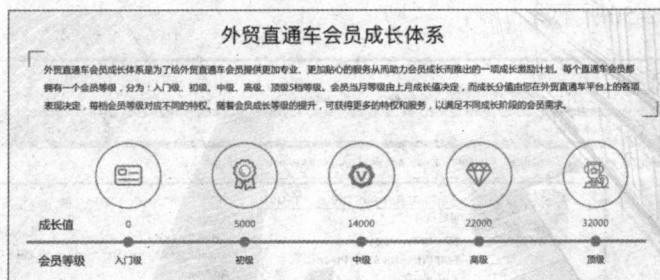

图2-47　直通车会员成长等级

⑨ 平台更新时间差异。PST是指太平洋时间，平台采用的美国PST时间分为夏令时PST和冬令时PST两种。其中，夏令时，中国时间和美国时间的时差为15小时，北京时间减去15小时就是美国太平洋时间；冬令时，中国时间和美国时间的时差为16小时，北京时间减去16小时就是美国太平洋时间。

外贸直通车的数据更新主要受数据同步和中美时差的影响，更新规则在此不再赘述。

⑩ 产品排名对投放效果的影响。平台推广外贸直通车的原因是希望有更多的买家可以点击卖家投放的产品。依据买家浏览时经常遵循"从前到后选择满足其需求的产品"的习惯，排名越靠前，满足买家需求的概率越高，被点击的可能性也越大。

产品在外贸直通车的排名对其点击率的影响如图2-48所示。外贸直通车与其他位置产品的点击率对比如图2-49所示。

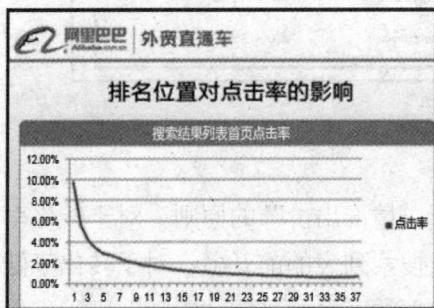

图2-48　排名对点击率的影响

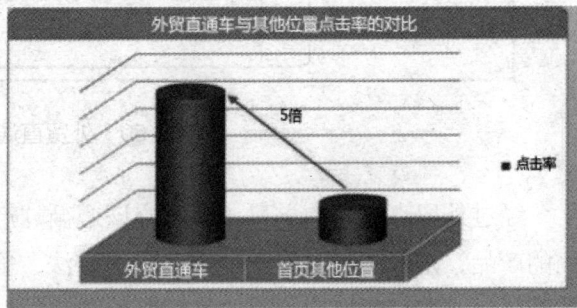

图2-49　不同位置点击率对比

由图2-48可知，产品排名越高，产品点击转化率也越高。因为排名前五的产品优先曝光在买家面前，所以前五名产品的点击转化率相对较高。因此，建议卖家在预算允许的范围内保持产品有较高的排名，以获得更好的投放效果。

由图2-49可知，外贸直通车推广产品的点击率大约是其他位置产品的点击率的五倍，进一步说明外贸直通车推广产品的成交率高于其他位置产品的成交率。

卖家可以尝试在阿里巴巴国际站首页搜索"4gb usb"，查看搜索结果并体验P4P广告位的重要性，如图2-50所示。

图2-50　外贸直通车使用体验

经过外贸直通车的学习，卖家应该遵循"产品分析，精准出价"的原则。对于转化率高的产品，采取"高出价竞争排名"的方法，争取进入搜索列表的前五名；对于转化率低的产品，采取"低出价培养关键词"的方法；对于无数据的产品，采取"跟随"同行出价曲线的策略。

3. 信息沟通模块

产品发布及外贸直通车等增值服务，都是为了提高买家的点击率及转化率，促使买卖双方达成交易。而信息沟通模块是为买卖双方建立联系并促成最终交易的关键环部分。平台将潜在交易信息分为询盘和采购直达两个重要部分，现分别介绍如下。

（1）询盘理论知识

询盘是指交易的一方（准备购买或出售某种商品的人）向潜在的供货人或买主探寻该商品成交条件或交易可能性的业务行为，它不具有法律上的约束力。如果是买家询盘，则指买方准备购买心仪的商品，向潜在的供应商探询该商品成交条件的业务行为；如果是卖家询盘，则指卖方就某种欲出售的商品，向潜在咨询的购买方回复或商讨商品的交易可能性和成交条件的业务行为。

在阿里巴巴平台上，询盘也称为咨询或询价，是买家和供应商沟通交流的渠道。询盘的内容通常会涉及价格、规格、品质、数量、包装、装运以及索取样品等。通常，大多数询盘的内容多以产品价格为主，业务上常把询盘称作询价。作为买卖双方之间的试探性接触，询盘人可以同时向若干个交易对象发出询盘。

询盘作为一种咨询行为，可采用口头形式或书面形式。通常情况下，买家在阿里巴巴国际站搜索平台搜索到心仪的产品后，单击产品详情页面的Contact Supplier进行留言，留言信息以邮件形式发送至卖家主账号或子账号的企业邮箱，并展示在询盘处。

询盘只是探寻买或卖的可能性，不具备法律约束力，所以询盘的一方对能否达成协议不负有任何责任。此外，询盘不是每笔交易必经的程序，如交易双方彼此都了解情况，不需要向对方探询交易的可能性或成交条件，可直接向对方发盘。

（2）RFQ理论知识

采购直达（Request For Quotation，RFQ）是指买家对卖家的产品或服务非常感兴趣而发起的一次针对索取该产品或是服务的价格的行为。

RFQ服务流程是"买家需求发布→需求审核→卖家报价→报价审核→买家查看→双方沟通"，即买家主动填写并发布采购信息，然后委托阿里巴巴平台寻找合适的卖家。卖家可查看采购需求，根据买家要求及时报价。卖家可以自主挑选合适的买家进行报价。

RFQ服务能够在大幅度提高买家采购效率的同时，帮助卖家更好地完成订单转化，并赢取更多高质量的买家。

RFQ和询盘的共同点是发起方通常是买方，不过RFQ更有针对性，更容易让买卖双方在线交易进入实质性阶段，达成交易的概率更高。

（3）询盘管理模块

卖家在后台My Alibaba的商机管理中心，单击"询盘"查看账号收到的所有询盘信息，如图2-51所示。其中，管理员可查看自己及下属子账号的所有询盘，业务经理账号可以查看自己及下属业务员的询盘，业务员与制作员只能查看自己账号的询盘。

新版商机管理中心就是询盘管理中心，在升级以后，询盘管理页面就变为现在的"询价单管理"页面，如图2-52所示。

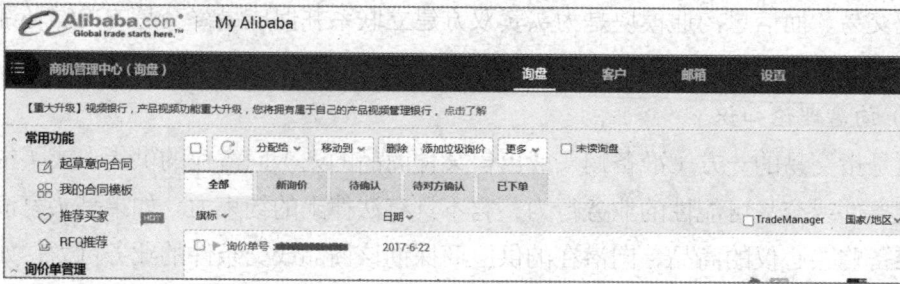

图2-51　询盘首页

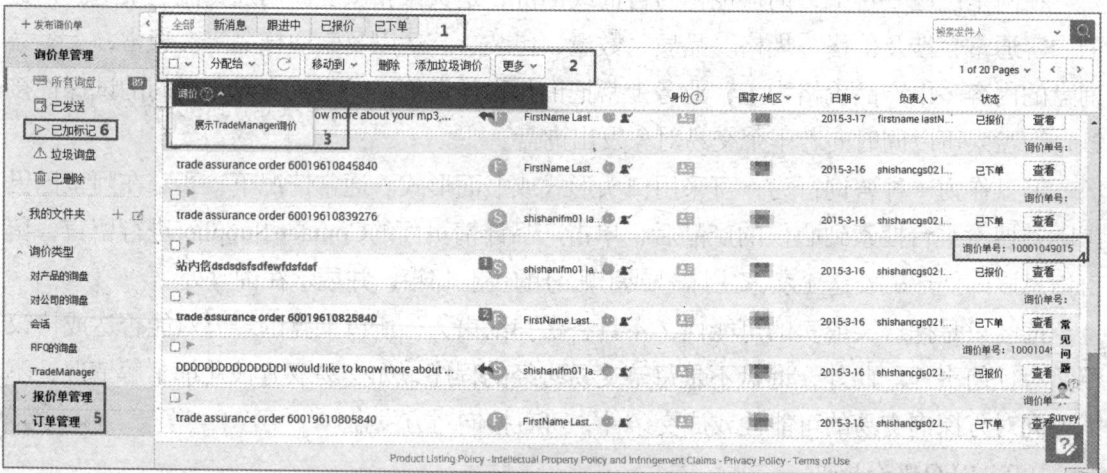

图2-52　询价单管理

　　由图2-52可知，平台左侧导航，新增"报价单管理"和"订单管理"模块，方便管理最新的报价单和订单。其次，流程状态升级，以便于卖家快速定位商机，主要表现在顶部导航可以选择状态，主要包含新消息、跟进中、已报价和已下单四种状态。此外，询价列表新增了"询价单号"、优化消息通知、已回复标记等跟进细节，通过省去询盘摘要的方法使得一页显示更多询价，新增客户旺旺是否在线，新增"已加标志"分类项，使卖家可以快速定位添加标记的询价单等。

　　考虑到询盘对象的异同，可以将询盘内容划分为对产品的询价和对公司的询价两类。

　　TM（Trade Manager，阿里旺旺国际版）是一个即时通信工具。由图2-52可知，平台将RFQ询价和来自TM的询盘信息都放在同一个操作界面，目的是为了让卖家更加便利、及时地回复潜在买家的询盘，同时也方便买家与卖家之间的沟通。

　　单击任意一个询盘，进入询盘信息查看页面，页面左侧显示买家的联系方式和相关信息，右侧显示买家所查看和咨询的产品信息，如图2-53所示。

　　如果买卖双方之间已经发生了询盘，平台称之为会话。一般而言，有意向的交易双方之间的会话远不止一次，所以凌乱的往复邮件会降低交易双方的工作效率。会话的目的是便于买卖双方更加直接地查阅往来信息，其工作原理是将邮件中具有回复关系或具有相同标题的邮件组合在一起，统一浏览，极大地提升了卖家的工作效率和买家的用户体验。

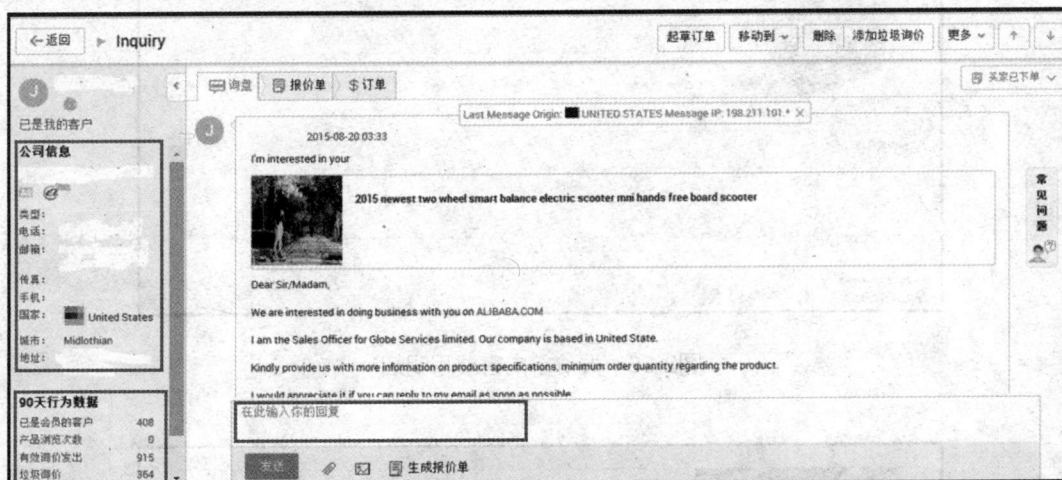

图2-53　卖家询盘信息示例

　　一旦卖家在线收到买家的询盘，单击"生成报价单"按钮，如图2-54所示，分别填写产品价格、最小起订量、产品规格及支付方式等信息，然后单击"生成报价单"按钮，进入报价单确认页面，如图2-55所示。经核实无误后，卖家单击"确定报价单"按钮即可生成报价。然后，平台会将报价单反馈给买家。当买家收到反馈的报价单时，若对卖家的报价满意，则可以单击"立即下单"按钮，如图2-56所示。

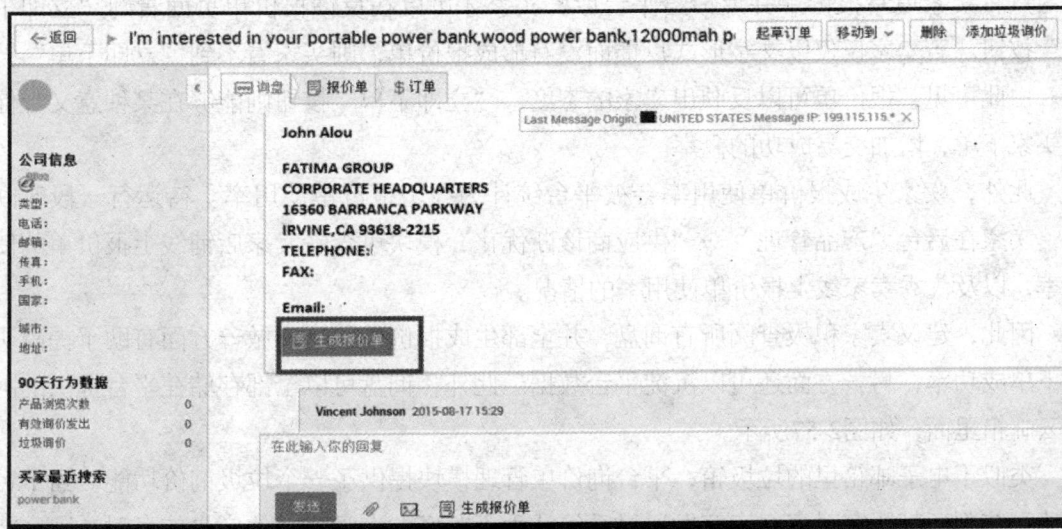

图2-54　生成报价单示例

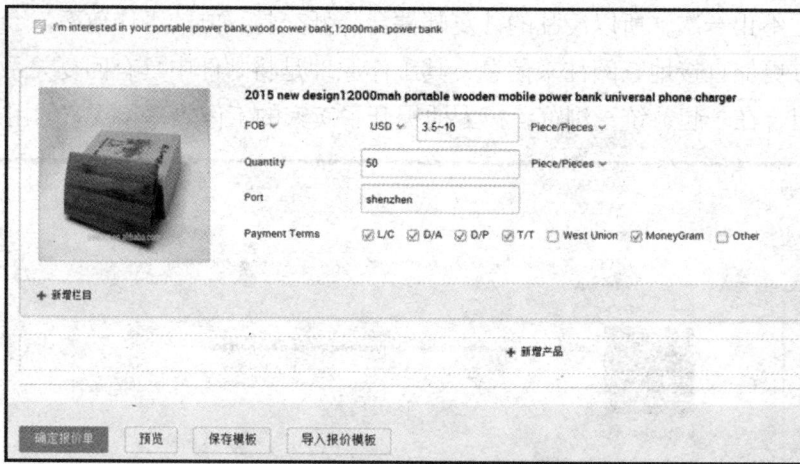

图2-55　报价单内容填写明细

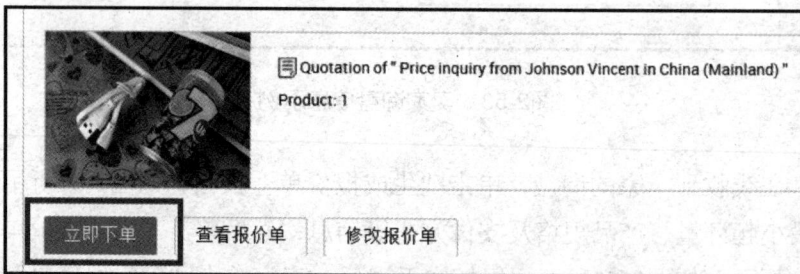

图2-56　买家查收报价单的页面

只有卖家填写报价单并反馈给平台后,买家才可以在反馈报价单页面看到"立即下单"按钮。若卖家仅仅以文字形式反馈而没有形成报价单,则买家看不到"立即下单"按钮。由此可见,报价单可以反映出卖家的态度,"立即下单"按钮则能够在某种意义上促使买家下单,增加交易成功的概率。

此外,卖家生成报价单使用率会被平台统计为线上报价单使用率。待运行一段时间后,卖家在后台"产品管理"→"供应商诊断优化"模块可查看卖家店铺线上报价单的使用率,以及优秀卖家线上报价单使用率的情况。

因此,建议卖家积极查阅所有询盘,并全部生成报价单,这样做一方面有助于提高买家下单成功率,另一方面还可以沉淀平台数据。此外,询盘可以全部存储在平台提供的阿里云邮箱里面,如图2-57所示。

类似于电子邮箱里的垃圾箱,平台询价单管理模块提供了一个垃圾询价功能。当平台过滤系统判断某买家对多个卖家发送过系统认为不友好的询盘或其他广告信息时,则会将该询盘自动划分至垃圾询价处。

图2-57　所有询盘信息存储在阿里云邮箱

（4）RFQ模块

卖家在后台的业务管理模块中，单击"采购直达"→"报价管理"，可以查看和管理所有RFQ信息，如图2-58所示。

图2-58　RFQ信息

作为优秀的卖家，在掌握对RFQ进行报价处理的基本操作后，还需要深入了解平台制定的RFQ规则。根据目前的RFQ规则，针对付费会员RFQ权益报价主要由基础权限和奖励权益两部分组成。其中，基础权限里规定，每个付费卖家每月20条报价，发放时间为北京时间每月1日下午16:00，有效期为当月。奖励权益由卖家上个月的"市场表现分"决定，时间和期限与基础权限一样。当卖家平台表现分大于200分时，平台会给予赠送条数的奖励，不同表现分与应赠送条数的关系如表2-2所示。

表2-2 不同表现分与应赠送条数的关系

市场表现分	200≤X＜300	300≤X＜400	400≤X＜500	500≤X＜600
赠送权益（条）	2	3	5	8
市场表现分	600≤X＜700	700≤X＜800	800≤X＜900	900≤X＜1000
赠送权益（条）	12	18	28	45

当然，如果通过以上两种方式获得的报价权益都无法满足卖家的报价需求，则可以通过购买加油包的方式来增加报价权益。卖家可以参阅RFQ服务规则进一步了解RFQ，如表2-3所示；RFQ市场用户奖励规则如图2-59所示。

表2-3 RFQ服务规则

用户类型	服务前提	报价权限	奖励权益
出口通认证会员	出口通服务正常履行 报价前规定时间内无违规或投诉记录	报价对象为有效RFQ 基础报价权限为每月20条 每条报价有一次修改机会 被判定为"主营不符"的报价没有修改机会	查阅细则如表2-2所示
金品诚企认证会员	金品诚企服务正常履行 报价前规定时间内无违规或投诉记录		
阿里通行证会员	以RFQ商机服务订购相关合同及/或RFQ市场运营活动为准	报价对象为有效RFQ 购买或参加RFQ市场运营活动获得报价权益 每条报价有一次修改机会 被判定为"主营不符"的报价没有修改机会	无
免费会员			

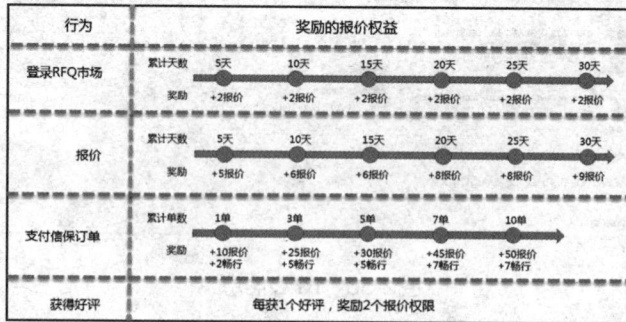

图2-59 报价权限奖励规则

RFQ服务规则中，对卖家也有相应的惩罚。惩罚细则是，卖家在当月累积差评多于两条时，从次月开始平台会冻结报价权限7天。

核心RFQ相关规则如图2-60所示。卖家在线订单交易笔数越多，卖家的平台表现分越高，RFQ可报价的条数就越多。卖家应该意识到，自身良好的表现、订单笔数等，全都会随着时间而沉淀，这对于任何一个跨境电子商务的在线交易都有着举足轻重的意义。

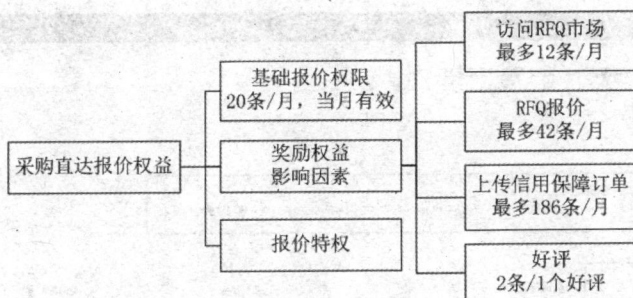

图2-60　RFQ核心规则概览

4. 数据支持模块

数据管家是阿里巴巴国际站的数据类产品，会沉淀卖家在平台上操作及推广效果的数据。数据管家通过多维度的数据统计分析及诊断，让卖家不仅能了解自身的推广状况，对薄弱点有针对性地进行优化，还能洞察买家行为和行业趋势，从而把握商机，提升店铺整体的推广效果。

卖家在后台单击"数据管家"，可以深入了解数据管家提供的功能，如图2-61所示。从中可以看到数据管家提供了诊断中心、知己、知买家、知行情和专题五大功能。下面介绍其中四个主要的功能。

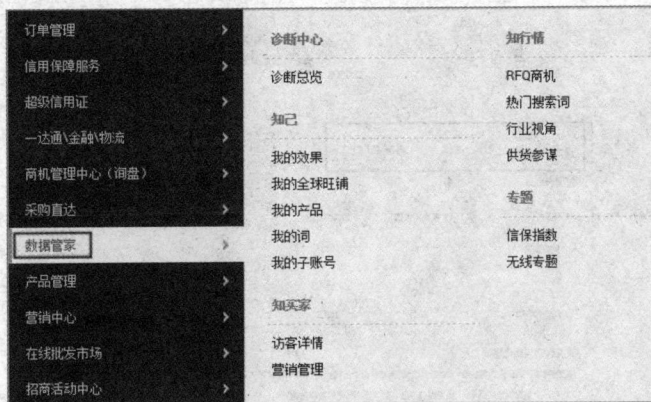

图2-61　数据管家

（1）诊断中心

诊断中心提供对卖家整个店铺总体评价的数据，通过对详细数据进行分析，提示卖家有针对性地改进，以获得最佳的收益，如图2-62所示。

诊断中心页面分为上下两部分，第一部分展示卖家整体评分和同行平均评分，分数以五角星样式来展示；第二部分左侧展示的4个菜单，分别为"基础建站""推广引流""买家沟通""订单转化"。单击不同的菜单，其右侧会显示对应的内容。

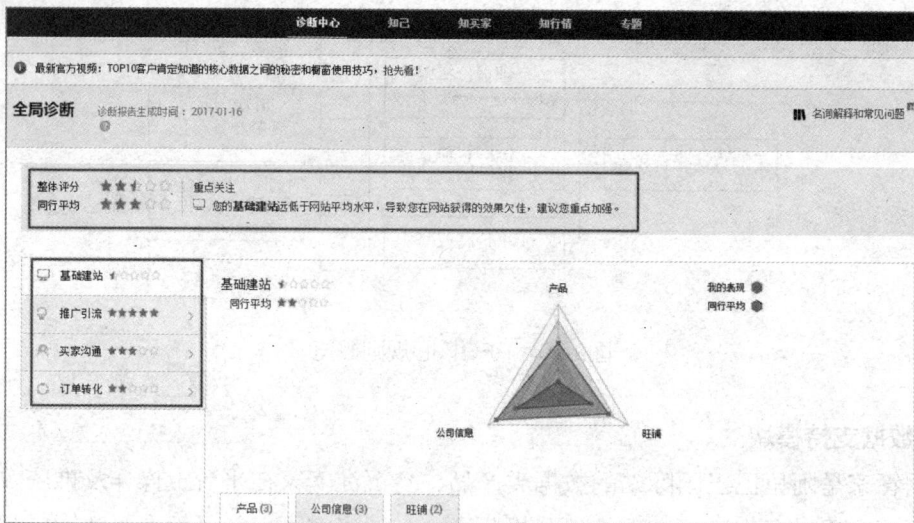

图2-62　数据管家之诊断中心

单击"基础建站"，显示图2-63所示的内容。

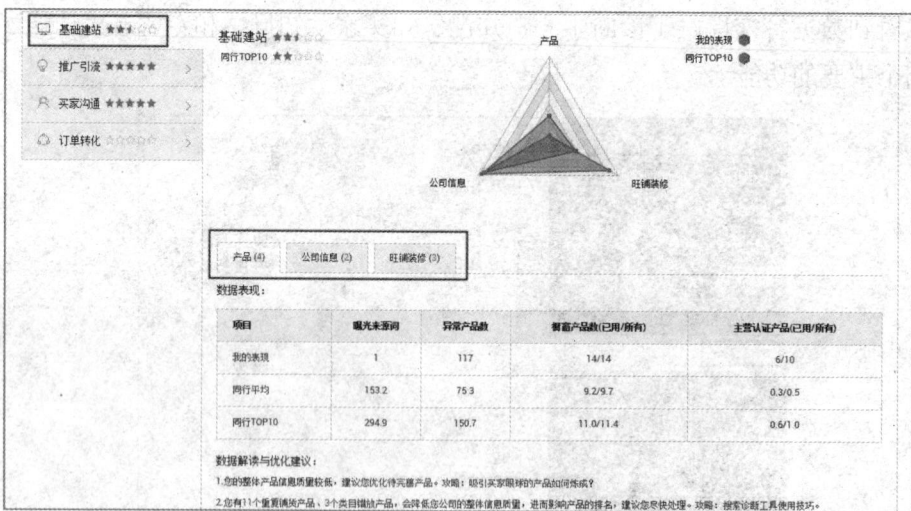

图2-63　数据管家之基础建站

"基础建站"雷达图中显示卖家和同行平均信息的对比，当鼠标悬浮在雷达图上时，可查看对应的数据。"基础建站"中包含产品、公司信息和旺铺装修三个模块。对于产品模块，卖家可以从曝光来源词数、异常产品数、橱窗产品数和主营认证产品数四个指标进行评价；对于公司信息模块，卖家可以从信息完整度指标进行评价；对于旺铺装修模块，卖家可以从旺铺访客数、旺铺TM咨询访客数、旺铺反馈数及旺铺转化率四个指标进行评价。

卖家需要了解上述指标的含义。其中，曝光来源词是指在相应的时间段内给卖家带来曝光量的词数量；异常产品数是指在相应的时间段内，卖家的累计重复产品数、待完善产品数和类目错放产品数的总和；橱窗产品数是指在相应的时间段内，卖家所拥有的橱窗个数以及已经使用的橱窗个数；主营认证产品数是指在相应的时间段内，卖家所拥有的主营认证产品个数以及已经设置的主营认证产品个数；信息完整度是指在相应的时间段内，卖家公司信息填写的信息完整程度；旺铺访客数是指到达卖家全球旺铺的任何页面的用户数量；旺铺TM咨询访客数是指在卖家的全球旺铺页面，通过TM与卖家联系的用户数量；旺铺反馈数是指访客在卖家的全球旺铺页面给卖家发送的反馈数量；旺铺转化率是指旺铺反馈数和旺铺TM咨询访客数的总和与旺铺访客数的比值。

单击"推广引流"后，右侧会显示相应的优化建议。单击"买家沟通"后，右侧也会显示相应的优化建议，如图2-64所示。

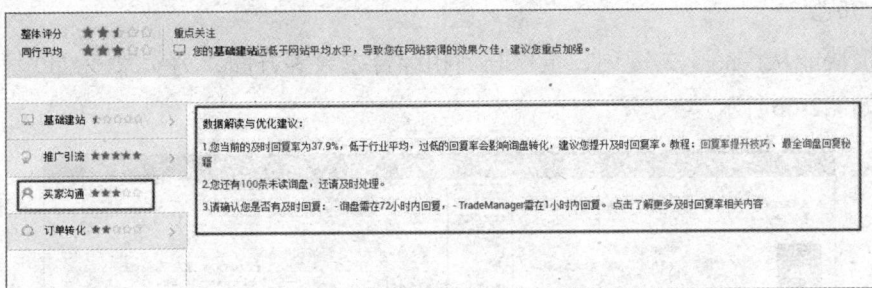

图2-64　数据管家之买家沟通

单击"订单转化"后，显示图2-65所示的页面。

图2-65　数据管家之订单转化

"订单转化"雷达图中显示卖家和同行平均、同行TOP10之间的对比,当鼠标悬浮在雷达图上时,可查看对应的数据。

"订单转化"中包含提交信保订单数、双确信保订单数、已付款信保订单数、信保交易买家数和出口总规模五个模块。

同样,卖家需要了解上述指标的含义。其中,访客数是指访问了卖家的产品页面、公司页面以及通过其他页面给卖家发送询盘的买家的统计数据;反馈数是指包含"我的效果"总反馈、产品反馈、公司反馈以及卖家的全球旺铺反馈数的总和;反馈率是指反馈数与访客数的比值;同行是指与卖家拥有同样主营业务的付费供应商;同行TOP10平均是指在每一个指标下,该指标数据最大的前10家付费供应商的该项指标的平均值;双确信保订单数是指截止到统计周期末的最近365天内,卖家、买家双方已经确认的信保订单总数量,而且这数量不含已取消订单。

(2)知己

知己模块能从产品、关键词、全球旺铺和综合效果等方面,为卖家多维度呈现推广效果数据,如图2-66所示。

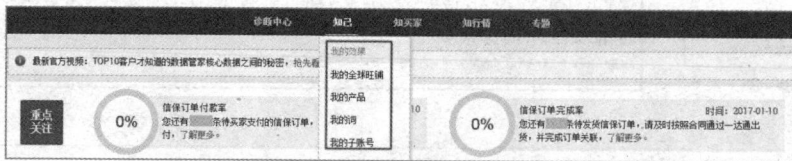

图2-66 知己导航菜单

从图2-66可知,知己模块主要包含"我的效果""我的全球旺铺""我的产品""我的词"以及"我的子账号"五个子功能。

"我的效果"模块旨在让卖家快速了解全局业务视图,更好地进行业务部署。单击"我的效果",页面如图2-67所示。注意:因各版块指标统计维度和周期的差异,六个分析版块分为三个独立版块进行展现。

"我的效果"一共分为六个分析版块,分别是询盘流量概览、外贸直通车概览、RFQ分析、订单分析、营销分析和产品分析。其中,询盘流量概览包含曝光、点击、点击率、反馈、访客和及时回复率六个指标,如单击"曝光"将会显示七天内的趋势曲线,曲线上每个结点代表该会员当天曝光量的总数。当鼠标移动到节点上时,系统会自动显示具体日期及数值。外贸直通车概览包含外贸直通车行业平均点击率、外贸直通车曝光和外贸直通车点击三个指标。RFQ分析包含行业可报价RFQ量、本月审核通过报价量、本月RFQ意向报价数和RFQ交易意向转化率四个指标。订单分析包含累积信保订单、累计已付款信保订单和信保额度三个指标。营销分析主要指近30天访客营销效果。产品分析包含有效果产品和零效果产品的分析。

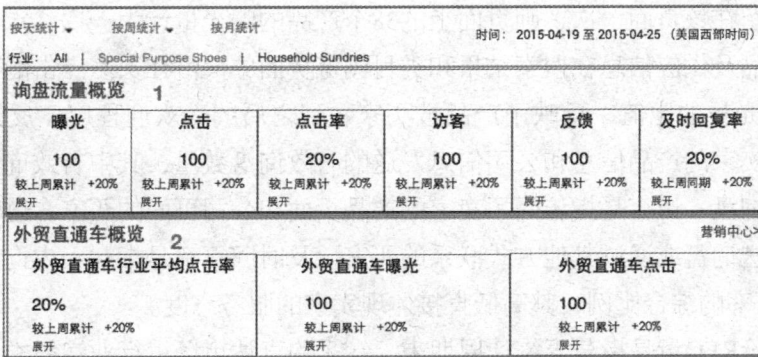

（a）

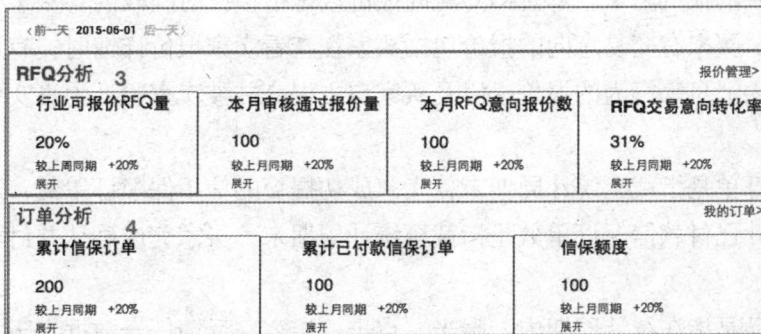

（b）

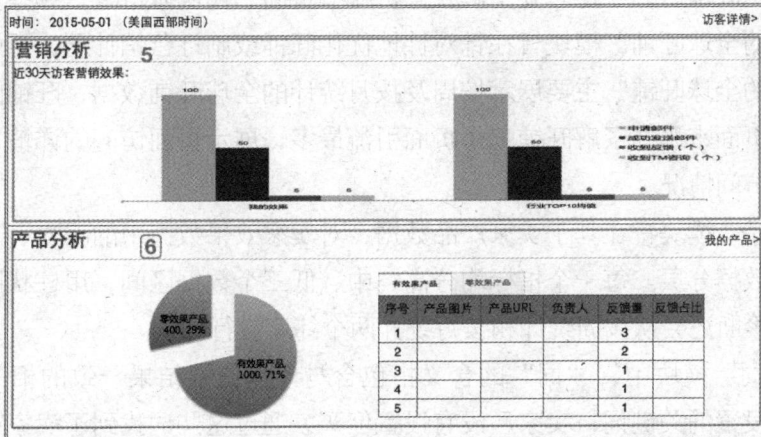

（c）

图2-67　数据管家之我的效果

　　卖家需要了解上述指标的含义。其中，曝光是指定时间内，卖家的产品信息或公司信息在搜索结果和浏览列表页中被买家看到的次数，如当搜索结果页面一页展示38个商品时，若买家停留在该页面一次，则页面上的38个产品的曝光量计为一次。点击是指定时间内，卖家的产品及供应信息在搜索结果和类目浏览页面中被潜在买家点击的次数。点击率是点击量与曝光量的比值，反映了产品被买家看到之后的受欢迎程度。反馈是指定时间内，买家针对卖家的产品信息和公司信息发送的有效询盘数量，其中有效询盘是指非垃圾询盘和非退回询盘。访客是指访问了卖家的产品页面和公司页面的买家，也包括通过其他页面给卖家发送询盘或通过其他方式联系的买家。及时回复率是指30天内询盘及时回复率与TM及时回复率的综合比例，其高低直接体现卖家的服务态度。

行业可报价RFQ量是指截至统计周期末，在采购直达市场，行业二级类目下的有效且未过期的RFQ数量。本月审核通过报价量是指在相应时间段内，卖家账号在采购直达市场提交并通过审核的报价总量。本月RFQ意向报价数是指相应时间段内，买家有交易意向的报价数，其中，买家有交易意向的报价包括买家在查看卖家报价详情时，有过成功下单、索样或发送站内消息等行为的报价，以及买家自主提交并被卖家验证为真实订单所对应的报价。

累计信保订单是指截至统计周期末，卖家成功提交的信用保障订单数，这不含交易关闭的订单。累计已付款信保订单数是指截至统计周期末，买家完成确认并付款的信用保障订单数。

有效果产品是指在统计周期内，曝光、点击、访客、反馈任一数据大于零的产品；零效果产品是指在统计周期内，曝光、点击、访客和反馈均为零的产品。

当卖家优化旺铺后，一定想要了解和分析哪些页面、模块做得好，哪些页面、模块做得不好，"我的全球旺铺"模块旨在针对性地优化旺铺或制订营销计划，更好地展现卖家的实力。"我的全球旺铺"主要展示按周及按月统计的全球旺铺数据，旺铺的效果总体概况，展示访客页面来源并了解旺铺哪个页面引流最多，展示页面访问的详情，让客户了解更具体的页面访问情况。

"我的产品"模块旨在基于卖家产品数据，对卖家效果数据中的曝光、点击、点击率及反馈等进行数据分层。每一个指标均分高、中、低三个数据区间，用柱状图进行展示。此外，产品的诊断还会从按周统计和按月统计两个纬度进行筛选。

在"我的词"模块中，"词"的含义指包含与该词搜索结果一致的相关词的汇总数据，包括卖家设置的关键词，卖家还没有设置但买家通过这些词找到了卖家产品的词，还有卖家参加外贸直通车推广的词。

在"我的子账号"模块中，子账号可以分为业务员、业务经理和制作员三种类型，由管理员创建。当公司有多个人需要操作My Alibaba平台时，需要开通子账号。子账号有自己独立的账号ID和密码，也有自己的权限，但是权限配置和管理员有差异。

（3）知买家

"知买家"模块会帮助卖家展示访客的地域信息、浏览量和停留总时长，筛选卖家感兴趣的访客信息，通过分析买家的行为来指导卖家旺铺及产品的完善，如图2-68所示。

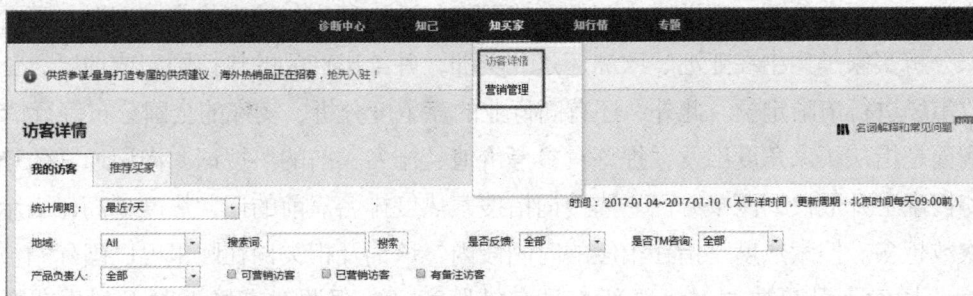

图2-68　知买家导航菜单

由图2-68可知，知买家模块共包含访客详情和营销管理两个子功能。其中，访客详情展示了访问卖家产品页面、公司首页，或者通过页面给卖家发送过反馈或咨询的买家，并且包含买家停留的时长、来访时间及习惯等。营销管理是筛选出感兴趣的访客信息，即采用按天、按周统计数据筛选出最近30天的访客，以及上个月访客的信息，能够及时了解访客动向，进而分析对应地域买家的行为，有针对性地研究不同地域买家的需求和行为特征，从而指导卖家完善旺铺及产品信息。

（4）知行情

"知行情"模块为卖家提供买家采购市场的最新商机，帮助卖家及时获取商机，洞察买家行为和行业趋势，页面如图2-69所示。

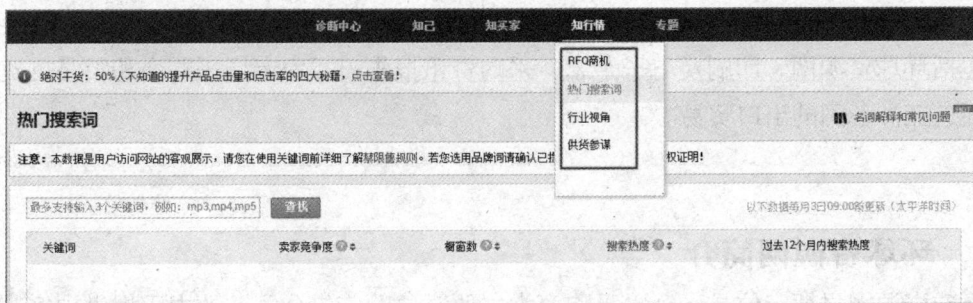

图2-69　知行情导航菜单

由图2-69可知，知行情模块共包含RFO商机、热门搜索词、行业视角和供货参谋四个子模块。其中，RFO商机内容里包含所选行业下的最近1日，最近7日，7日以上的词、RFQ量、总报价席位和剩余报价席位，为卖家提供商机，了解报价市场行情并进行快速报价。

热门搜索词是指产品对应关键词的搜索热度情况。

行业视角包含行业总览、淘词和淘产品三个子模块。其中，行业总览是指行业在整个市场所占的份额及其排名。掌握行业总览，有助于卖家了解行业的大体趋势，平台会自动按月份生成一个走势图，帮助卖家了解全球买家的活跃程度与搜索热度。同时，平台会帮助卖家分析买家是集中在亚洲、欧洲还是北美洲，并给出产品的热搜国家或地区，让卖家对主攻市场进行清晰定位。此外，还有同行业的竞争度分析、卖家的全国分布等行情。

淘词是指从买家角度出发，提炼有参考价值、排名靠前的热搜词。淘词通常依赖于热搜词和搜索上升最快词两个方面。热搜词指搜索热度排名靠前的词，热度越高，表示被搜索的次数越多。搜索热度是指在相应的时间段内，该词及相关词在阿里巴巴国际站被搜索的热度。搜索上升最快词对于更新产品有借鉴意义，强调对市场无时无刻不在变化的关注。

淘产品是了解买家分布，选择最合适的外贸产品，了解买家搜索习惯，迎合目标市场。

通过学习发现，数据管家展示页面简洁，让卖家的数据更加直观、便捷、完整地集中呈现，能够实时查询自身推广效果与操作情况，能够知己知彼、掌控与同行的对比情况，能够实时统计买家重点关注的产品，轻松掌握海外最新采购需求。希望所有卖家能够充分利用数据管家的数据统计分析功能提升经营业绩。

2.2　环球资源网

环球资源是领先业界的多渠道B2B媒体公司，公司的核心业务是通过一系列英文媒体，包括环球资源网、印刷及电子杂志、采购资讯报告、买家专场采购会和贸易展览会等形式促进亚洲各国的出口贸易。

2.2.1　环球资源网简介

环球资源网早期定位是一个以采购商为主要对象的广告公司，致力于提供内容丰富而详实的行业资讯的英国老牌企业。随着互联网的快速发展，环球资源网意识到了互联网为商业贸易带来的巨大价值，上线了环球资源在线（Global Sources Online），其优势是积累丰富的买家资源。

环球资源网通过网站、展会、杂志及其他多种外贸媒体服务于全球买家社群，即批量进口消费品及工业产品的专业买家。本质上，环球资源网可以理解为通过在线平台来运营买家社交群体。环球资源网根据"活跃买家"与"已核实买家"两种方式审核买家社群。其中，已核实买家是在环球资源网举办的展会现场经过面对面核实的活跃买家；活跃买家是指过去12个月内，注册使用以下至少一种环球资源网采购服务的买家，采购服务主要包括如下。

（1）出席环球资源网举办的采购交易会。

（2）通过环球资源网向供应商发送查询。

（3）通过订阅或下载，接收到电子版或印刷版的环球资源网采购杂志。

（4）通过订阅及双重订阅验证，接收到产品资讯速递。

环球资源网买家社交群体主要集中在欧美发达国家，拥有超过100万名国际买家，其中有95家来自全球百强零售商。使用环球资源网提供的服务，一方面有助于了解供应商及产品的资料，从而在复杂的供应市场进行高效采购；另一方面，供应商借助环球资源网提供的整合出口推广服务，提升公司形象，获得销售查询，赢得来自超过240个国家及地区的买家订单。

2.2.2　平台注册及体验

环球资源的首页如图2-70所示。

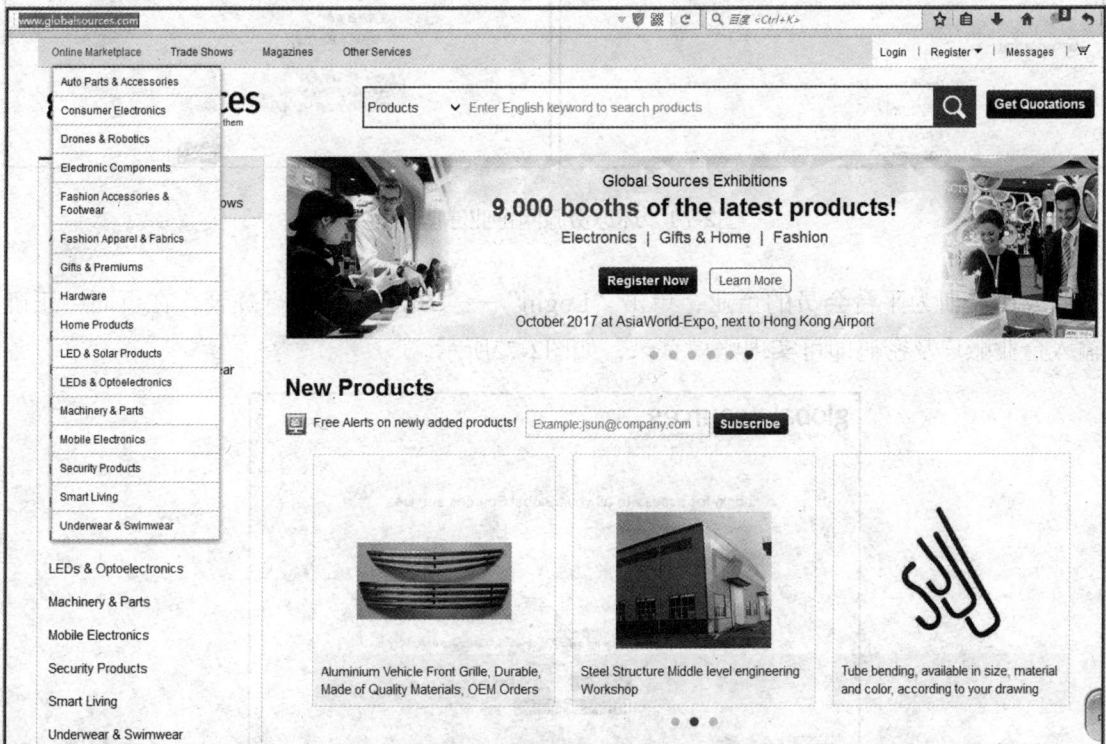

图2-70　环球资源网首页

企业入驻平台的注册流程是：单击图2-70右上方"Register"下方的"Supplier"，在显示页面中完成"注册账户信息""填写您的联系信息"和"公司信息和主营业务"三个步骤并进行提交后，经环球资源网客服人员的核实及确定后，才能成功注册为环球资源网的会员，如图2-71所示。

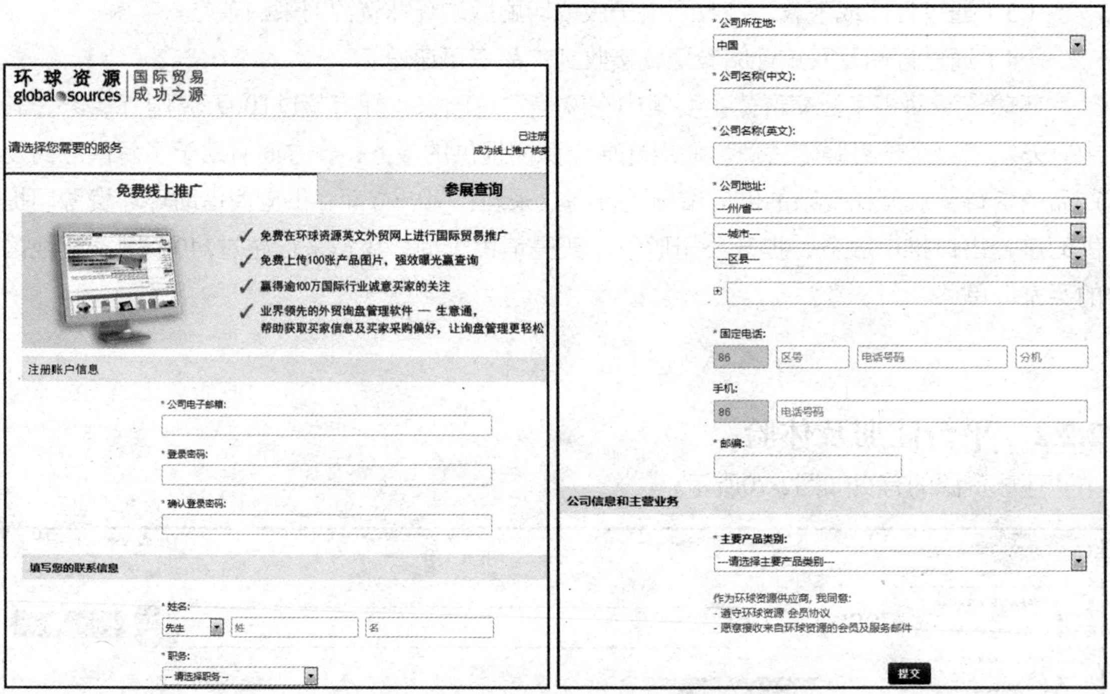

图2-71　环球资源网企业注册页面

成功注册为平台会员的企业，单击"Login"→"Sign in"进行登录，在页面中正确输入企业账户及密码即可实现账户登录，如图2-72所示。

图2-72　环球资源网登录页面

鉴于企业资质、主营业务的不同，准备入驻环球资源网的企业可以结合自身情况，遵循客观、真实的原则填写信息进行注册。

2.2.3　平台操作流程

环球资源网主要为多年积累的庞大买家社交群体服务。供应商的星级不同，平台提供的服务等级也有所不同。其中，供应商星级分为一星至六星。

环球资源平台提供的功能主要有产品信息、公司信息、市场资讯、生意通、买家见面会和商展等功能，如图2-73所示。为了让学习者在较短时间内快速掌握该平台的相关操作，下面主要介绍产品上传、产品认证、精品展示厅和市场资讯四个部分。

图2-73　环球资源网后台界面

1.　产品上传

环球资源网的产品上传以审核严格而闻名，督促入驻平台的供应商将最优质的产品提供给优质买家社群。为了保证平台积累的庞大买家社交群体有良好的用户体验，卖家上传的每一款产品都会经过产品质量控制中心的审核。

产品上传分一般上传和快捷上传两种方法。

（1）产品的一般上传

向环球资源网上传的产品被保存在专有目录中，该目录的名字是"创建产品到供应商专用目录"。单击图2-74中的"创建新产品"按钮，首先需要在显示的页面中确定产品类别，如图2-75所示。

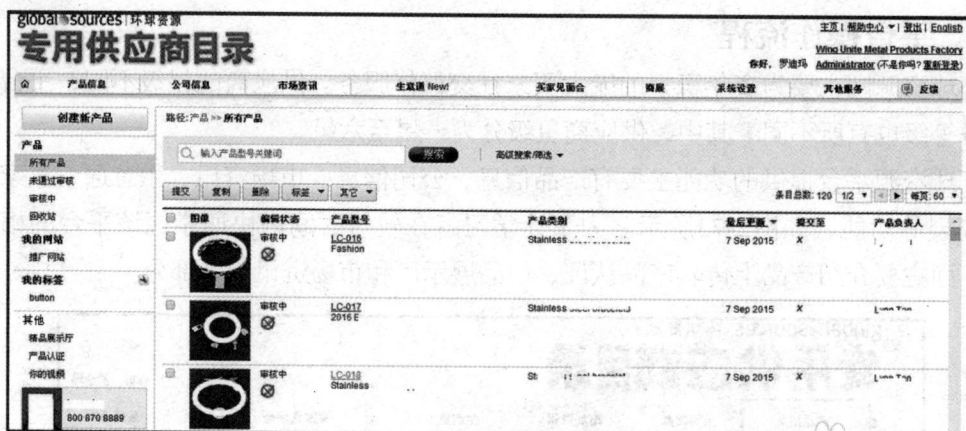

图2-74　上传平台的产品信息

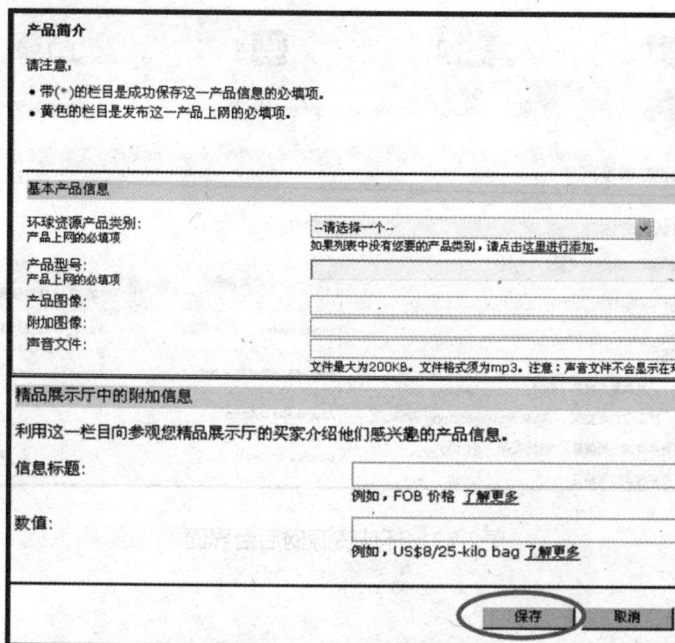

图2-75　创建产品界面

　　环球资源网对产品类别的划分非常详细，以便于卖家快速、精准地定位所需的产品。产品类别的确定方法有三种：第一种是根据平台提示确定产品类别；第二种是通过输入"产品关键字"获得系统的类别提示来确定产品类别；第三种是当系统没有与产品相匹配的类别时，用户可以自定义添加。

　　产品类别确定后，按照要求输入产品型号、图像等信息，单击"保存"按钮完成产品的创建。成功创建的产品经过平台审核后会显示在图2-74的页面中。

（2）产品的快捷上传

为了提高卖家的工作效率，平台提供了快捷创建产品的功能。在图2-76所示的产品信息页面上，根据需要选择被复制的产品，然后单击"复制"按钮。在左侧目录确定待存放的目录后，单击目录中的"复制到此处"链接确定存放复制产品的目录，如图2-77所示。对于快捷上传的产品，平台会在复制产品型号后面加"-1"标识加以区别，如图2-78所示。

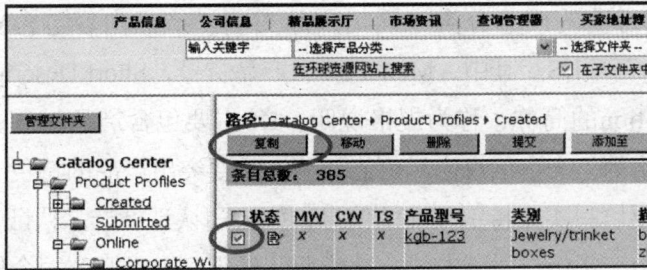

图2-76　快捷创建产品界面

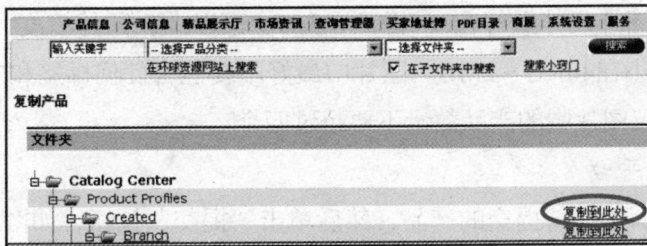

图2-77　产品的存放目录

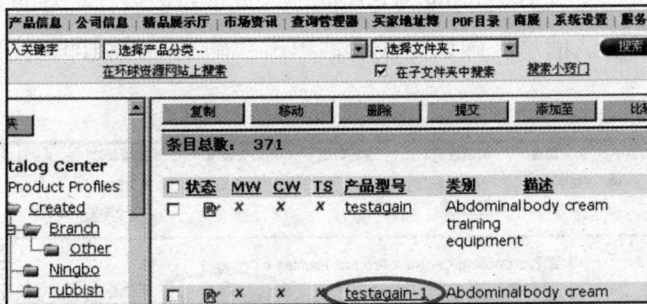

图2-78　快捷创建产品的-1标识

接下来单击复制的产品型号，进入产品信息页面，修改产品型号及其他各项信息后，单击"保存"按钮即可实现新产品的上传。

（3）产品内容

不同的平台，产品获得曝光量的排名原则不同。例如，阿里巴巴国际站依靠产品排名来获得曝光，环球资源网依靠产品星级来获得排名，星级越高，排名越靠前。根据排名规则，入驻环球资源网的卖家需要在产品上传中客观、真实、详细地填写产品信息。

在环球资源网上，产品文字信息主要包括产品类别和产品内容。其中，产品类别必须与产品实际相符，如果不相符，则会导致买家无法搜索到该产品。建议卖家在平台上搜索同类产品，参考同行业的产品分类来确定产品类别。产品内容包含Model No、Short Description以及至少三项KS。其中，Model No为产品货号，Short Description为简短描述，KS是Key Specification的简称，称为规格说明。KS主要包含产品材质、色彩、特点、包装、功能和尺寸规格等，文字信息应尽可能详细，并要突出产品的特色。

同样，卖家需要填写买家特别关注的信息，如公司认证、产品认证、公司品牌、产品品牌、原产地、船上交货价、付款方式、交货期、最小订单量及公司合作买家信息。

与阿里巴巴国际站的产品上传一样，环球资源网上产品图片的质量也非常关键。对于卖家而言，产品图片需要遵循几点要求，如产品图片应该完整，避免使用杂乱背景、侵权图案及侵权产品，图片尺寸最好在360像素×360像素以上，图片精度大于72dpi，色彩模式为RGB，文件大小在40KB~2MB。图片中最好不要包含任何标签和文字，不要摆放不同类别的产品。建议图片中的产品数量不要超过四个。

（4）产品提交平台

在产品信息页面选择待提交的产品，然后单击"提交"按钮，如图2-79所示。在显示页面中，选择上传目的"Global Sources Online"，然后单击"提交"按钮，如图2-80所示。这里的"Global Sources Online"即"Marketing Website"，是卖家在环球资源网的推广页面，也就是只有提交到Marketing Website的产品才会最终在环球资源网上得以展示。最后，根据平台提示确认信息，确认无误后，单击"确定"按钮即可完成产品的提交，如图2-81所示。

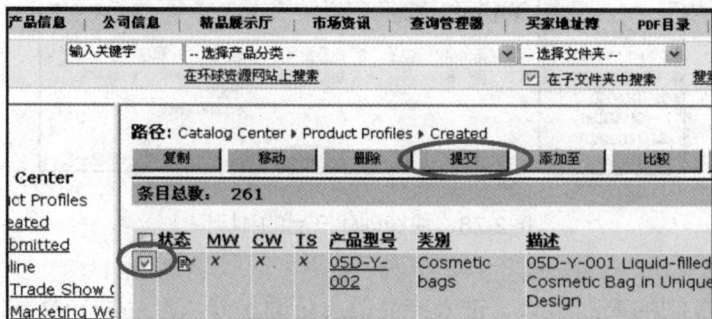

图2-79　提交待上传平台的产品

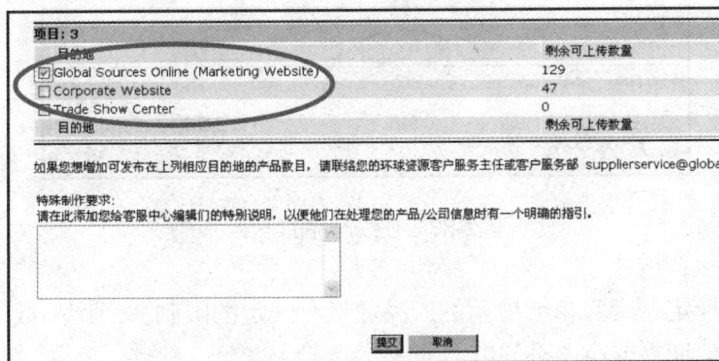

图2-80　推广目的地的选择

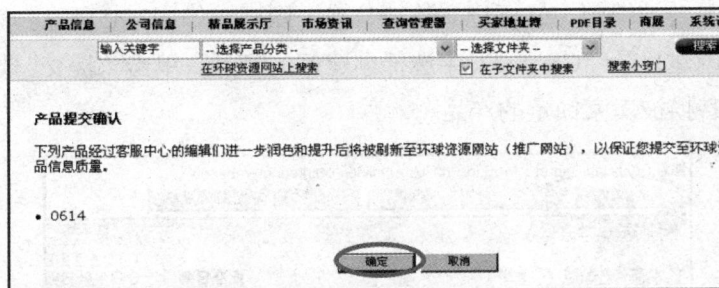

图2-81　产品上传的确认

（5）产品管理

产品管理分为产品替换和产品下架。环球资源网的产品有上架和下架之分。其中，上架的产品正在进行展示，下架的产品不再展示。

定位到左侧目录列表中的Online目录，可以看到该目录下包含三个子目录，分别是Trade Show Center、Marketing Website以及Corporate Websit，如图2-82所示。其中，Online目录是指在线目录。由于某种原因，卖家想下架目录Marketing Website中的产品，操作方式是打开Marketing Website目录，选择要下架的产品，单击"拉下"按钮即可实现相应产品的下架，如图2-83所示。

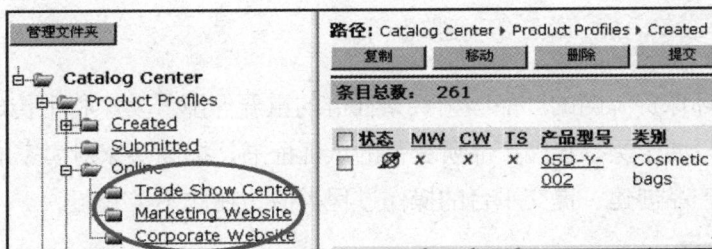

图2-82　已在线文件夹

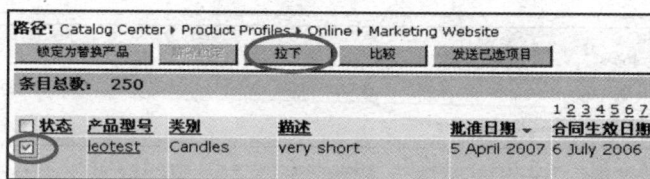

图2-83　在线产品的下架

环球资源网规定，卖家参加展示的产品数量有一定的限制，当产品数量达到上限后，就需要通过产品替换来解决这个问题。

产品替换的操作是：单击 Marketing Website 文件夹，选择需要被替换的产品，单击"锁定为替换产品"按钮，如图2-84所示。为防止误操作，平台提供了锁定机制，即卖家选定的被替换产品会被锁定，且标记"等待替换"图标，如图2-85所示。然后，返回产品信息页面，在已创建目录"Created"中选择创建好的产品，单击"提交"按钮后，新上传的产品就会自动替换被卖家锁定的产品。

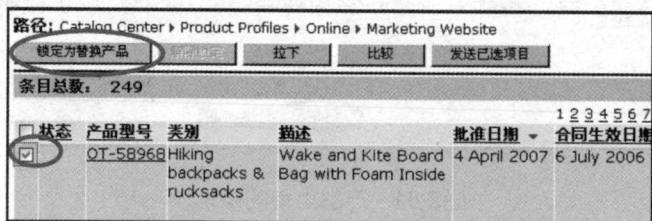

图2-84　选择准备被替换的产品

图2-85　产品的锁定标识示例

2. 产品认证

产品认证是环球资源网的产品吸引买家社群的重要保障。卖家将上传成功的产品与产品认证相结合，以便于买家查阅产品所获得的认证证书，提高买家对卖家的信任度。

产品认证与产品创建、提交平台的操作过程类似，在此不予介绍。

3. 精品展示厅

精品展示厅是环球资源网向关键买家推荐、展示新产品的特色功能，而且精品展示厅还提供密码保护功能。精品展示厅的最大优点是可放置的产品数量不受合同限制，卖家可以添加任意多个产品。

精品展示厅的使用步骤为：卖家将想展示的产品放入精品展示厅，创建一个密码并生成一个链接。然后，卖家将链接及密码以电子邮件的方式发送给潜在的目标客户，以邀请目标客户进入精品展示厅查阅卖家推荐的重点产品；对于卖家而言，二星及以上卖家还可以在精品展示厅上传PDF格式的产品目录，或在精品展示厅上传企业白皮书，供目标买家下载查看；此外，精品展示厅还提供幻灯播放功能，允许目标买家以幻灯片形式查看展厅里的产品。若没有网络，精品展示厅可提供离线幻灯展示功能。

精品展示厅的创建步骤如下。

（1）创建精品展示厅。单击"精品展示厅"导航下拉菜单中的"创建精品展示厅"，显示的页面如图2-86所示。输入精品展示厅的名称和登录名，即可完成展示厅的创建。

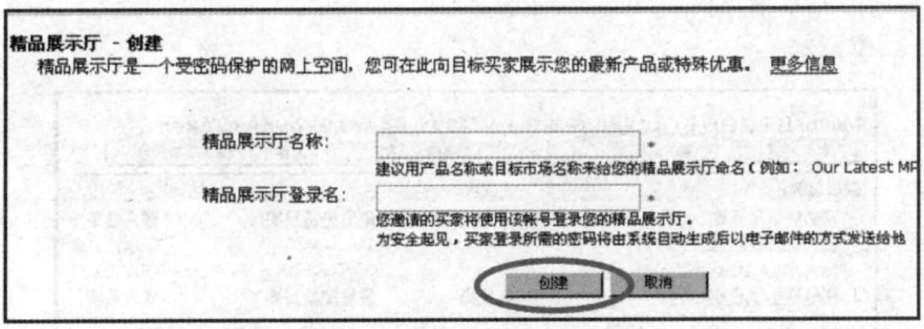

图2-86　精品展示厅的创建页面

（2）添加产品。单击"精品展示厅"导航下拉菜单中的"添加产品至精品展示厅"，进入产品信息页面，定位到已创建目录"Created"，选择需要添加的产品，然后单击"添加至"按钮，如图2-87所示。然后，在显示的页面中选择一个或多个目标展示厅，单击"完成"按钮便会成功添加产品，如图2-88所示。

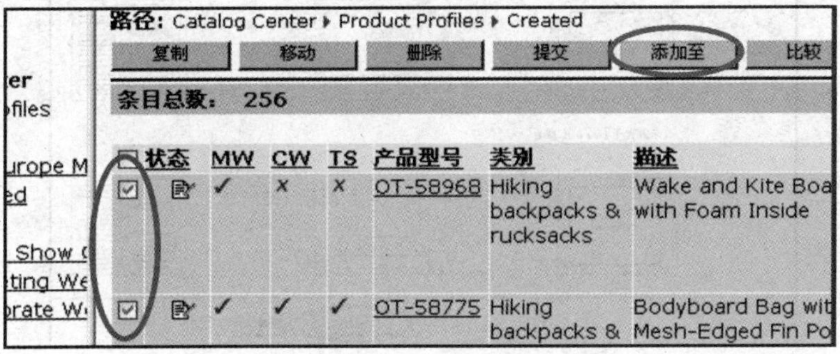

图2-87　选择添加至精品展示厅的产品

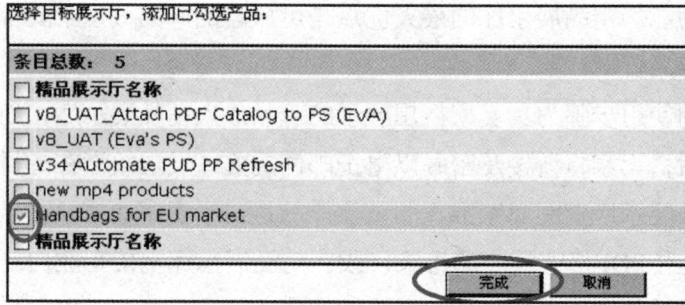

图2-88　选择加入的目标展示厅

（3）在线幻灯播放展厅。单击"精品展示厅"导航下拉菜单中的"幻灯播放精品展示厅"，在显示的页面中选择一个或多个目标展示厅，然后单击"播放幻灯片"按钮，如图2-89所示。接下来选择幻灯展示的合适版面格式。确定幻灯播放格式后，单击"开始"按钮进行体验，如图2-90所示，还可以设置右上角的Speed选项调整播放节奏，如图2-91所示。

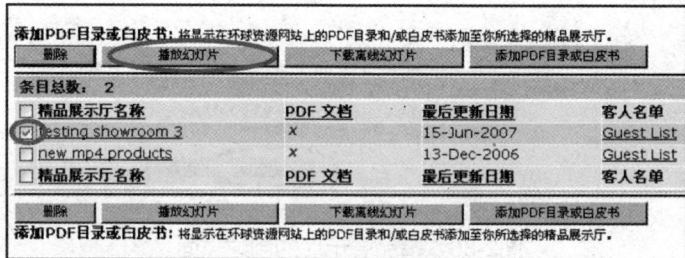

图2-89　选择展示厅

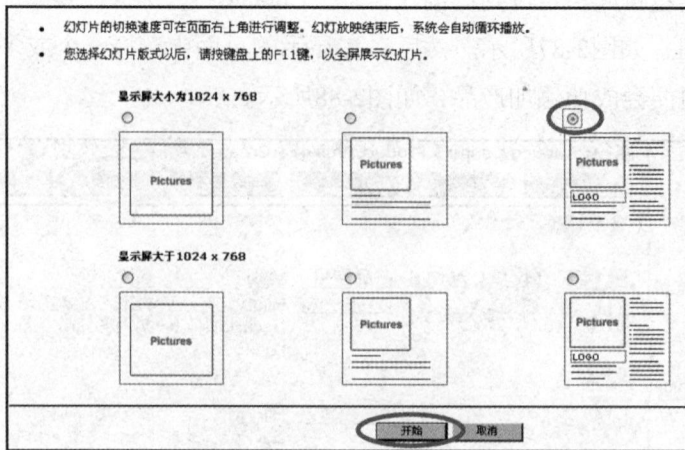

图2-90　幻灯展示版面格式的选择

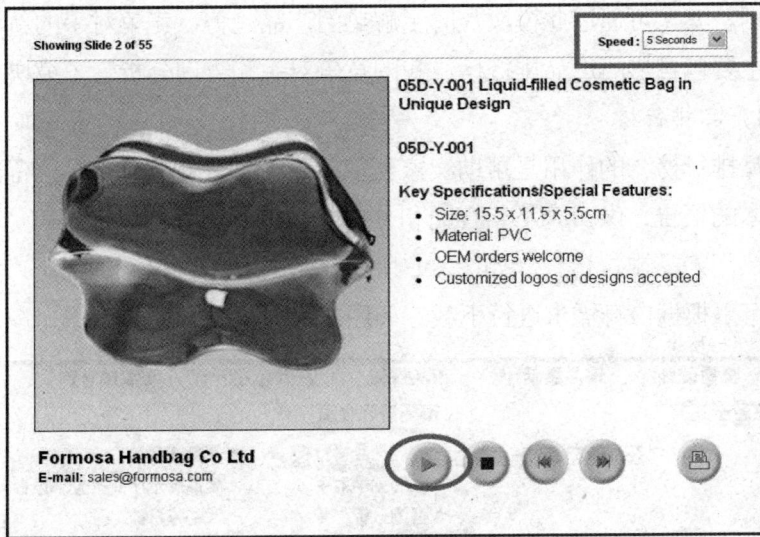

图2-91　幻灯片播放界面

（4）离线幻灯播放展厅。为了应对展会过程中无线网络信号不佳的情形，平台提供了离线幻灯播放展厅的功能。离线幻灯播放展厅的功能是，卖家根据需求提前下载离线版本的幻灯片，在不依赖互联网的情况下也能实现幻灯片的播放。

在图2-89中选择目标展示厅后，单击"下载离线幻灯片"按钮，并选择合适的播放版面格式等操作，最后提交平台。随后，卖家会在邮箱里收到一封标题为"Private Supplier Catalog - Slideshow Download Notification"的邮件，如图2-92所示。

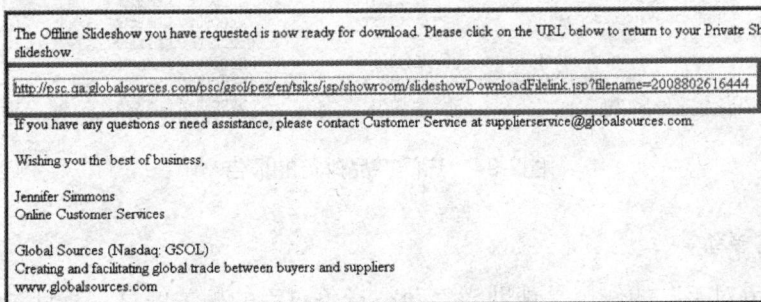

图2-92　离线幻灯片的邮件链接

单击邮件链接，下载并解压后将得到一个slideshow.html 文件。该文件就是离线幻灯片，可以实现幻灯片的离线放映。

4. 市场资讯

市场资讯模块主要是为了提取市场资讯报告，了解市场新动向，为卖家的市场推广策略提供决策依据。卖家可通过此模块及时了解热门产品趋势、竞争对手的新动态。

市场资讯主要包含热门产品排行榜、我的竞争对手和查询分析等子模块。

（1）热门产品排行榜

"热门产品排行榜"的作用是帮助卖家获取买家查询最频繁的热门产品排行榜，并提供不同语言版本的报告，供卖家下载查阅和分析。具体操作是：单击导航"市场资讯"下拉菜单中的"热门产品排行榜"，如图2-93所示。从页面中可以看到热门产品排行榜的详细信息，卖家可以根据自身需求进行下载，如图2-94所示。

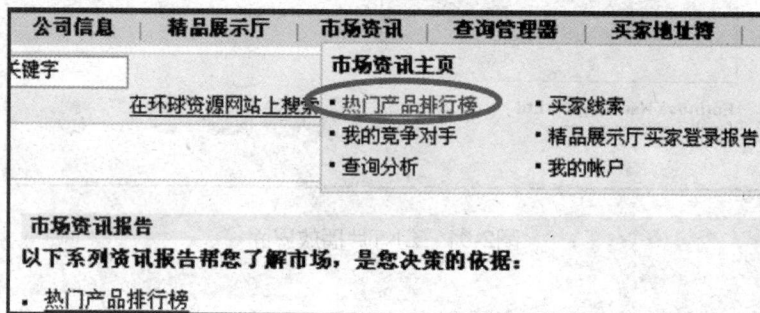

图2-93　热门产品排行榜

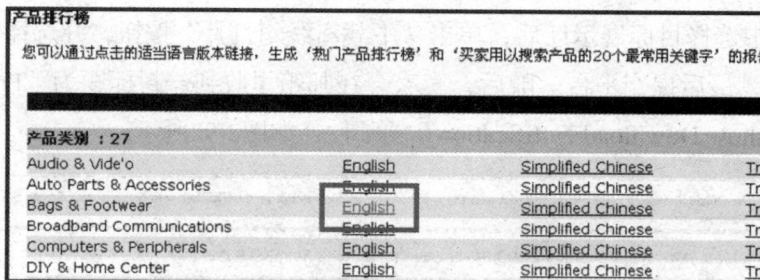

图2-94　热门产品排行的报告

（2）我的竞争对手

"我的竞争对手"的作用是帮助卖家获得竞争对手的相关信息，有针对地改进自身的不足，进一步提升公司竞争力。具体操作是：单击导航"市场资讯"下拉菜单中的"我的竞争对手"，然后选择产品类别，单击"提交"按钮即可，如图2-95所示。然后，选择自己关注的同行竞争对手的报告，单击"保存到磁盘"按钮可以把报告下载、保存到计算机，如图2-96所示。竞争对手的报告包含竞争对手的网站链接、推广情况、产品质量、生产能力、管理水平以及企业之间的差异等。

环球资源网有国际贸易的成功经验，其特色在于服务海外买家，要求细致，讲求专业，线上与线下同步。环球资源网主要以电子、礼品和家居产品为主打行业，其最成功的是营销团队的管理，具备专业的海外推广服务与执行力。

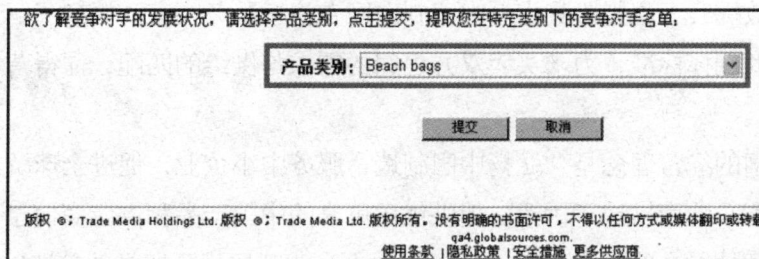

欲了解竞争对手的发展状况，请选择产品类别，点击提交，提取您在特定类别下的竞争对手名单：

产品类别：Beach bags

提交　取消

版权 ⓒ：Trade Media Holdings Ltd. 版权 ⓒ：Trade Media Ltd. 版权所有。没有明确的书面许可，不得以任何方式或媒体翻印或转载。
qa4.globalsources.com.
使用条款 | 隐私政策 | 安全措施 更多供应商。

图2-95　产品类别的选择

保存到磁盘　　打印　　　　　　　

Thu Apr 19 16:42:42　　　　　　Gsol Suppliers　　　　　　页面：1
SGT 2007

行数: 14

Supplier Name ▾ 筛选 · 隐藏	No. of Products 筛选 · 隐藏	Country 筛选 · 隐藏
Zhixing Aluminum Products Co Ltd	14	China
Yiwu Hongye Aluminum Case Co. Ltd	4	China
Ya Tai Aluminum Co Ltd	3	China
Weishun Industrial Co Ltd	20	China
Waffy Hardware Electrical Appliance Co Ltd	6	China
Sunhope Xinhui Industries Co. Ltd	2	China
Sunbao Case & Luggage Co Ltd	3	China
Nanhai Tianyi Metal Products Co Ltd	4	China

图2-96　下载竞争报告

综上所述，具有行业优势、品质过硬的产品的企业，不妨考虑入驻环球资源网。

2.3　中国制造网

中国制造网是焦点科技旗下有代表性的B2B跨境电子商务平台。中国制造网汇集中国制造的产品，面向全球采购商，利用互联网为买卖双方提供高效可靠的信息交流与贸易服务。

2.3.1　中国制造网简介

中国制造网创建于1998年，是国内著名的B2B电子商务网站之一，连续四年被《互联网周刊》评为中国最具商业价值百强网站。中国制造网专注于出口推广领域，稳定运营近二十余年，有效提升了品牌影响力。中国制造网专注于服务买家，深刻了解专业买家的采购习惯和供应商选择标准，力求买卖双方之间的需求与供给的匹配，懂得营造入驻企业产品的独特卖点。

中国制造网的经营理念是"弘扬中国制造，服务中小企业，促进全球贸易"，成功地为众多供应商和采购商搭建了桥梁，提供优质可靠的中国产品和供应商信息，帮助买家和卖家实现高效便捷的在线商务活动，是国内中小企业开展国际贸易的首选B2B电子商务平台之一。

2015年6月，中国制造网国际站成功打通仓储和物流系统，在网上直接提供外贸综合服务，有力提升了平台竞争力。

2.3.2 平台注册及体验

中国制造网的首页如图2-97所示。

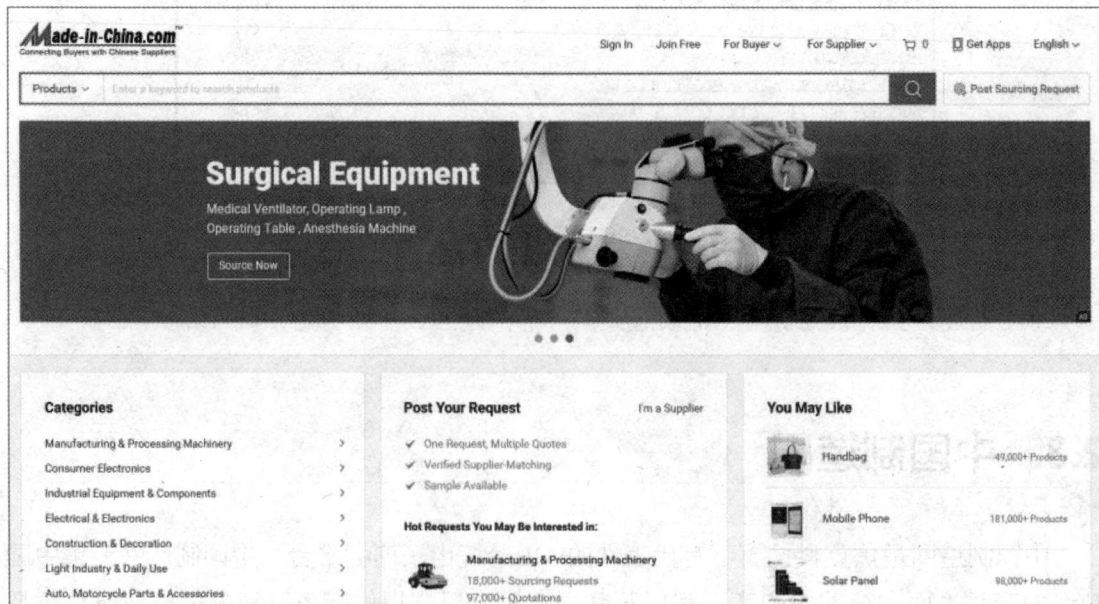

图2-97 中国制造网首页

企业入驻平台的注册流程是：单击图2-97上方的"Join Free"链接，在显示页面中完成"账户基本信息"和"公司信息"两个步骤，提交后，经过中国制造网客服人员的核实及确定后，才能决定企业是否成功注册为中国制造网的会员，如图2-98所示。

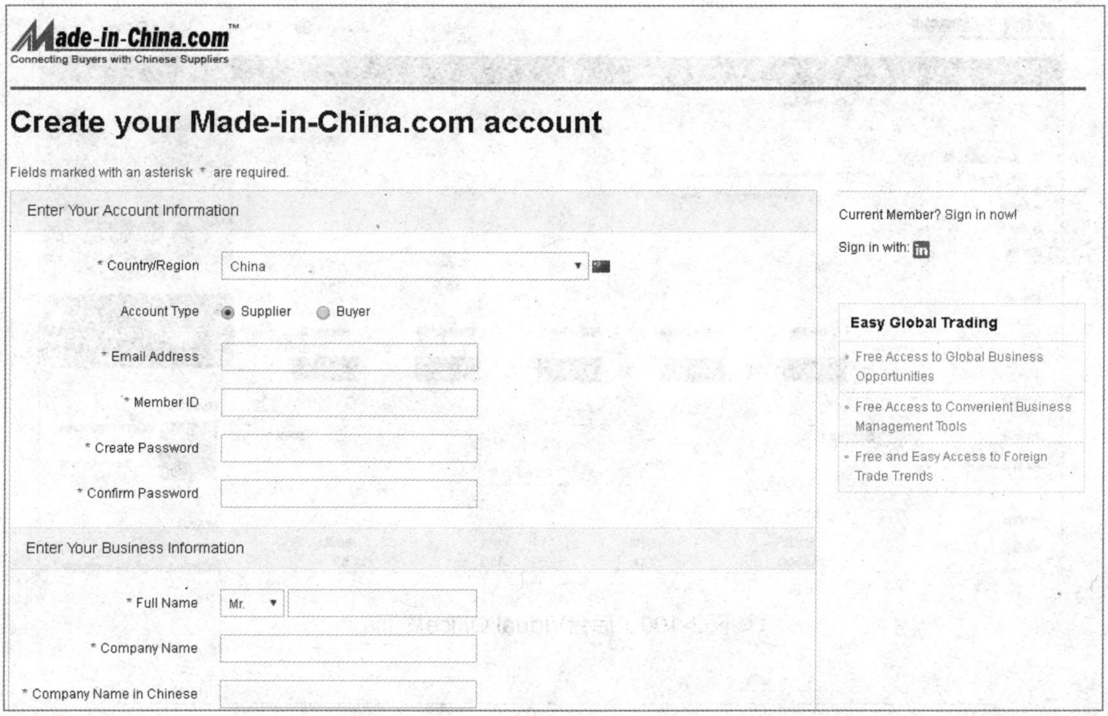

图2-98　中国制造网注册页面

　　成功注册为平台会员的企业，单击图2-97上方的"Sign in"链接进行登录，正确输入企业账户及密码即可实现账户登录，如图2-99所示。成功登录后，进入平台高级会员Virtual Office 管理系统，如图2-100所示。账户第一次登录成功时，Virtual Office会提醒用户进一步完善账户信息，单击用户信息提醒区的"查看所有完善项目"，显示如图2-101所示。

图2-99　中国制造网登录页面

图2-100　后台Virtual Office界面

得分明细总览			
功能模块	要求	总分	完成情况
产品	全部产品优化到四星或四星半	16分	还需优化3个
	返回修改或冻结的产品为0	6分	✓
	关联视频的产品≥10个	8分	还需设置10个
展示厅	上传4张场景图	2分	还需上传3张
	上传1张公司logo图	1分	✓
	设置3张带链接的横幅	3分	还需上传2张
	自定义栏目≥5个，且每个栏目至少添加1个子栏目	6分	还需添加3个
其它	下载并登录供应商APP	2分	✓

图2-101　账户待完善信息

2.3.3　平台操作流程

为了助力入驻平台的卖家正确、高效地使用会员资源，本小节从平台运营的逻辑角度出发，着重介绍五部分内容。为了便于读者更好地学习，本书讲解内容与中国制造网的操作基本一致。若无特殊声明，Virtual Office称为"我的办公室"。

1. 账户中心

当卖家入驻中国制造网后，首先需要完善公司名称、营业范围、公司介绍、公司Logo、联系方式等重要信息，这些信息将是潜在合作伙伴与公司联系的重要参考。

当卖家的公司信息发生变更时，需要对公司信息进行修改，具体操作是：登录后进入"我的办公室"，单击"账户中心"，选择"管理公司信息"，就可以对公司信息进行修改，如图2-102所示。需要注意的是，修改后的公司信息需要通过审核后方可在网上发布。

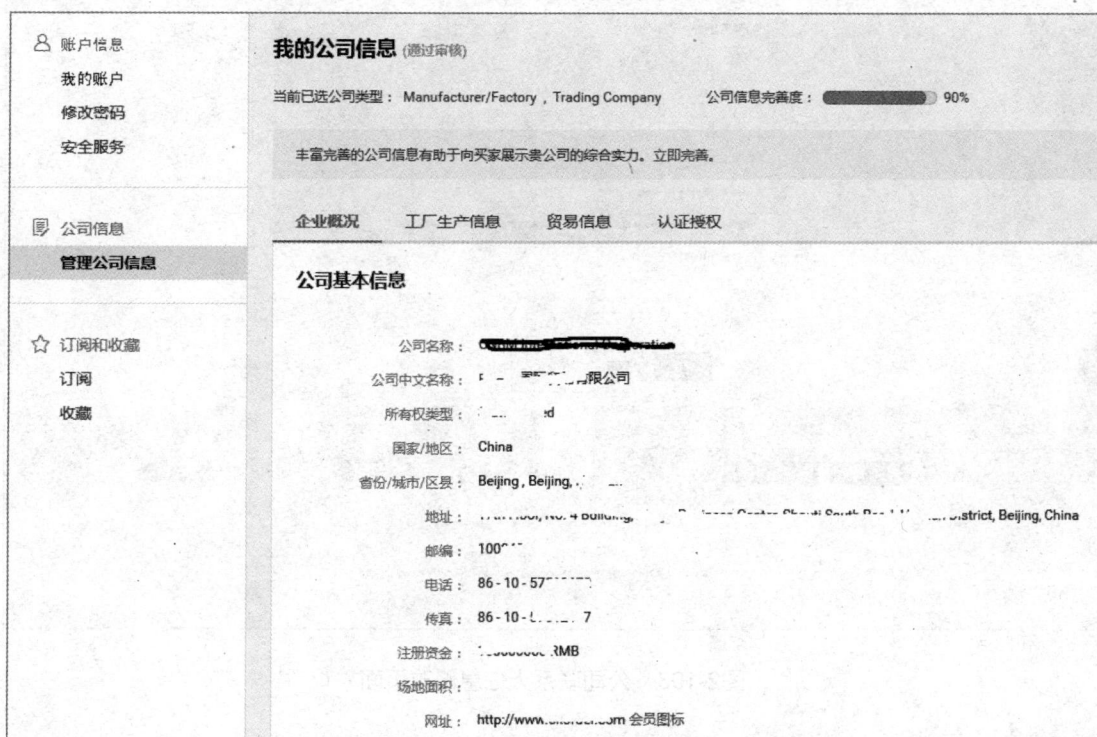

图2-102　公司账户信息

当卖家的联系人信息发生变更时，需要对联系人信息进行修改，具体操作是：登录后进入"我的办公室"，单击"账户中心"，选择"我的账户"，显示公司联系人信息页面，接着单击"修改"按钮即可在显示页面中修改联系人信息，如图2-103所示。

当卖家想定期修改登录密码以保证账户安全时，需要对登录密码进行重置，具体操作是：登录后进入"我的办公室"，单击"账户中心"，选择"修改密码"就可以修改密码了，如图2-104所示。单击"安全服务"，可以绑定安全手机并启用安全保护，让公司账户在关键操作时通过短信身份验证来提升账户的安全性，如图2-105所示。

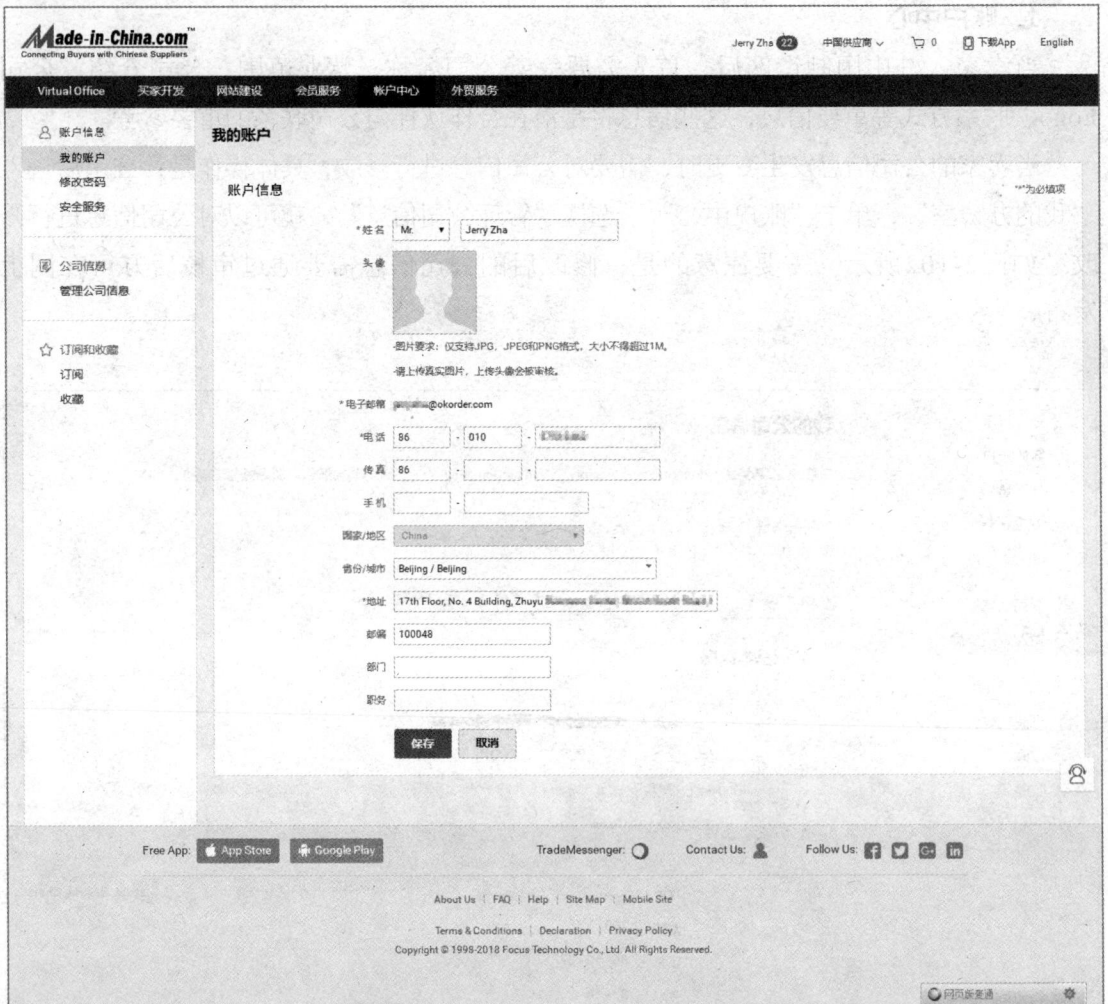

图2-103　公司联系人信息修改页面

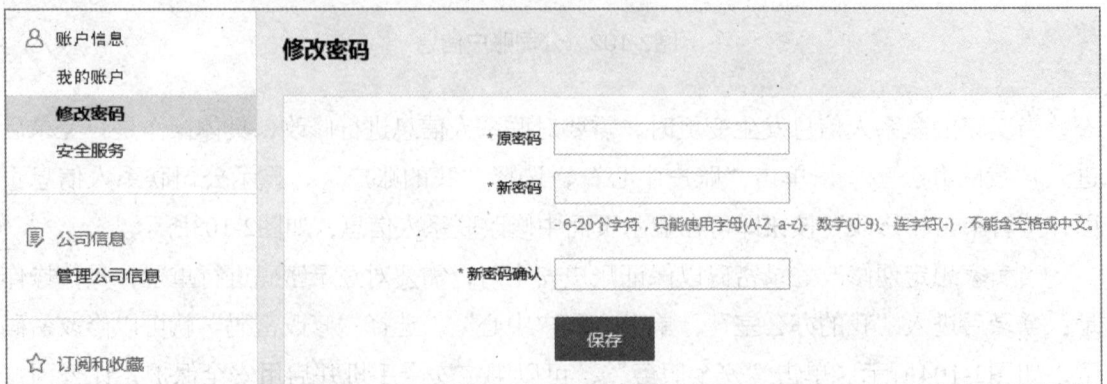

图2-104　密码修改页面

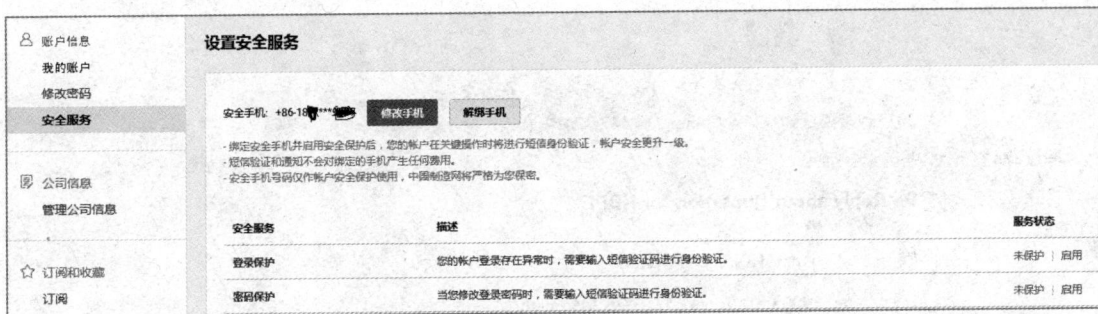

图2-105　安全服务设置页面

2. 买家开发

"买家开发"为卖家提供询盘管理、信息过滤等各种功能，帮助卖家更有效地进行网络推广。

"买家开发"主要包含三部分功能模块，分别是询盘、采购需求和搜索，如图2-106所示。

在"询盘"功能模块中，若卖家想查看已发送的商业信息，具体操作是：登录后进入"我的办公室"，单击"买家开发"，选择"发件箱"即可查看卖家一年内所发送的全部询盘，如图2-107所示。

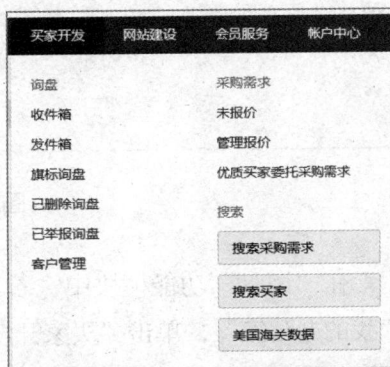

图2-106　"买家开发"功能模块

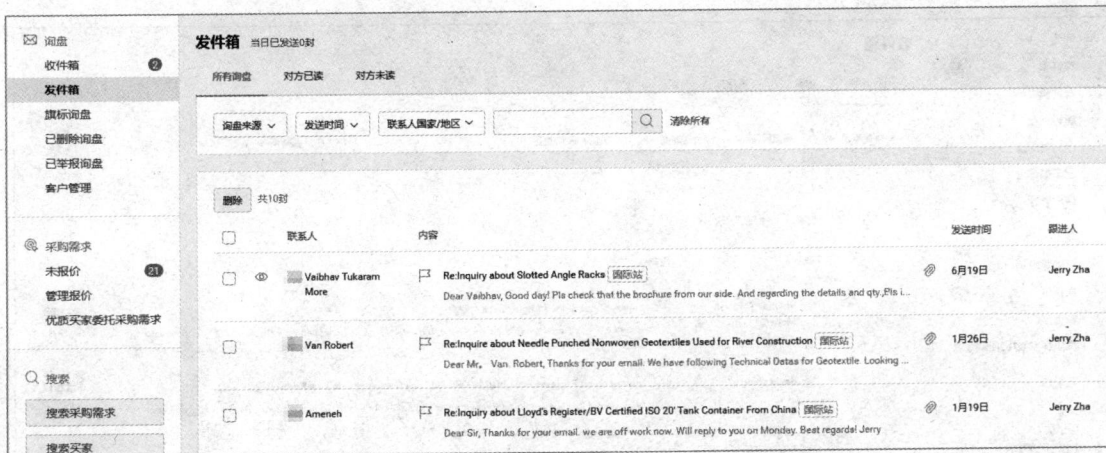

图2-107　卖家一年内发送的全部询盘

此外，卖家还可以根据询盘来源、发送时间、联系人国家/地区来搜索已发信息。单击主题为"Re:Reply about Quotation for HDPE"的发送信息，进入详情页面，如图2-108所示，单击右下角的"全部会话"，即可查看买家的历史来邮。

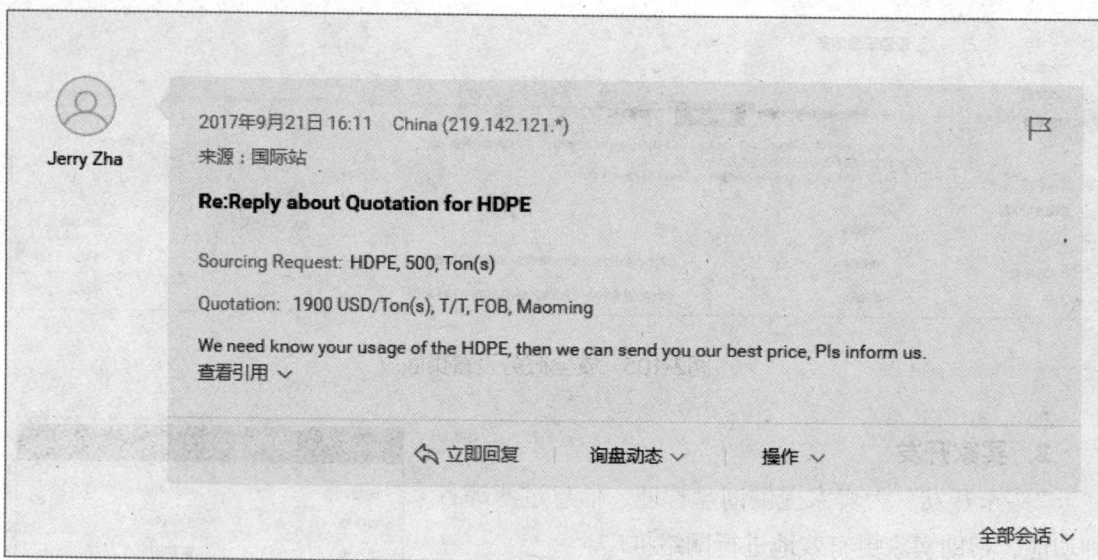

图2-108　指定主题的详情页面

在"询盘"功能模块中，若卖家想查看收到的商业信息，具体操作是：登录后进入"我的办公室"，单击"买家开发"，选择"收件箱"即可查看卖家近一年收到的全部询盘，如图2-109所示。此外，卖家还可以根据信息的询盘来源、询盘标签、发送时间、联系人国家/地区来快速筛选买家询盘。

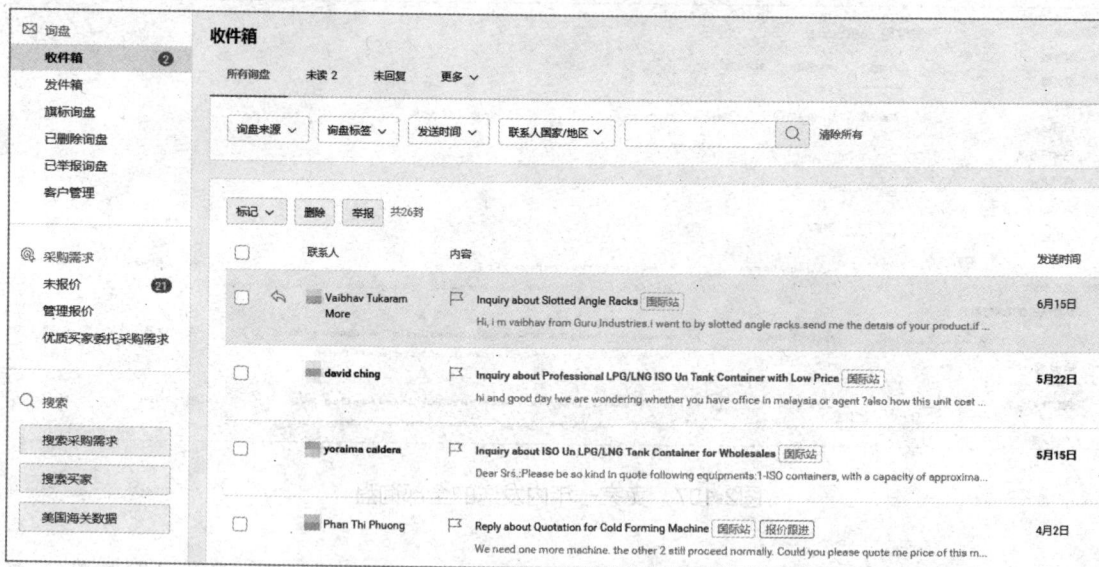

图2-109　卖家一年内接收的全部询盘

在图2-109中，联系人为"Phan Thi Phuong"的询盘标题右侧出现了两种颜色的标签，灰色的表示询盘来源，彩色的表示询盘的类型。其中，询盘来源包含国际站、触屏站和移动App等，询盘类型包含预约看厂（Factory Tour）、索要样品（Request Sample）、索要报价（Request Quote）和报价跟进（Quote Follow-up）等。询盘类型不同，询盘主题的默认开头也不同。其中，"预约看厂"询盘的主题默认是"Request a Factory Tour..."，"索要样品"询盘的主题默认是"Sample Request for..."，"索要报价"询盘的主题默认是"Asking about Price for +产品名称"，"报价跟进"询盘的主题默认是"Reply about Quotation for..."。仅当询盘为会话内的第一封询盘时，才会显示彩色的询盘类型。

在"询盘"功能模块中，若卖家有离线阅读商机信息的需求，就需要学习如何下载收到或已发送的商机信息，具体操作是：登录后进入"我的办公室"，单击"买家开发"，分别选择"收件箱""发件箱"，单击"下载"，勾选需要下载的月份，再单击"保存"按钮即可下载卖家一年内所接收或发送的全部询盘，方便卖家下载询盘信息、保存买家资料。文件下载格式有电子邮件和表格两种。其中，收件箱的下载操作如图2-110所示，发件箱的下载操作如图2-111所示。

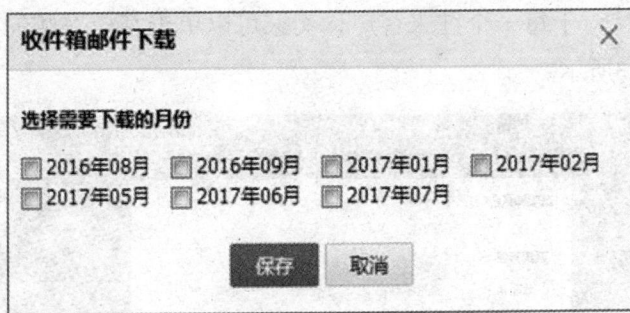

图2-110　下载收到的询盘信息

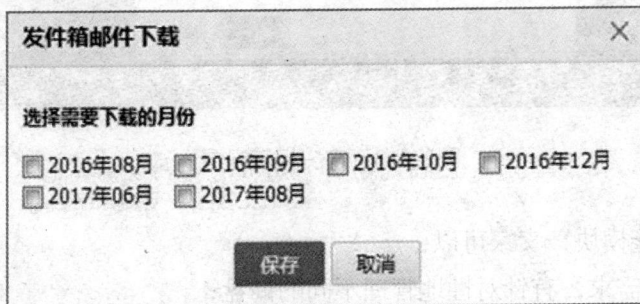

图2-111　下载已发送的询盘信息

需要注意的是：下载邮件是中国制造网百销通会员才有的功能，而且只能下载最近12个月收到或已发送的商业信息。

在"询盘"功能模块中，若卖家想查看公司自经营以来的往来客户，具体操作是：登录后进入"我的办公室"，单击"买家开发"，选择"客户管理"即可查看所有的往来客户，卖家还可以根据业务往来的实际情况对客户进行收藏、屏蔽操作，如图2-112所示。

图2-112　客户管理

如图2-112所示，对于每一个往来客户，卖家可以单击客户右侧的"编辑"按钮设置客户标签，如图2-113所示。

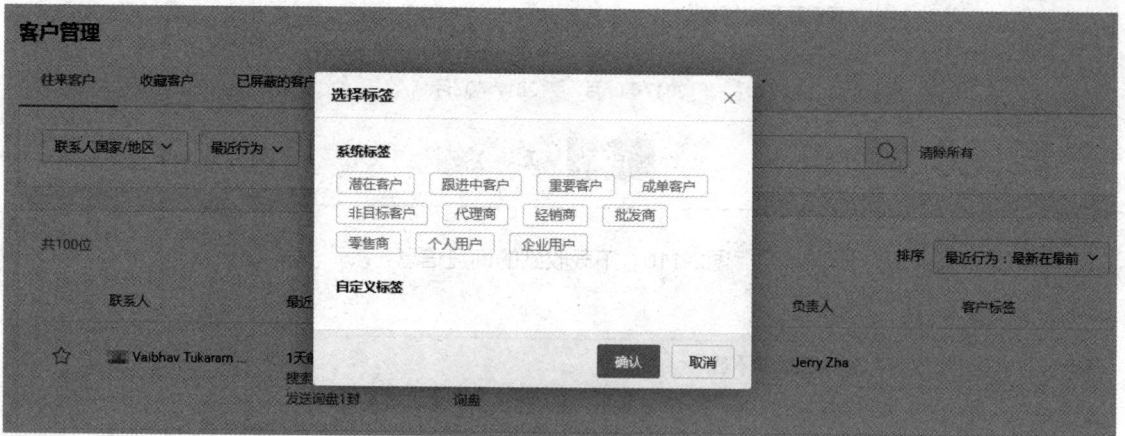

图2-113　客户标签设置

在"询盘"功能模块，卖家可以：

（1）根据企业需求，有针对性地管理不同的询盘；

（2）可以定期下载询盘，及时保存客户资料；

（3）可以收藏并定期关注意向卖家；

（4）可以屏蔽无效客户，使平台可以自动过滤该类型客户的邮件，提高客户联系的有效性。

在"采购需求"功能模块中，卖家可自动获取采购商在网上主动发布的采购需求，卖家可进行报价，如图2-114所示。

图2-114　管理报价

通常，卖家报价时应遵循以下要求：

（1）需满足采购商的采购条件，如采购量、交货日期等；

（2）介绍本公司产品的特点，撰写附属说明，通过上传图片、附件详细介绍，上传产品或公司的荣誉证书，赢得采购商的青睐；

（3）报出优势价格，吸引采购商的注意。

需要注意的是：只有中国制造网高级会员主账号和有询盘管理权限的子账号才能对采购需求提供报价。

在"搜索"功能模块中，卖家可以搜索采购需求，搜索买家，还可以单击"美国海关数据"，通过美国海关进口数据查找潜在采购商，也可以通过汇总单个采购商的交易金额来判断目标客户的采购实力，还可以盘点热门产品、挑选热销品类、助力开拓新的市场等，如图2-115所示。

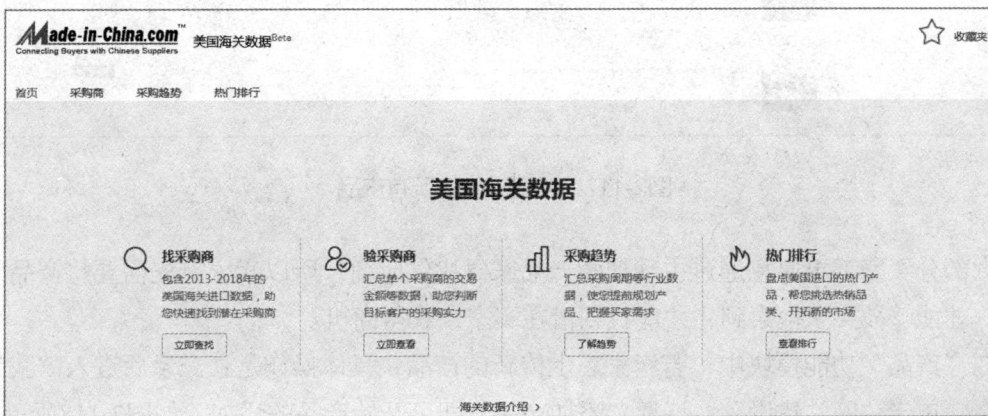

图2-115　查看美国海关数据

3. 网站建设

"网站建设"包含以下功能模块,主要是产品、展示厅、多语产品、素材库和数据罗盘,如图2-116所示。

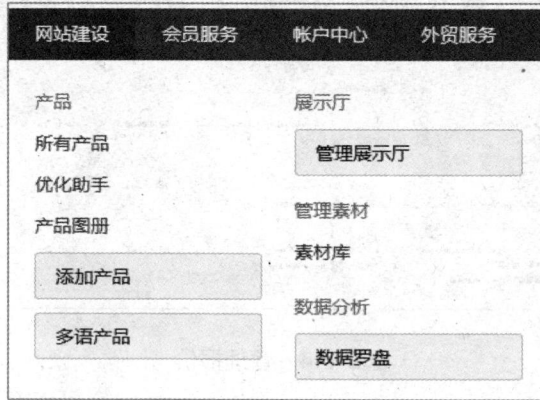

图2-116 "网站建设"功能模块

在"产品"功能模块中,若想浏览卖家的所有产品,具体操作是:登录后进入"我的办公室",单击"网站建设",选择"所有产品"即可查看卖家所有上传的产品,如图2-117所示。

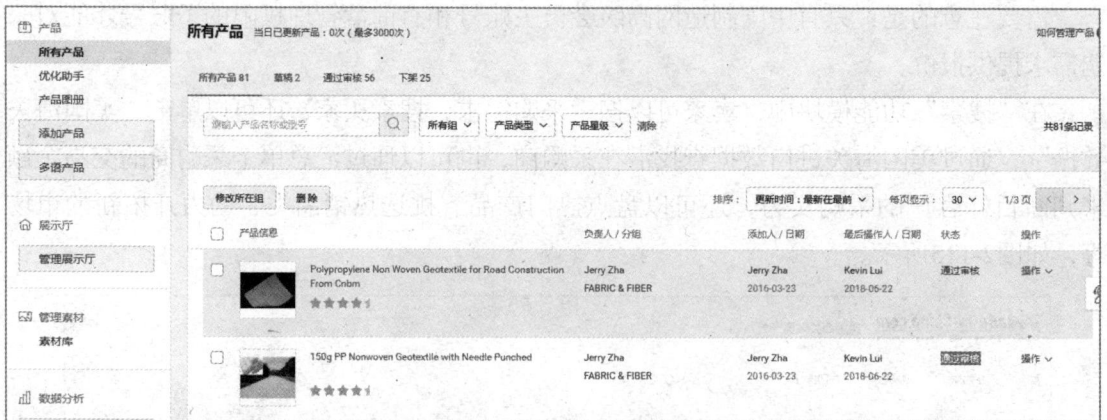

图2-117 公司上传的所有产品

大部分买家都更愿意通过主动搜索产品来寻找供应商,所以卖家首先需要将产品发布出来,才能够被买家搜索到,才能找到潜在买家,获得商机。

在"产品"功能模块中,若卖家想上传新的产品,具体操作是:登录后进入"我的办公室",单击"网站建设",选择"添加产品"即可开始产品的添加,如图2-118所示。

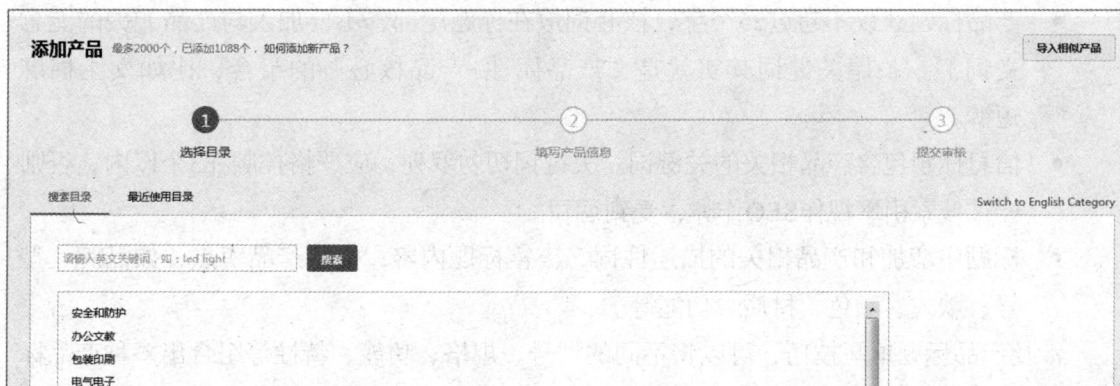

图2-118　添加产品

平台根据业务需要提供了两种产品发布的方法：添加单个产品和添加相似产品。

产品添加是网络推广的第一步，将产品发布到中国制造网上以后，就有可能被意向买家看中、获得他们的询盘。在产品添加过程中，按照提示添加产品标题和关键词、选择产品类目、填写属性、上传产品图片、添加产品描述、填写交易条件，然后提交，如图2-118所示。如果编辑未完成，中途可保存草稿。

为了让卖家发布的产品更具竞争力，更能吸引潜在买家的关注，请注意以下几点。

- 选择产品所在目录时，需要单击"选择目录"，根据弹出的页面逐级选择。
- 提供专业、丰富的产品描述，推送给买家全面的产品介绍，呈现出卖家的专业程度。
- 产品属性、交易条件等详情是买家搜索产品时重要的筛选条件，请认真填写。
- 若卖家是平台的高级会员，则可以使用产品模板功能或者批量添加产品功能，快速添加产品。
- 产品添加后需要通过审核方能在中国制造网发布。
- 卖家务必填写真实的产品价格，提高信息的真实度。

打造优质的产品信息需要具备六大要素，分别是准确的产品标题、丰富有效的关键词、专业而多样化的产品目录、完善的产品属性、详尽而专业的产品描述及清晰美观的产品图片。

（1）准确的产品标题

产品标题是产品信息的核心浓缩，表述清晰的产品标题能让买家更容易了解产品的概况，从而引起买家更多的兴趣，因而产品标题的填写非常关键。

产品标题的设置需做到以下几点。

- 一条信息一个产品：一个信息标题只描述一种产品，多个产品不要放在同一个标题中。

- 产品标题建议不超过25个字，核心词放在标题尾部，不要加入与产品无关的无意义词汇。长尾关键词其实就是"产品属性+产品核心"的组合，比如女士棉麻短裤。
- 信息标题包含产品相关的关键词。关键词切勿罗列，应严格控制在3个以内，否则会被搜索引擎视作SEO作弊，受到惩罚。
- 标题中增加和产品相关的描述性词，丰富标题内容，突出产品卖点，如品牌、型号、款式、颜色、材质、功能等。

涉及产品标题填写技巧，可以将不同的型号、规格、功能、特性等组合出多种产品标题，示例如下。

- 示例产品标题1："型号+产品名称，品牌+产品名称，功能+产品名称"。
- 示例产品标题2："型号+产品名称，产地+产品名称，特性+产品名称"。
- 示例产品标题3："规格+产品名称，品牌+产品名称，特性+产品名称"。

（2）丰富而有效的关键词

产品关键词用于匹配采购商机，并影响搜索排名。建议设置丰富、有效的关键词，从而可以匹配到更多精准的商机。在中国制造网，高级会员最多可以设置10个关键词。产品关键词设置的基本原则如下。

- 从产品的专业名称、产品别称、习惯性叫法等方面填写关键词，如椅子，关键词可设置为办公椅、高背座椅、办公家具等。
- 产品关键词必须和产品相关。将准确的产品名称、相关的产品名称或者产品所属目录的名称作为关键词，都是可以的。不建议单独以型号作为关键词。
- 可以设置部分长尾关键词。长尾关键词的竞争小，有利于被搜索。
- 不要添加重复的关键词。

对于新入行的卖家，扩充关键词的思路可以参考以下几点。

- 通过换位思考，可以考虑买家会用哪些关键词进行产品搜索。
- 参考各大门户网站或搜索引擎的热门关键词，根据网站联想关键词提示适当做补充。
- 从系统推送的推荐关键词库进行选择。

（3）专业而多样化的产品目录

在产品目录设置方面，卖家要做到准确对应和多样丰富。首先，准确对应是指卖家选择的产品目录一定要和产品匹配，相信查询水龙头的买家不会购买微波炉，所以卖家必须把产品放在合适的目录下，才能被专业的目标买家看到。其次，多样丰富是指卖家可以把同类产品分散放在不同的相关目录下，这样，无论买家浏览哪个目录，都能看到产品信息，增加了产品的曝光率，也增加了获得询盘的机会。

产品目录的设置方法是：卖家在发布产品时，可以通过输入产品名称等关键词，快速查找并选择正确的产品类目，也可以按照目录结构逐级选择产品所对应的类目。

（4）完善的产品属性

产品属性即为标准化的产品特征及产品参数，是指能够体现产品特性与关系的抽象描述，可以是品牌、型号、规格、形状、工艺、材质、用途、技术参数等。产品属性作为网站产品信息呈现和筛选的重要因素，对产品曝光的影响越来越大，也是买家选购产品时所关注的最基本的产品信息。

产品属性的作用主要表现如下。

- 产品属性会影响被买家点击的概率：主要表现在产品属性能帮助买家在搜索结果中精确定位产品，供买家二次筛选。使用了属性功能的产品，将出现在搜索结果属性筛选区，成为买家选择的潜在对象；没有添加属性的产品，极有可能就在买家一个习惯性的筛选动作后被过滤掉了，机会白白错失，非常可惜。
- 产品属性为信息排名加分：主要表现在产品属性是产品质量的重要指标，全面、准确且丰富的产品属性将极大提升产品信息质量，而质量又是影响产品信息在搜索结果页排名很重要的依据，因此，使用属性功能将为信息排名加分。

因此，设置专业、丰富的产品属性意义重大。

在中国制造网，产品属性分为固有属性和自定义属性。固有属性是平台根据各行业特性给出的固有属性，平台已给出固有属性名，卖家需要填写属性值；自定义属性是让卖家填写产品的专有特性，需要填写属性名和属性值。

在"产品添加"过程中，产品属性应基于行业目录，选择合适的产品目录，选择填写准确、完善的产品属性。在信息发布过程中，完整、正确地填写相应的属性不仅能丰富产品信息，体现产品的专业性，让买家在第一时间内全面了解产品，还可以提高产品在搜索时的命中率，大大提高曝光概率。

据调查显示，买家不管是通过目录搜索还是通过关键词搜索，进入相应的搜索界面后，都更愿意根据属性参数查找自己感兴趣的产品，所以属性的填写非常重要。属性不填或者没有按照网站所设置的正确方式填写，就无法进入对应的属性搜索队列，买家也无法通过属性搜索到产品，大大降低产品的曝光度。

产品属性填写得越多，星级越高。此处星级代表填写完善率，不直接代表填写品质。为了增加搜索概率，建议卖家最好选用系统提供的属性及对应的属性值，不要将联系方式或其他不相关的信息作为属性填写。最后切记，产品属性需要符合产品的真实情况。

下面介绍产品自定义属性填写的两个思路。

- 产品本身的一些独特属性：除了基本参数外，可以将公司的产品跟同行的不同点或者跟同类产品的不同点放入自定义属性中展示。例如，产品的特殊材质、运用领域、配件性能等。

- 产品附带的特色服务：买家除了关心采购到的产品要跟自身需求吻合外，也会重点考量供应商的服务能力，自定义属性中就可以写出买家关心的核心服务点，给买家留下深刻的印象，例如，交货期、供货方式、保修期等。

在信息发布过程中，产品属性是非常核心的填写内容，建议完整、正确地填写产品属性。完整、正确地填写产品属性可以提高信息在搜索时的命中率，大大提高曝光概率，也能够让买家在第一时间内，更全面地了解产品。

（5）详尽而专业的产品描述

产品描述承载了整个产品的详细介绍，包括产品基本情况、产品性能、材料、参数表、型号、用途、包装、使用说明、售后服务等方面，突出产品的优势和特点。产品描述是买家进行下单交易决策的重要组成部分之一，描述一定要与设计的标题匹配、自然。

根据不同的行业，产品描述可能存在不同的介绍方式及侧重点。例如，在消费品类行业中，特别在小商品、服装、数码等，除了详细的产品文字说明（如产品原料、具体参数、适合人群、包装、运费、服务保障等）外，还需要有多维度的产品细节图，让买家更全面地了解产品，所以建议利用多图进行充分的展示。在工业品类、原材料类行业中，则更侧重填写全面的产品介绍，参数表格、技术文档、售前售后服务、退换货问题等。在加工类行业，则需要说明加工的产品、产品参数、包装、后期服务、运输及公司加工能力等。

综上所述，产品描述需要涵盖产品的功能、特色、卖点及产品相关的重要参数、交易条件和产品属性等。

（6）清晰美观的产品图片

由于卖家上传的产品图片会显示在供应产品的搜索结果列表中，也会展示在该条信息的详情页面上，所以，上传清晰实拍的产品大图，能帮助买家第一时间直观地了解产品细节。

产品图片的注意细节，可参考在"产品图册"中的详细介绍。

在"产品"功能模块中，若卖家考虑到一部分买家倾向于使用母语而非英语来搜索产品的情况，可以使用中国制造网提供的"多语产品"功能模块发布多语言信息，使产品更容易被买家发现，扩大公司的贸易空间，具体操作是：登录后进入"我的办公室"，单击"网站建设"，选择"多语言产品"即可发布多语言信息，如图2-119所示。

中国制造网的会员卖家享有除英文展示厅以外的西班牙语、葡萄牙语、法语、俄语、意大利语、荷兰语、德语、阿拉伯语、韩语、日语十大多语言展示厅。而且，中国制造网多语言站点提供四大主流语言：法语、俄语、西班牙语、葡萄牙语的在线编辑功能，帮助会员抢夺新兴市场。需要注意的是：Virtual Office多语言相关功能暂时仅开放给高级会员的主账户及有信息管理权限的子账户。

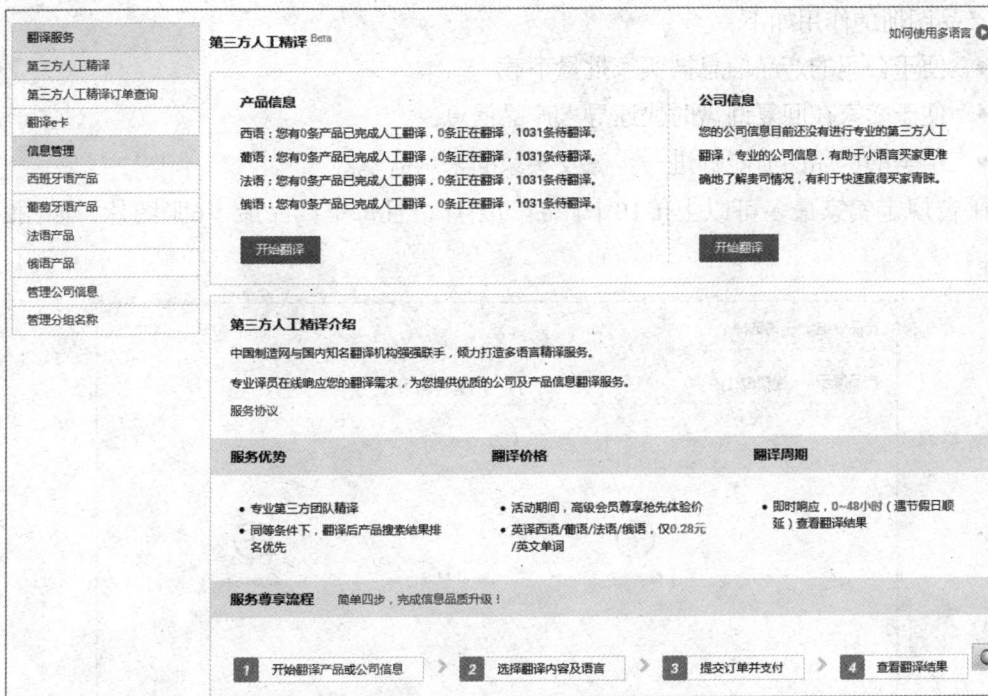

图2-119　多语产品的设置页面

在设置多语产品名称时，卖家应优选符合买家表达习惯的产品名称，确保同义词正确；优选搜索结果数量多的关键词，提升产品名称的精准度，让买家搜索到公司发布的产品。

在"产品"功能模块中，若卖家想查看上传产品的图片，具体操作是：登录后进入"我的办公室"，单击"网站建设"，选择"产品图册"即可开始查看上传的产品图片，如图2-120所示。

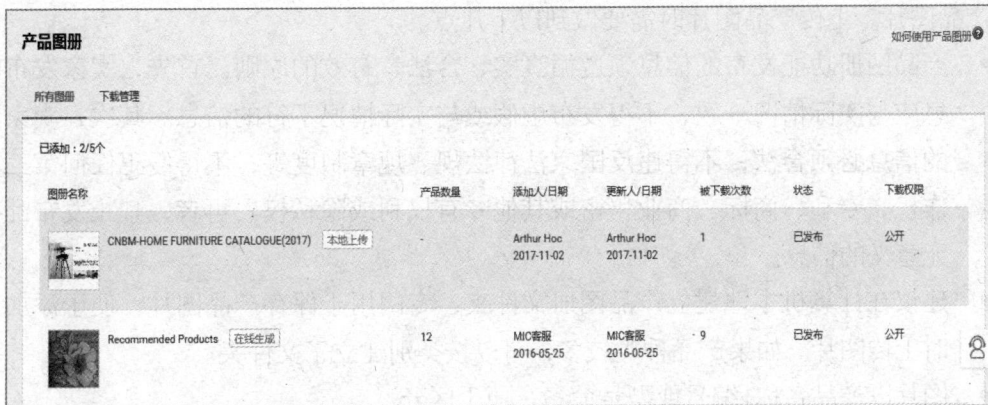

图2-120　产品图册

产品图册的作用如下。

- 便于公司的产品信息被买家批量下载。
- 便于卖家在回复询盘时快速导入产品信息。
- 精美的产品图册能够进一步激发买家的采购欲望。

平台规定卖家最多可以上传10个产品的图片，且每个产品最多6张图片，如图2-121所示。

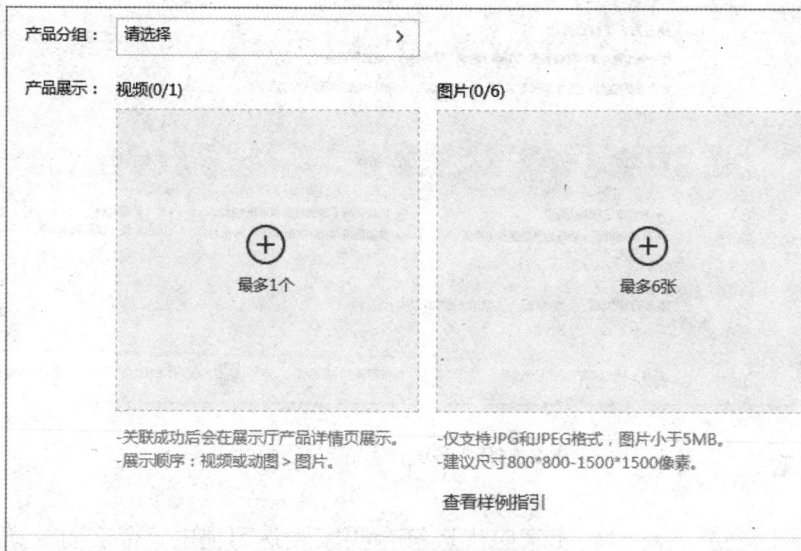

图2-121　产品上传最多6张

产品图片既可以来自本地，也可以来自在线图片素材库，如图2-122所示。

产品图片上传之所以是产品上传的一个重要环节，是因为产品图片是买家对产品的第一直观印象，会直接影响买家的查看欲望。因此，在每一条产品信息中，务必上传清晰美观的产品图片。上传产品图片时需要做到以下几点。

- 产品图册功能发布的信息须遵循真实、合法、有效的原则。首先，卖家发布的信息应与实际情况一致，不得发布虚假或与实际情况不符的信息。其次，卖家发布的信息必须合法，不得违反国家法律法规、规章制度等；不得侵犯任何第三方著作权、专利、商标、商业秘密或其他专有权利或隐私权。再者，禁止发布乱码等无意义的信息。
- 建议在计算机本地建立产品图册文件夹，专门用于保存产品图片，便于添加产品时上传图片。如果产品种类较多，可以按类别建立子文件夹。
- 图片以产品名称+编号或型号命名，便于区分。
- 产品图片的尺寸和大小要符合平台规定，建议形状为正方形。

- 建议上传多幅图片，从多角度展示产品，以增强用户体验。
- 建议上传100~300KB、大小适中、纯色背景、清晰美观的图片。
- 图片必须与产品关联，比如同产品不同颜色、同产品不同角度等。
- 建议卖家使用平台提供的添加水印功能防止图片被盗用，保障自身版权和利益。
- 产品图片要求JPG或JPEG格式，图片大小不超过5MB。如果图片尺寸过大或网速不佳，可能影响上传速度，不要重复操作，可以稍微等一下，最后确认上传。

图2-122　素材库中的产品图片

为了有针对性地拓展产品销售渠道，卖家可以根据潜在买家的意向，从产品列表中选择买家感兴趣的产品，通过平台制作成专业的产品图册，定期、有针对性地发送给买家。产品图册的输出格式有PDF、Excel和Word三种，便于不同需求的买家在产品信息的基础上根据需求进行修改。

在"产品"功能模块中，若卖家想查看上传产品的品质检测和搜索排名优势，具体操作是：登录后进入"我的办公室"，单击"网站建设"，选择"优化助手"即可查看产品星级和产品的重复度，如图2-123所示。

在"产品"功能模块中，卖家需要及时了解产品的状态，并进行相应的产品管理操作。产品状态包含如下。

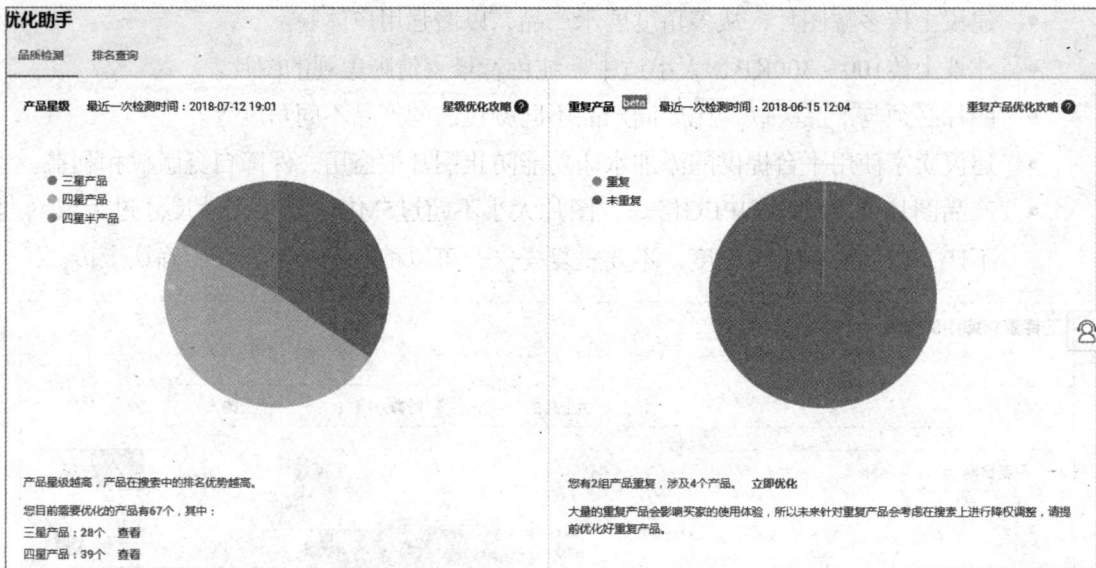

图2-123   优化助手中的品质检测页面

- **Draft**：草稿状态，是指在编辑过程中因为其他事情突然中断保存在草稿箱的信息会出现在该队列。
- **Approved**：通过审核状态，是指只有公司信息通过审核且通过审核的信息，才能在中国制造网上展示。审核是平台对卖家上传的产品信息进行的审核环节，目的是保证卖家产品信息的准确性，进一步提升平台的专业水准。其中，审核由平台专员胜任。
- **Pending**：审核中状态，是指新添加的信息正在等待中国制造网的审核。
- **Rejected**：需要修改状态，是指提交的信息未通过中国制造网的审核，请予以修改。
- **Suspended**：冻结状态，是指提交的信息违反了信息审核规则或用户协议。如想解除此状态，请联系客服。
- **Paused**：下架状态，是指产品暂时停止展示，只有"通过审核"的非主打产品才可以下架，下架的产品无须审核可直接上架。
- **Resubmit**：重发状态，是指若卖家只需更改产品的操作时间，而不更改其他任何信息，可以使用平台提供的"重发产品"功能，从一定程度上保证产品的新鲜度。重新发布的产品无须审核直接发布，且排名能靠前。

在"产品添加"过程中，卖家在选择"产品分组"时，需要保证已经增加了产品分组的名称，如图2-124所示。当买家通过关键词或产品目录搜索卖家的产品信息时，曝光量的增多，有助于卖家获得更多买家的关注。

作为中国制造网的高级会员，卖家可选择7款产品作为公司的主打产品，在搜索结果中优先保证排名，并配以醒目的金色主打标识，更容易获得买家的青睐。在主打产品的设置过程中，卖家须知如下。

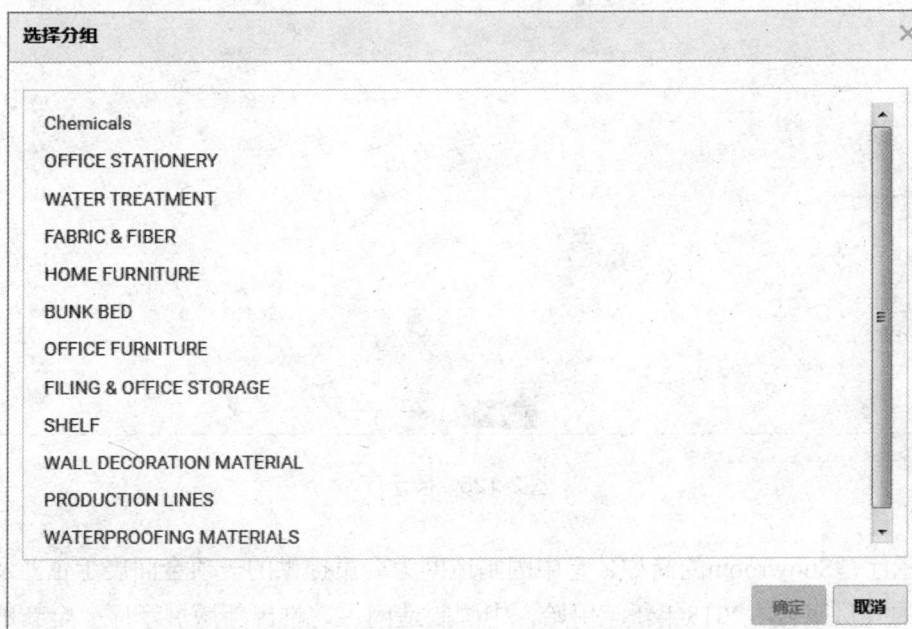

选择分组　×

Chemicals
OFFICE STATIONERY
WATER TREATMENT
FABRIC & FIBER
HOME FURNITURE
BUNK BED
OFFICE FURNITURE
FILING & OFFICE STORAGE
SHELF
WALL DECORATION MATERIAL
PRODUCTION LINES
WATERPROOFING MATERIALS

确定　取消

图2-124　产品分组的选择

- 子账户不能进行此项操作，仅主账号拥有此项权限。
- 每个高级会员账号总共可设置1组主打产品，每组主打产品可设置1~7个分值，每个分值具有唯一性，不可重复使用。
- 同等条件下，主打分值越高，越具有排名优势（7>6>5>4>3>2>1）。
- 高级会员可通过购买额外的主打产品来提升产品的搜索排名。

主打产品的设置直接关系到公司产品的推广效果，卖家在选择主打产品时应该充分利用会员资源，产品分值优化配置如下。

- 卖家应结合企业推广方向、产品情况等因素考虑多元化设置主打产品，拓宽受众群，提升关注度。
- 结合中国制造网的竞争程度考虑分值配置，主打产品设置时将竞争激烈的产品设置较高的分值，能够充分利用分值优势。

在"展示厅"功能模块中，卖家可以查看和编辑展示厅，具体操作是：登录后进入"我的办公室"，单击"网站建设"，选择"管理展示厅"即可查看或编辑展示厅，如图2-125所示。

图2-125　展示厅

　　展示厅是Showroom的简称，是中国制造网为会员提供的一项全面展示企业及产品图文信息的会员服务。2018年新年伊始，中国制造网重磅推出新版展示厅。全新的页面布局，超大高清的图片展示，360°全景、动图、视频等新形式的展示升级，提升视觉体验的同时，助力买卖双方贸易的达成。

　　为了让卖家快速了解展示厅目前的完善程度，把握展示厅的优化方向，中国制造网新增"内容检测"功能，不仅显示了公司展示厅各版块的完善程度及审核状态，单击页面右侧的"查看"按钮即可快速定位到展示厅的相应页面进行编辑，如图2-125所示。

　　展示厅作为公司产品信息和公司信息展示的载体，是买家了解供应商的核心途径。为了带来更好的推广效果，建议卖家尽快检查展示厅的完善度并进行优化。通常，引发公司展示厅曝光量变化的主要原因如下。

- 购买展台、Banner、精品橱窗等广告服务。
- 精美的产品图片。
- 专业醒目的产品名称。
- 专业准确的目录设置。
- 丰富的产品信息。

　　建议卖家理性对待访问量的变化，选择最佳的广告方案、更合理地优化推广信息。

　　打开高级会员的"展示厅"首页时，买家优先看到的是主打产品。剩余的产品可以采用产品排序功能，对每个产品进行编号，以实现产品排序。其中，产品序号越小，排序越靠前。排序方法有拖曳和设置数字序号两种。

买家访问高级会员的"展示厅"首页时,可直接点击导航栏上分组链接,快捷查看不同类型的产品。 这就是展示厅中的"产品组",如图2-126所示。注意,"产品分组"功能仅对平台的高级会员开放。高级会员最多可设置20 个普通组和1个加密组,让产品展示更专业。

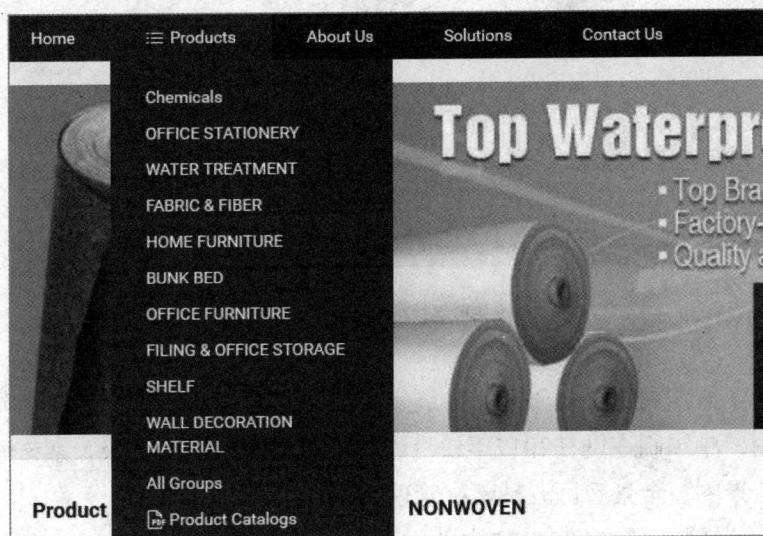

图2-126　展示厅预览页的产品分组

产品分组突破了平台产品目录的限制,提供了个性化的产品信息统筹管理机制。卖家通过自主创建的产品分类,可以让买家浏览产品时一目了然。通过产品分组,买家可以快速查找目标产品和定位到相应分组的产品,还可以了解公司的经营范围,同时也有利于卖家管理产品。

在产品分组中,卖家还可以根据产品所属大类和小类进一步进行产品分类的细划分。产品分类成功后,卖家可随时修改或删除。通常,产品分类有如下几种情况。

- 按产品种类划分,多适用于产品种类多的企业,以"产品名称"命名组名即可。例如,重机械企业的产品可能有桥式起重机、门式起重机、单梁起重机、双梁起重机等。
- 按产品型号划分,多适用于产品种类单一的企业,用"型号"划分组别。例如,手机壳企业的产品可能有卡通系列、中国风系列等。
- 按推广策略划分,多配合不同阶段营销策略,如反季清仓、低价秒杀等。

在"素材库"功能模块中,卖家可以方便地管理各种展示资源,具体操作是:登录后进入"我的办公室",单击"网站建设",选择"素材库"即可查看或上传素材,如图2-127所示。

图2-127　素材库

　　素材库是为了方便高级会员管理各种展示资源，大容量，一次上传，全站通用。为了方便卖家的使用，中国制造网在2017年12月进行了素材库的全面升级，素材库成为图片、视频、动图、全景图、全景看厂五种素材管理的中心。

　　以上传图片为例，单击图2-127中的"图片"即可显示图片上传页面，如图2-128所示。

图2-128　素材库中的图片上传

关于素材库的使用，建议普通产品用单图展示，多图产品最多上传6张图片，10个主推产品用多张图片来展示，效果更佳。

在"素材库"的自定义分组中，卖家可自由分组，但最多实现3级分组。上传图片的大小不超过5MB，可应用于产品展示中。在广告服务图片分组中则不可分组，最多可上传12张图片，且单张图片大小不超过4MB，可直接应用于广告推广中。在上门拍摄的图片分组中，卖家不可自己操作。上门拍摄的图片会由客服直接上传至素材库，卖家可以使用和下载，也可以应用于产品展示中。

只要卖家是平台的金牌会员或准付费会员，均可使用素材库。使用过程中不区分账户类型，主/子账户均可使用。

素材库中"图片管理"，需注意如下几点。

- 图片库空间为1GB，上传图片数量不受限制。一次性上传张数由原来的6张升级为一次50张。单张图片上传大小由原来的300KB升级为5MB，上传后自动压缩到500KB以内。平台会提醒卖家不可上传重复的图片。
- 支持按照组别、图片名称和标签搜索。
- 图片可按照橱窗、文本进行展示，并支持移动和排序。
- 上传图片前可以先选中对应的分组，如未选择分组，上传的图片将被默认上传至"未分组/Ungrouped"。

素材库中的"图片应用"，卖家须知如下。

- 所有图片均可随时随地下载。
- 卖家可以在添加修改产品、自定义栏目等内容时，直接引用图片库中的图片。
- 图片库中的图片被删除后，产品信息中引用的图片仍保留。
- 卖家上传新图片时，可直接勾选将该图片同步至图片库。

素材库中"视频管理"，卖家须知如下。

- 主账户和有信息管理权限的子账户均可在素材库中上传、编辑、删除视频。
- 每个高级会员默认可上传10个视频，如有加购，视频上传的上限在此基础上累加。
- 视频上传的格式为3gp、avi、asf、mov、mpg、mpeg、mp4、m4v、mkv，单个视频大小不超过25MB。
- 卖家已上传的视频自动迁移至素材库中。
- 视频上传后（包括购买的Onsite Video），中国制造网会进行审核，只有通过审核且被引用的视频才可以在展示厅中展示。

- 第三方拍摄的视频由中国制造网协助上传，在视频列表中带有Onsite Video标识，此类视频仅可编辑标题，不可删除。
- 卖家自主上传的视频，可进行编辑（重新上传/更改标题/更改类别）或删除，单击视频可以查看到视频的"最后操作人""审核状态""更新日期""关联产品数"。
- 如果卖家仅仅修改了视频类型，则不影响审核状态；如果卖家重新上传视频或更改了视频的标题，视频将重新进入视频审核队列。
- 卖家编辑视频不会改变视频和产品的关联关系。
- 只有被引用且通过审核的视频才可以在展示厅中展示。

在"数据分析"功能模块中，卖家使用平台提供的数据罗盘获取有助于公司发展的建议，具体操作是：登录后进入"我的办公室"，单击"网站建设"，选择"数据罗盘"即可通过对中国制造网上的海量数据进行分析获得有价值的帮助，如图2-129所示。

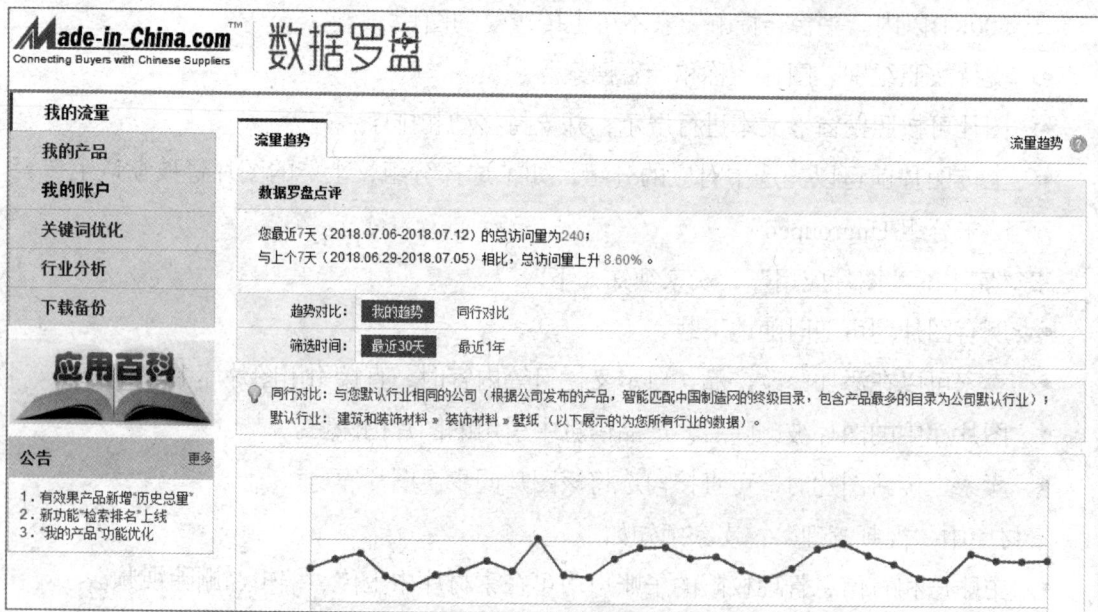

图2-129 数据罗盘

数据罗盘是一个在线数据分析平台，为卖家提供如下帮助。

- 分析监控自身整体效果变化趋势，并进行同行比较。
- 监控各个产品的效果，分析其转化率，针对性地进行优化。
- 深层次地对买家进行追踪与挖掘，促进询盘成交。
- 管理各个子账户的权限，并监控其操作与效果。

- 提供相关关键词分析，帮助卖家快速优化产品设置，提高曝光机会。
- 分析行业热词、热门产品，助力卖家掌握行业热点。
- 提供行业各地区需求的变化趋势，为卖家提供决策支持。
- 下载备份公司的数据，方便定期进行汇总及报告。

在"数据罗盘"功能模块中，单击"我的流量"显示流量趋势，单击同行对比，筛选统计指标的曝光量和访问量、时间及对比行业，即可查看相关的数据，如图2-130所示。

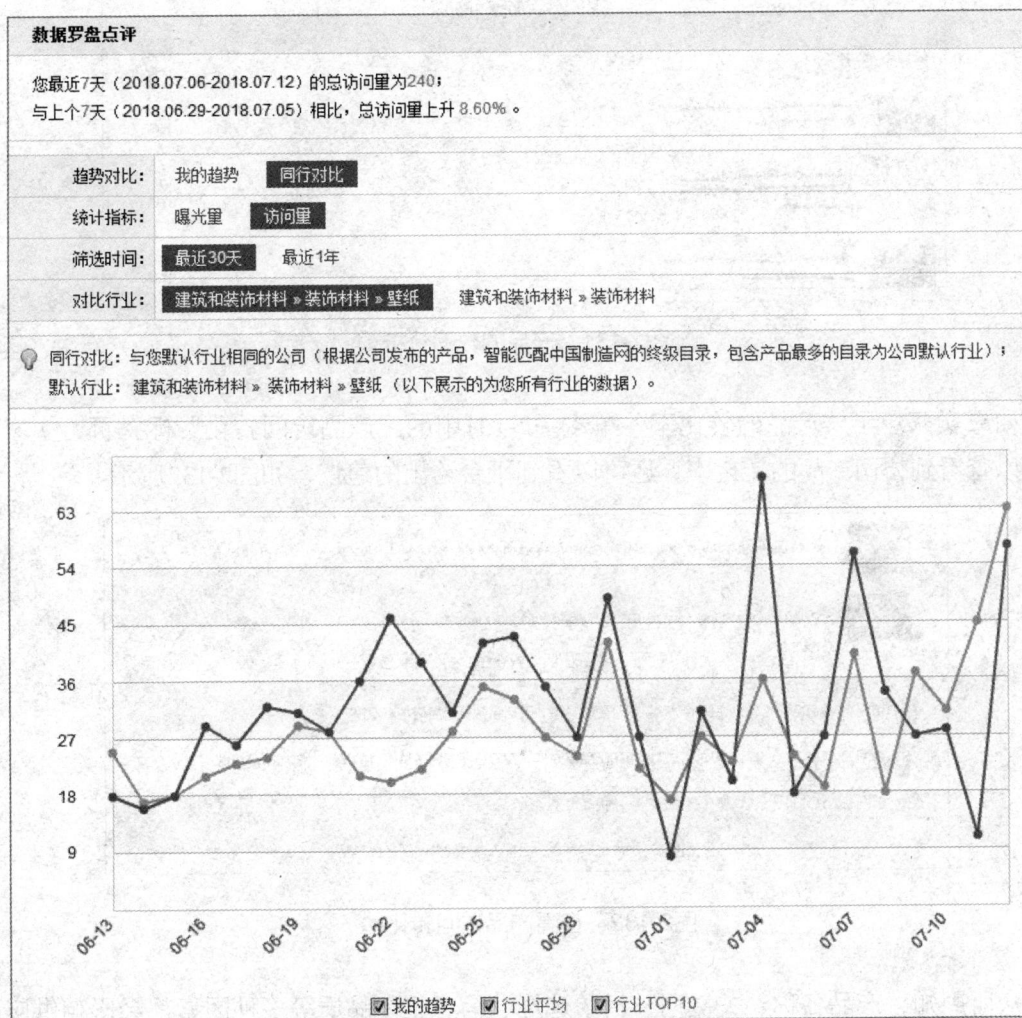

图2-130　同行最近30天内的访问量对比

在"数据罗盘"功能模块中，单击"我的产品"可以查看"有效果产品""效果待提升产品""产品询盘"和"产品访问转化"相关内容，如图2-131所示。

图2-131　产品的数据分析

如果卖家想了解产品的转化率，单击图2-131中的"产品访问转化"标签页，卖家不仅可以查看到公司产品的转化率，还可以看到平台给出的建议，如图2-132所示。

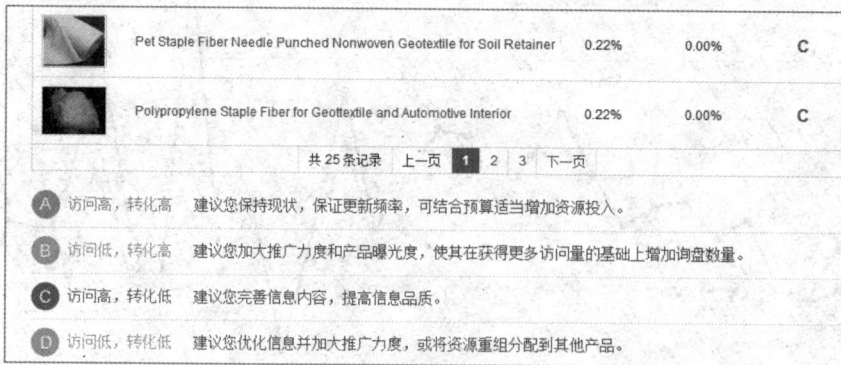

图2-132　查看产品访问转化率

众所周知，产品名称、关键词、目录选择、信息整体品质等多种因素都会影响供应商产品的排名，其中，产品关键词的重要性不可忽视。如果卖家想了解已经设置的关键词是否还需要完善，并希望获得优化建议，在"数据罗盘"功能模块中，单击"关键词优化"，通过"产品关键词优化"和"关键词分析"两个子模块即可查看本公司所有的主打产品和展台产品的关键词设置情况，如图2-133所示。

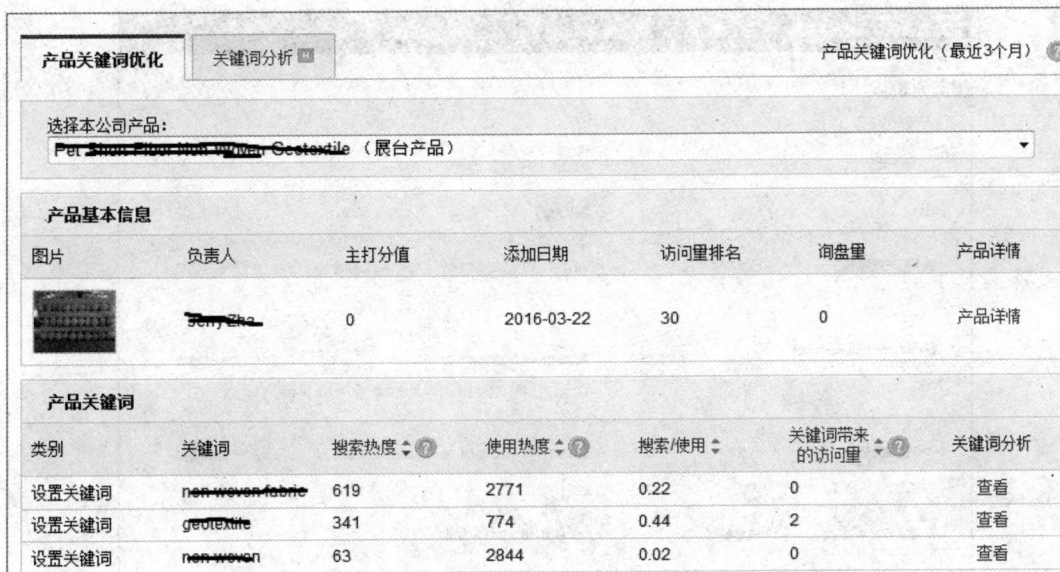

产品关键词优化	关键词分析				产品关键词优化（最近3个月）

选择本公司产品：
Pet Shop 2400 Non-Woven Geotextile （展台产品）

产品基本信息

图片	负责人	主打分值	添加日期	访问量排名	询盘量	产品详情
	Jerry Zha	0	2016-03-22	30	0	产品详情

产品关键词

类别	关键词	搜索热度	使用热度	搜索/使用	关键词带来的访问量	关键词分析
设置关键词	non-woven fabric	619	2771	0.22	0	查看
设置关键词	geotextile	341	774	0.44	2	查看
设置关键词	non-woven	63	2844	0.02	0	查看

图2-133　产品关键词优化页面

其中，搜索热度是指买家使用该关键词进行搜索的指数，数值越大，搜索次数越多。使用热度是指该关键词被会员使用的指数，数值越大，使用次数越多。

在"数据罗盘"模块中，若卖家想对产品关键词进行分析，单击"关键词分析"标签进入关键词分析页面，如图2-134所示。

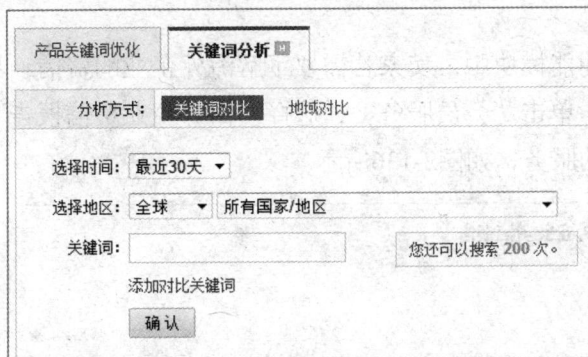

图2-134　关键词分析

4. 会员服务

中国制造网的"会员服务"功能模块包含服务列表和海外企业资信报告两部分。

在"会员服务"功能模块中，卖家若需要了解平台提供的服务，具体操作是：登录后进入"我的办公室"，单击"会员服务"，选择"服务列表"即可查看平台提供的精品橱窗、产品展位服务等，如图2-135所示。

图2-135　服务列表

在"会员服务"功能模块中，卖家若需要了解海外企业的资信，具体操作是：登录后进入"我的办公室"，单击"会员服务"，选择"海外企业资信报告"即可查看平台提供的海外企业资信报告的服务，如图2-136所示。

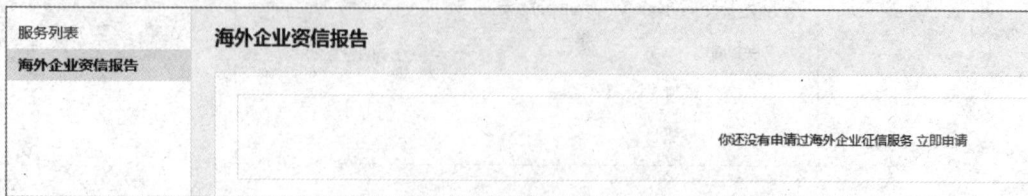

图2-136　海外企业资信报告页面

由图2-136可知，卖家还没有申请过海外企业资信服务。

海外企业资信服务是中国制造网委托专业第三方征信机构对海外目标企业的各方面情况进行调查研究，并根据调查结果出具的目标企业信用报告。海外企业资信报告（Credit Report）的内容包含企业注册登记情况、股权结构、人力资源、经营业绩、管理水平、财务状况、行业声誉和信用评级等信息。

海外企业资信报告能够为入驻中国制造网的企业提供以下帮助。

（1）寻找潜在客户：帮助入驻平台的企业寻找潜在客户，及时更新客户资料，完善企业客户数据库，实现客户群体优化。

（2）规避商业风险：帮助入驻平台的企业了解目标企业的资金信用、交易记录等情况，从而判断企业的合法性，分析潜在的交易风险。

（3）引导谈判过程：帮助入驻平台的企业了解目标企业的经营管理情况、财务状况及其偿债能力，从而确定其信用额度及交易的最佳结算方式等。

（4）了解企业自身情况：帮助入驻平台的企业全面了解企业自身的生产、经营、管理情况，可作为扩大业务、赢得客户或获得信用保险等金融服务的重要参考依据。

（5）了解同行：帮助入驻平台的企业了解国外同行业公司，尤其是龙头企业的商业信息及政策动向，以制定相应的经营策略。

入驻平台的企业若想购买海外企业资信报告，需要先填写申请表单，经过平台确认后付款，方可以下载海外企业资信报告。其中，购买报告的企业必须是中国制造网的会员，包含收费会员、免费会员。在中国制造网，标准分析报告均为英文版，其收费标准是1000元/份。

5. 外贸服务

中国制造网的"外贸服务"功能模块包含进出口服务、仓储物流服务、Doba服务、国际物流、展会记录和My STS共6个子功能，如图2-137所示。

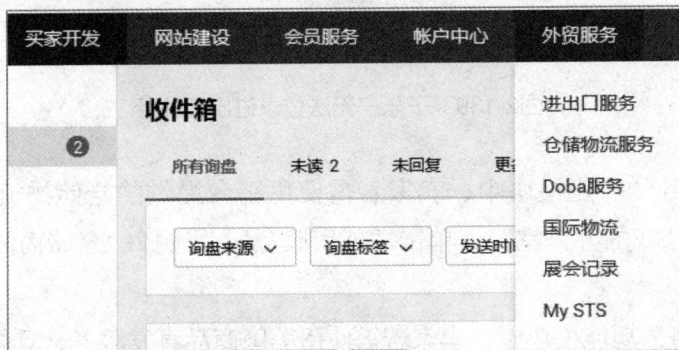

图2-137　外贸服务功能列表

在"外贸服务"功能模块中，卖家若需要进出口服务，具体操作是：登录后进入"我的办公室"，单击"外贸服务"，选择"进出口服务"即可了解中国制造网旗下外贸综合服务平台提供的报关报检、船务物流、退税申报、外汇结收、出口信保、订单贷款等服务，如图2-138所示。

图2-138 进出口服务

通过图2-138可知，公司目前还没有生成订单。需要注意的是，首次使用进出口业务需要主账号登录操作，否则无法登录，如图2-139所示。

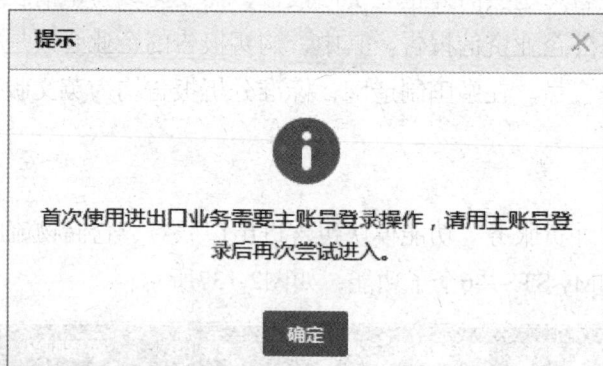

图2-139 子账户无法登录进出口业务

在"外贸服务"功能模块中，卖家若需使用平台提供的仓储物流服务，具体操作是：登录后进入"我的办公室"，单击"外贸服务"，选择"仓储物流服务"即可，如图2-140所示。

在"外贸服务"功能模块中，卖家若需使用美国商品直发服务，具体操作是：登录后进入"我的办公室"，单击"外贸服务"，选择"Doba服务"即可，如图2-141所示。

美国商品直发服务平台Doba是美国最主要的转运配送服务平台之一。零售商将客户订单和装运细节给批发商，让批发商将货物直接发送给最终客户，自己不需要商品库存，从而赚取批发和零售价格之间的差价。2015年，焦点科技股份有限公司完成对Doba的收购，进一步完善了美国的仓储、物流等，协助中国供应商在美国建立本土化的公司，实现在美国本地化运营的工作。

图2-140　仓储物流服务

图2-141　Doba服务

目前，中国制造网是中国境内供应商加入Doba的唯一渠道，Doba业务通过开放平台接口有效地连接供应商与零售商，为供应商和零售商提供了便捷、有效的渠道和资源。平台提供的Doba业务帮助供应商利用众多零售商资源增加订单，拓展线上销售渠道。

在"外贸服务"功能模块中，卖家一定离不开国际物流，具体操作是：登录后进入"我的办公室"，单击"外贸服务"，选择"国际物流"即可使用平台提供的物流服务，如图2-142所示。

图2-142 国际物流业务

在"外贸服务"功能模块中，卖家如果需要参加展会，具体操作是：登录后进入"我的办公室"，单击"外贸服务"，选择"展会记录"即可预定展会或下载展会报告等，如图2-143所示。

图2-143 展会记录页面

在"外贸服务"功能模块中，卖家为了规避首次交易中可能存在的贸易风险，具体操作是：登录后进入"我的办公室"，单击"外贸服务"，选择"My STS"即可使用平台提供的安全交易服务。My STS业务是中国制造网为该平台贸易双方提供资金担保和货物检验的服务。

中国制造网是一个中国产品和资讯信息荟萃的网上世界，它立足内贸，面向全球，稳定运营数十载，已成为数百万用户信赖的综合性电子商务平台。

本章小结

本章对经典的跨境B2B电子商务平台如阿里巴巴国际站、环球资源网、中国制造网的特点、操作流程进行了介绍，并对不同平台的推广特点进行了介绍。对于欲从事跨境B2B电子商务的工作者而言，希望在了解跨境B2B电子商务的相关知识的基础上，掌握跨境B2B电子商务平台的操作流程及操作技巧。

习题

1. 查阅当前市场上的跨境B2B电子商务平台有哪些，并做简要介绍。
2. 简述阿里巴巴国际站的产品发布流程。
3. 阐述外贸直通车的概念、优势及P4P推广业务流程的相关环节。
4. 简述询盘的概念和技巧，并简述RFQ的报价规则。
5. 简述环球资源网精品展示厅的作用及其相关操作。
6. 综合比较三个跨境B2B电子商务平台，简述产品关键词、产品标题等细节的设置技巧。

第 3 章

跨境B2C
电子商务平台

教学目标

了解代表性跨境B2C电子商务平台的特点，熟练掌握跨境B2C电子商务平台的操作技能。

学习目标

本章主要介绍亚马逊、速卖通、敦煌网和eBay在内的四大跨境B2C电子商务平台操作流程及操作技能。通过本章的学习，学习者需要：

1. 了解亚马逊平台的特点；
2. 掌握亚马逊平台的操作；
3. 了解速卖通平台的特点；
4. 掌握速卖通平台的操作；
5. 了解敦煌网平台的特点；
6. 掌握敦煌网平台的操作；
7. 了解eBay平台的特点；
8. 掌握eBay平台的操作。

本章重点

本章重点学习亚马逊、速卖通、敦煌网和eBay的平台操作技能。

3.1　亚马逊

亚马逊（Amazon）公司成立于1995年，是一家土生土长的美国公司，总部位于美国华盛顿州的西雅图。2017年6月，亚马逊在Brandz全球最具价值品牌百强榜中名列第四位。

3.1.1　亚马逊平台简介

亚马逊是最早基于互联网的电子商务公司之一，其经营的产品类目由早期的书籍销售业务，不断扩大到影视、音乐和游戏、数码下载、电子和计算机、家居园艺用品、玩具、婴幼儿用品、食品、服饰、鞋类和珠宝、健康和个人护理用品、体育及户外用品、玩具、汽车及工业产品等。亚马逊闻名于世的售后服务体系源于2010年发布的"网络购物诚信声明白皮书"，向消费者提出"天天低价、正品保证"的承诺。2016年10月，亚马逊位列全球100个最有价值品牌第八名。2017年2月，Brand Finance发布2017年度全球500强品牌榜单，亚马逊排名第三。2017年6月，亚马逊在《财富》美国500强排行榜位居第十二。

亚马逊作为一家面向全世界的公司，拥有亚马逊美国、亚马逊日本、亚马逊英国等针对不同国家和市场的平台。亚马逊作为全球用户最多的网络平台，截止到2011年，就已经拥有20%的用户在使用其零售和拍卖平台；其中，约36%来自美洲地区，约32%来自欧洲地区，约24%来自亚太地区。

亚马逊以优质的仓储物流系统和售后服务体系闻名世界，在自营业务的基础上还对第三方卖家开放。亚马逊的最大优势在于品牌的国际影响力和优质的卖家服务体系。例如，亚马逊在北美市场提供FBA服务，能实现2～3天到货，最快次日送货。如果采用亚马逊物流，则加收仓储和物流费用，也可以选择自助配送；但是，自助配送要求卖家选择的配送服务必须符合亚马逊对服务质量的要求。

其中，亚马逊在中国发展迅速，每年都保持了高速增长，用户数量也大幅增加。2004年8月，亚马逊全资收购卓越网，使自身全球领先的网上零售专长与卓越网深厚的中国市场经验相结合，进一步提升客户体验，促进了中国电子商务的成长。2015年3月6日下午，亚马逊中国宣布开始在天猫试运营"Amazon官方旗舰店"，主推备受消费者欢迎的亚马逊中国极具特色的"进口直采"商品，包括鞋靴、食品、酒水、厨具和玩具等多种品类。截至目前，Amazon官方旗舰店已拥有28大类，近600万种的产品。

需要注意，亚马逊平台不接受个人卖家，只有符合要求的企业用户才能注册和使用亚马逊平台进行产品的销售和推广。此外，亚马逊平台采取的收费模式是平台月租费和交易佣金模式，行业不同，佣金也不同，无交易则不收取交易佣金。入驻亚马逊平台的卖家可以享受亚马逊平台提供的站内免费推广服务以及平台向潜在消费者的商品精准推荐服务。

3.1.2　平台注册及体验

亚马逊中国站的首页如图3-1所示。亚马逊美国站的首页如图3-2所示。

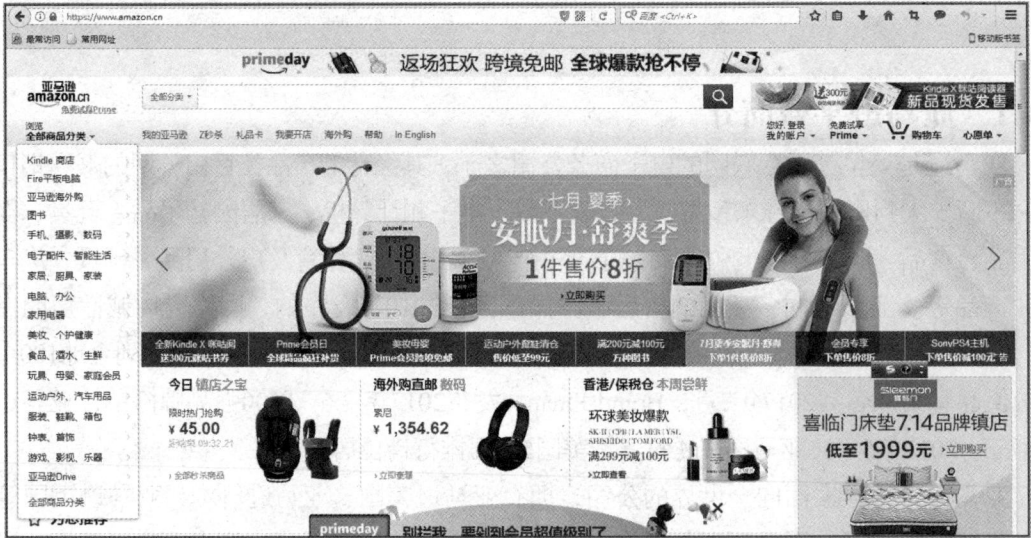

图3-1　亚马逊中国站首页

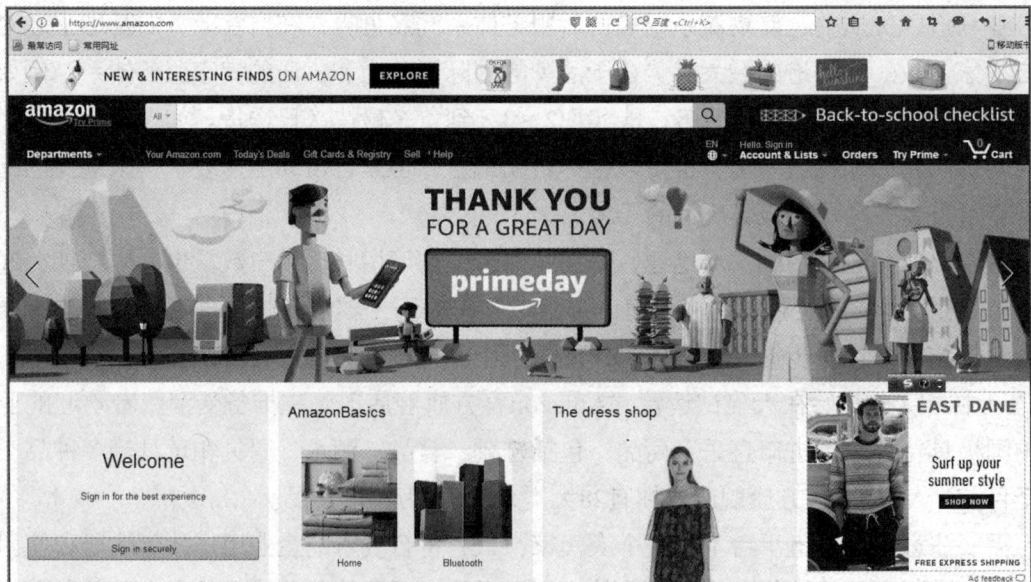

图3-2　亚马逊美国站首页

　　企业入驻平台的注册流程是：单击图3-1右上方的"我的账户"→"免费注册"，在显示的页面中完成"设置用户名"和"填写账号信息"两个步骤，如图3-3所示。只有经过亚马逊客服人员的核实及确定，企业才能成功注册为亚马逊平台的会员。

　　成功注册为平台会员的企业，单击图3-1右上方的"我的账户"→"立即登录"进行登录，在页面中正确输入企业账户及密码即可实现账户登录，如图3-4所示。

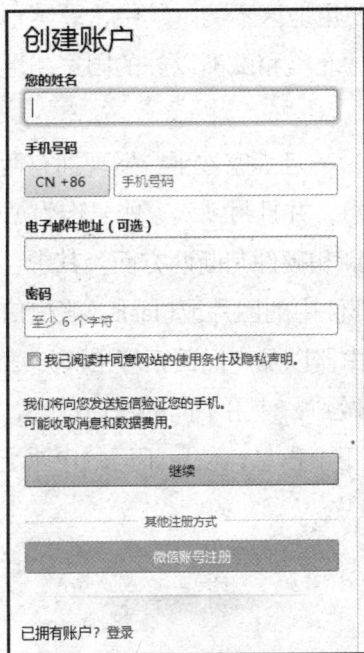

图3-3　亚马逊中国注册页面

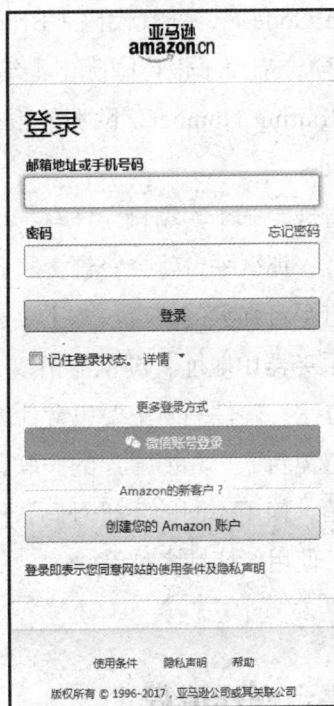

图3-4　亚马逊中国登录页面

　　对于卖家而言，若想注册亚马逊美国站，需要注意的事项如下。

　　（1）独立IP：亚马逊美国站在账户关联上有着强大的侦查能力，建议卖家使用独立IP地址的计算机且保持固定使用。

　　（2）双币信用卡：要想激活亚马逊账户，卖家需要提供一张支持美元、可透支的VISA信用卡或者Master信用卡，同时提供有效的账单地址。

　　（3）联系电话：建议卖家提供手机或者座机的美国当地号码，便于注册时账户的验证。此外，建议卖家使用座机，因为手机验证时曾出现过4位PIN码输入无效的情况。

　　（4）邮箱地址：电子邮箱通常用作亚马逊的登录账号，邮箱注册成功后还可以更换。建议使用gmail.com等国际邮箱地址，最好不要使用企业邮箱注册亚马逊账号。

　　（5）银行账户：提供一张美国本土银行卡或者美国站支持的其他国家银行账户，便于收款。亚马逊店铺的交易额全部存储在平台账户系统，卖家若要提取款项，必须输入美国银行卡9位的汇款线路号码（Routing Number）。

对于Routing Number，此处介绍一下SWIFT Code的理论知识。环球同业银行金融电讯协会（Society Worldwide Interbank Financial Telecommunication，SWIFT）。SWIFT Code是银行国际代码，由银行代码（Bank Code）、国家代码（Country Code）、地区代码（Location Code）、分行代码（Branch Code）这几个部分组成。Swift Code和Routing Number一样，都属于银行国际电汇编码，区别是使用地区不同。其中，北美地区的银行一般使用Routing Number，欧洲的银行使用IBAN，北美和欧洲以外的国家和地区大多使用Swift Code。

亚马逊规定一个卖家只允许有一个亚马逊账号。一旦卖家被平台发现拥有两个及以上亚马逊账号，那么平台就会警告卖家账号关联的信息，并且封锁卖家账号作为惩罚。

亚马逊平台强大的侦查技术主要表现在软件判断和硬件判断两方面。其中，软件判断主要包含服务器IP地址、浏览器指纹、Cookies、邮件中的图片或Flash、账户信息以及收款账户等方法；硬件判断主要包含计算机网卡、路由器以及产品因素等检测方法。

为了避免新账户和旧账户的关联，卖家应尽量做到：使用不同的注册地址，使用不同的电子邮箱，使用不同的手机号码，使用不同的信用卡信息，使用不同的IP地址，使用新用户名称，使用新店铺名称等。

3.1.3　平台操作流程

在组织结构上，亚马逊平台"以产品为中心、淡化店铺"，确保平台统一的店铺形象。目前，亚马逊遵循产品"定价销售"的方式，不提供类似于拍卖的模式；而且，亚马逊"宽进严出"的管理模式，要求入驻卖家必须遵守平台的全方位保障条款。

作为国际知名的跨境B2C电子商务平台，卖家有必要掌握其操作和相关技巧。

1. 账户管理

账户安全是卖家平台交易的基础。深入了解卖家账户有助于发现卖家账户的不利因素，提升店铺的客户满意度。其中，后台业绩模块（Performance）与账户安全关联非常紧密。Performance包含客户满意度数据（Customer Satisfaction）、客户对店铺的评价（Feedback）、A-Z投诉索赔（A-to-Z Guarantee Claims）、客户银行卡拒付（Chargeback Claims）、系统通知（Performance Notifications）五个子模块。

单击后台导航栏中的Performance，在弹出的菜单中单击Customer Satisfaction，进入客户满意度页面，如图3-5所示。

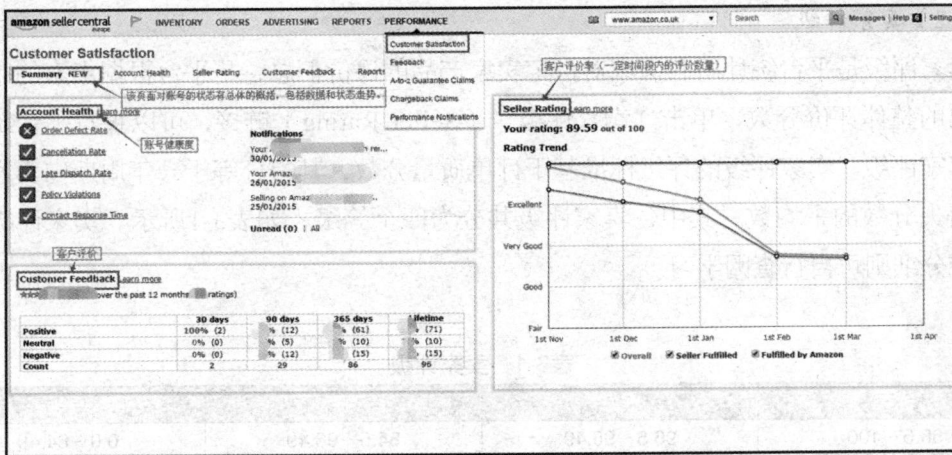

图3-5　客户满意度页面

客户满意度（Customer Satisfaction）包含账户健康（Account Health）、卖家评级（Seller Rating）和买家反馈（Customer Feedback）三部分。

（1）账户健康

单击“账户健康”（Account Health），可以看到该模块包含订单缺陷率（Order Defect Rate）、订单取消率（Cancellation Rate）、订单迟发率（Late Shipment Rate）、政策违反率（Policy Violations）、准时交货率（On-Time Delivery）、有效跟踪率（Valid Tracking Rate）和客服回复时间（Contact Response Time）七个模块，通过这七个模块能够清晰地掌握账户的健康情况。

卖家一旦发现考量指标出现异常，应及时采取应对措施，维持账户的各项指标良好，从而保证店铺活跃度。例如，单击“客服回复时间”（Contact Response Time）链接，进入客户回复时间的详情页面，如图3-6所示。

Buyer-Seller Contact Metrics				
	7 days (Dec 27, 2017 to Jan 2, 2018)	30 days (Dec 4, 2017 to Jan 2, 2018)	90 days (Oct 5, 2017 to Jan 2, 2018)	Target
Customer Service Dissatisfaction Rate (Beta) [?] Request Report Download Past Reports	0% (0)	0% (0)	0% (0)	< 25%
	7 days (Dec 30, 2017 to Jan 5, 2018)	30 days (Dec 7, 2017 to Jan 5, 2018)	90 days (Oct 8, 2017 to Jan 5, 2018)	Target
Response times under 24 hours [?]	100% (1)	100% (16)	89% (17)	> 90%
Late responses [?]	0% (0)	0% (0)	11% (2)	≤ 10%
No response for more than 24 hours [?]	0	0	0	--
Response times over 24 hours [?]	0	0	2	--
Average response time [?]	19 hours 33 minutes	8 hours 10 minutes	10 hours 52 minutes	--
You have 0 messages that you have not responded to in the past 7 days.				

图3-6　客户回复时间详情页面

（2）卖家评级

卖家评级是平台统计所有买家对指定卖家产品的评价汇总，是平台根据卖家的服务质量给出的整体评价分数。单击"卖家评级"（Seller Rating）链接，可以查看平台统计的所有卖家评级。卖家评级的评级标准基于订单质量分数，其得分等于一年周期内卖家所有订单得失分数的平均数。其中，卖家评级共分为四个等级，如表3-1所示。卖家评级的具体加减分细则可自行查阅学习。

表3-1　卖家评级

优秀	很好	好	一般
98.5~100	96.5~98.49	84.5~96.49	0.0~84.49

（3）买家反馈

单击"买家反馈"（Customer Feedback）链接，即可查看买家对卖家订单的反馈情况。买家反馈的评分周期可以分为30天、90天、365天，以及累积过程中每个等级的汇总。

通常情况下，买家的反馈等级划分为三类，如表3-2所示。对于卖家而言，好评率为四星、五星的总数与一星至五星之和的比值。

表3-2　反馈等级

好评	中评	差评
四星或五星	三星	一星或二星

除了"客户满意度"指标之外，下面简要介绍绩效的其他子功能。

单击后台导航Performance，在弹出的菜单中单击Feedback，进入顾客对店铺评价的页面，可以查看顾客对卖家店铺的评价信息。

单击后台导航Performance，在弹出的菜单中单击A-to-Z Guarantee Claims，进入A-Z投诉索赔的页面，如图3-7所示。在该页面，卖家每日需要查看是否有未处理的买家投诉。为了维护店铺的活跃度，建议卖家尽量避免A-Z投诉。

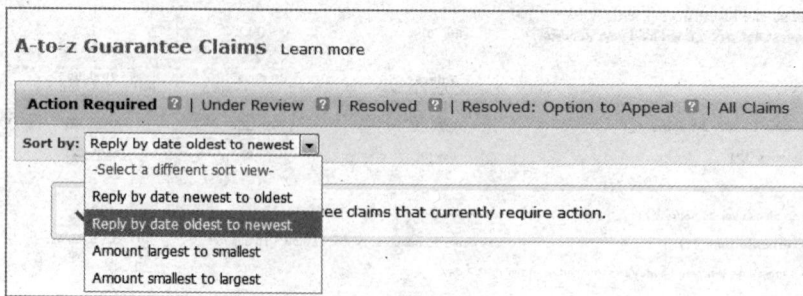

图3-7　投诉索赔页面

单击后台导航Performance，在弹出的菜单中单击Chargeback Claims，进入顾客银行卡拒付的页面，可以查看买家的退款申请信息。

单击后台导航Performance，在弹出的菜单中单击Performance Notifications，进入系统通知页面，可以查看平台的通知信息。

2. 产品管理

产品是卖家的经营来源，产品管理是卖家的日常工作。如何以最佳状态展示店铺经营的产品，有效提高工作效率，是提升交易额的关键环节。其中，后台库存管理模块Inventory与产品管理紧密相关。Inventory主要包含管理库存（Manage Inventory）、管理FBA库存（Manage FBA Inventory）、计划库存（Inventory Planning）和上传产品（Add a Product）等子模块，如图3-8所示。

单击后台导航Inventory，在弹出的菜单中单击"管理库存"（Manage Inventory），进入库存管理页面，可以查看卖家所经营产品的目前库存情况。

单击后台导航Inventory，在弹出的菜单中单击"管理FBA库存"（Manage FBA Inventory），进入库存管理页面，选择要发货到亚马逊仓库的产品，然后选择Change Fulfillment by Amazon，让选中的产品顺利转换到FBA Inventory，如图3-9所示。

图3-8　库存Inventory页面

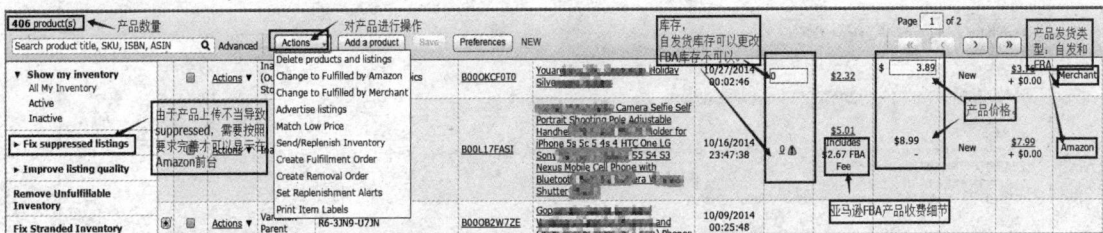

图3-9　FBA发货

其中，FBA（Fullfilled By Amazon）是平台推广新品、提高销量和抢占黄金购物车的极佳手段，因此平台新手卖家都会选择发FBA。需要注意的是，当卖家把产品从"卖家自发货"转换成"亚马逊发货"后，直到平台收到产品上架之前，卖家产品的Listings都处于买家看不到的状态。对于FBA库存的产品，卖家不可以对库存和价格进行修改。但是，对于卖家自发货的产品，卖家可以随时更改库存和价格，还可以单击Action按钮来选择删除产品、修改为亚马逊发货、做广告、调价格及删除该列表等。

产品上传是卖家必须掌握的实战技能，亚马逊平台的产品上传流程如图3-10所示。

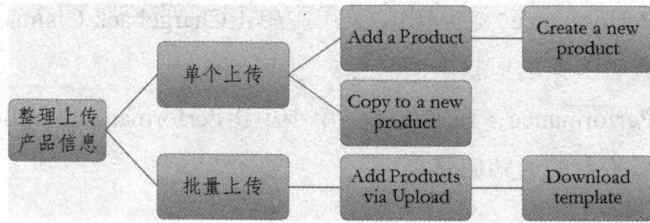

图3-10　亚马逊产品上传流程图

单击后台导航Inventory，在弹出的菜单中单击Add a Product，进入产品上传页面，如图3-11所示。在产品上传页面，单击Create a new product listing超链接，在显示页面中选择产品详细品类，如图3-12所示。同样，产品品类可以选择，也可以通过在搜索框里输入关键字搜索品类，然后单击Select按钮确认，如图3-12所示。当然，若不确定待上传产品的品类，可以使用品类搜索功能，输入品类关键字进行搜索，待找到后再按照正确的品类添加新产品。确定产品品类后，需要严格按照产品上传环节的要求填写信息，产品上传环节如图3-13所示。

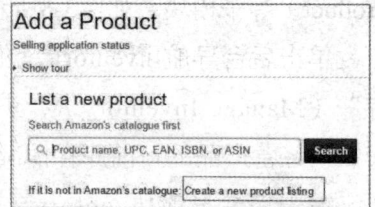

图3-11　产品上传页面

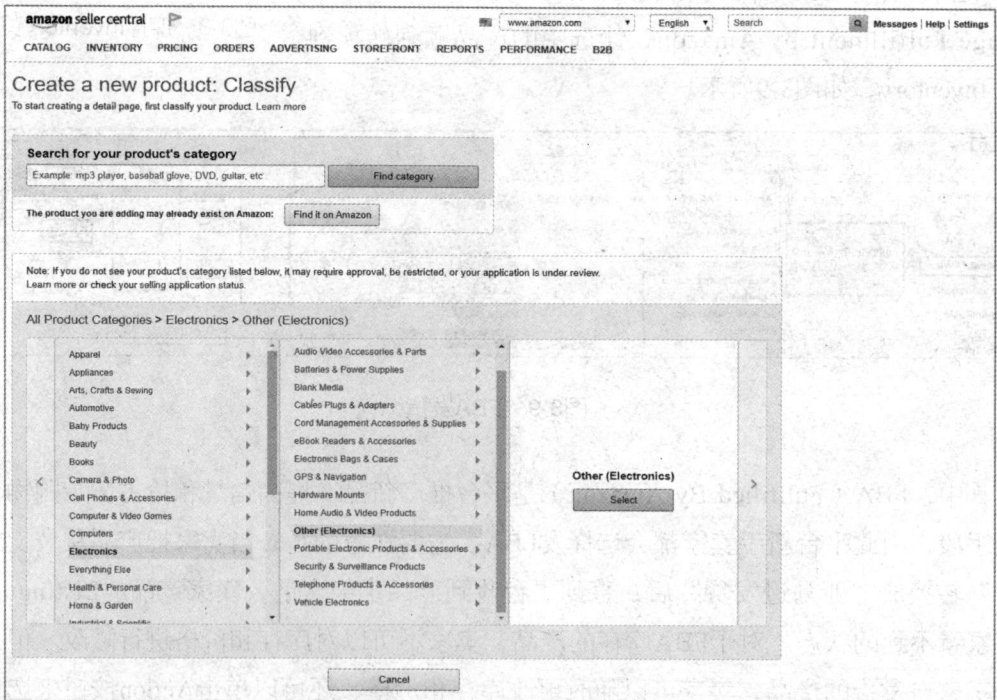

图3-12　选择产品品类

图3-13　产品信息相关设置内容

其中，产品标题是产品上传的第一个内容，卖家需要了解产品标题设置的相关技巧，比如FAPIZI Pillow Case Heart-shaped tree Square Throw Flax Pillow Cover，如图3-14所示。产品特色主要从产品的材质、图案、设计、尺寸及产品功效等方面进行描述。产品描述主要用一段文字对产品进行较为详细的介绍，以便买家对产品有一个全方面的了解。产品图片的背景色应该为纯色，像素至少在500像素×500像素以上，产品图片要求无水印等，争取达到图文并茂的效果。

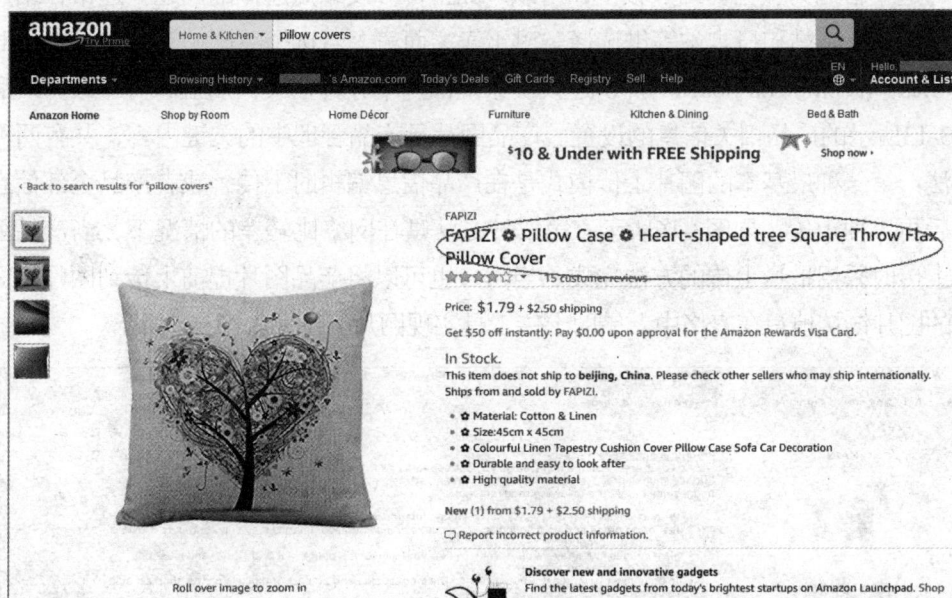

图3-14　产品标题

在产品信息填写过程中，对于产品关键字的设置，卖家可以通过搜索，模仿并学习、总结从而形成与产品关联度紧密、用户认可度高的关键字。在完成图3-15所示的五个环节后，需要卖家再次确认产品的分类。如果产品不在已有目录，则需要重新进行选择。产品的分类选择有三种方式，分别介绍如下。

（1）根据产品类别，在相应的分类中一级一级地去寻找。

（2）直接输入产品关键字，系统会罗列相应分类以供选择。为确保准确性，可尝试多个关键字进行搜索。

（3）通过批量上传的BTG（the Browse Tree Guide，浏览树形表格），输入关键字查询以确定产品分类。

确定产品目录后，卖家还需要经历站点选择等步骤才能完成产品上传，如图3-15所示。

图3-15　产品上传的后续环节

亚马逊平台因为全世界站点较多，所以产品上传涉及站点选择的问题。通常，站点有亚马逊美国站、英国站和日本站等供选择。对于卖家而言，若选择英国站，则产品上传时，会有categories和recommend nodes两种，建议卖家确保两个分类在大类别上保持一致。产品信息包含图3-13所示的产品相关信息的设置。产品图片是产品管理中的关键内容，共有两种图片上传方法：第一种最基本的图片上传模式是在产品信息编辑时上传，或者产品全部信息填写完成之后再单独上传，如图3-16所示；第二种方法是在网络比较差的情况下，当产品图片无法按时上传时采用批量上传的方法完成。当然，也可以将产品图片提前上传到图片空间，再将获取的图片链接填写在表格中，借助上传工具实现图片上传，如图3-17所示。

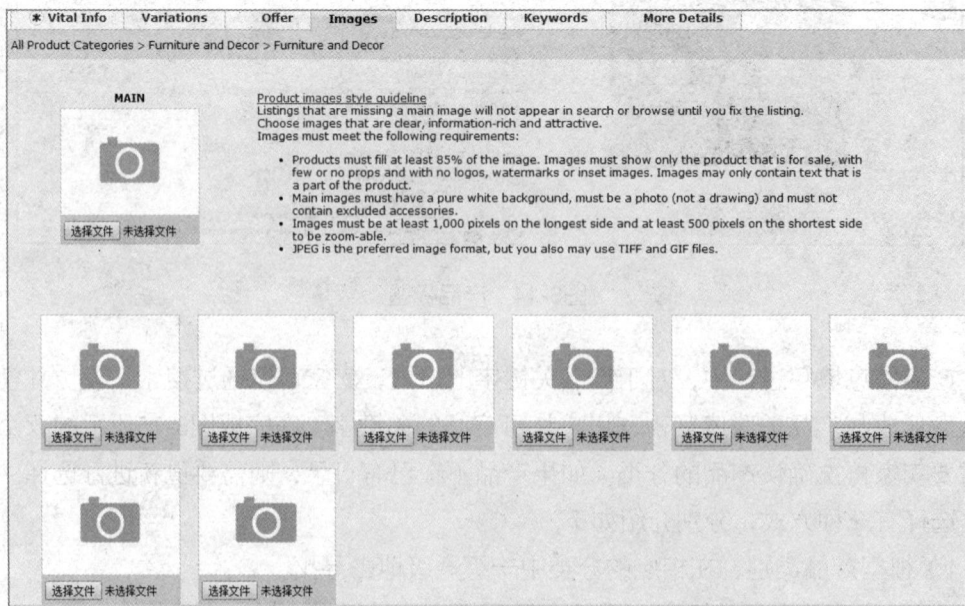

图3-16　产品图片基本上传模式

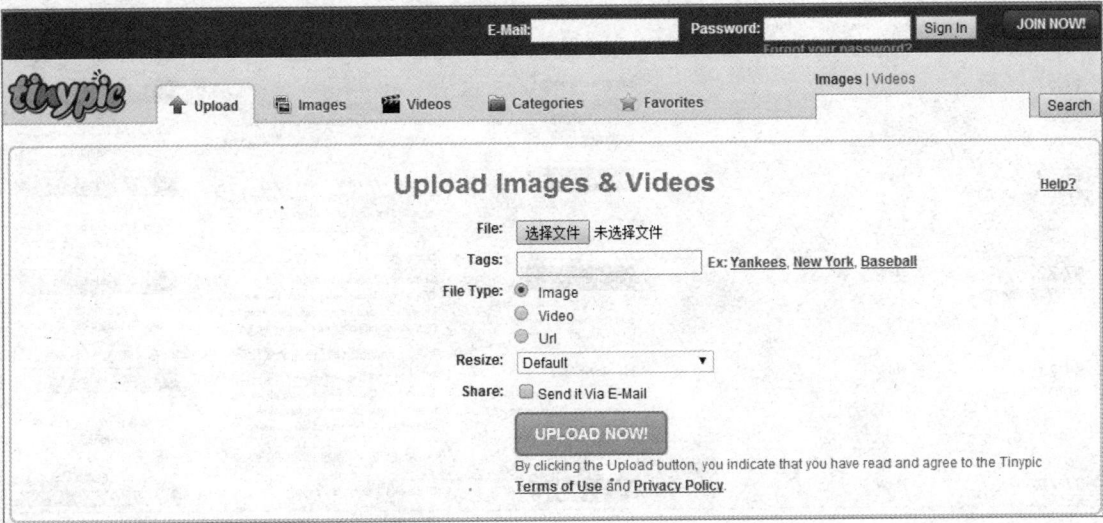

图3-17　产品图片上传工具示例

　　购物车保证包含三个要素，分别是账户好评率、反馈数量和产品价格。其中，产品价格低不一定能占据购物车，如图3-18所示。但是，好评率高、反馈数量高且产品价格低，则产品占据购物车的概率更高，如图3-19所示。

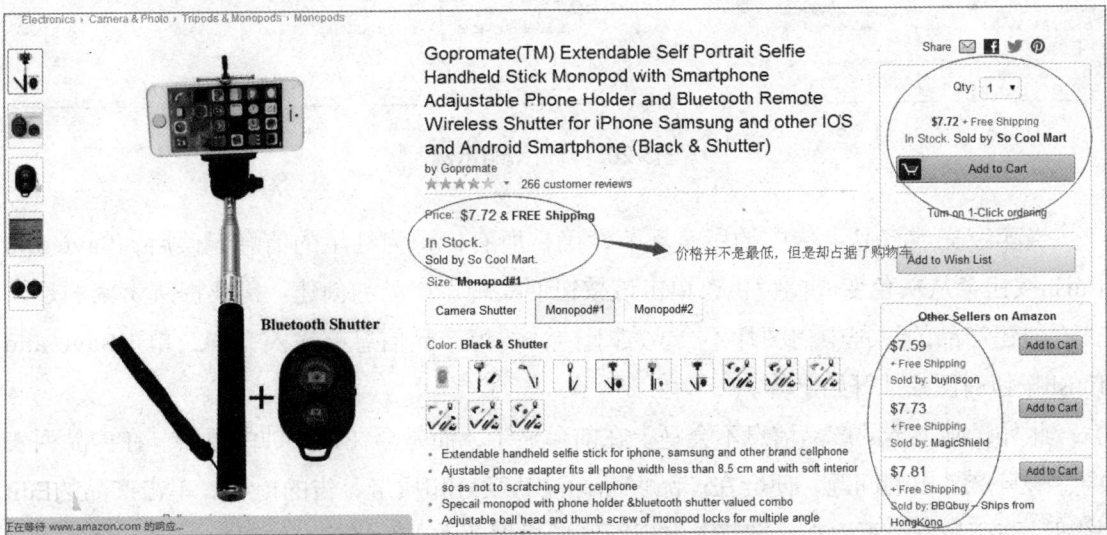

图3-18　占据购物车要素之产品价格

　　调价策略主要帮助卖家进行价格调整，进一步节约采购成本和物流成本，从而提升利润空间。通常情况下，卖家的调价需要根据综合成本计算出产品最低价，然后在平台中进行设置。若后期有变动，卖家仍可以手动调整，如图3-20所示。

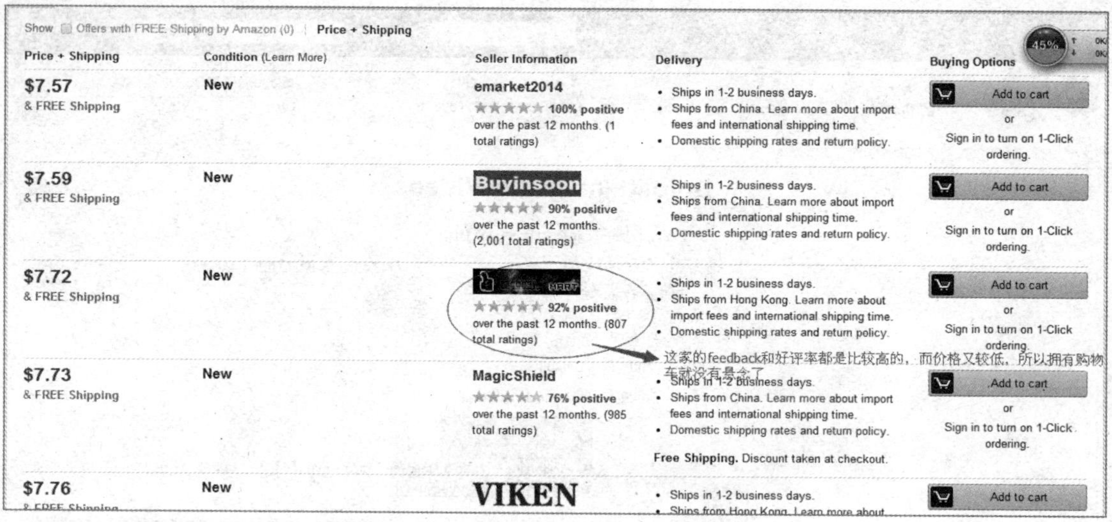

图3-19 综合得分高占据购物车的情形

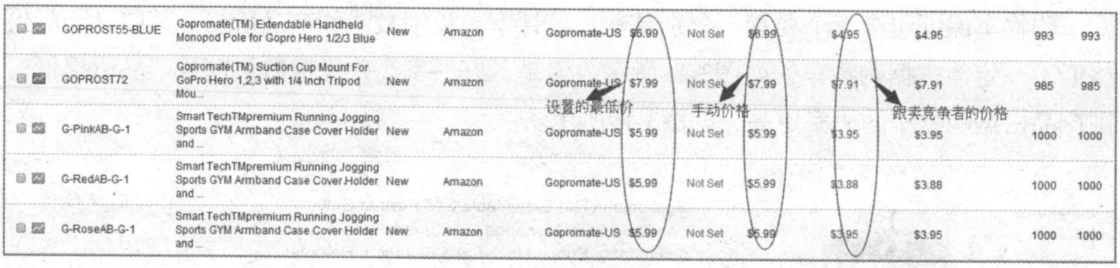

图3-20 调价策略示例

当卖家完成产品上传中的所有环节，确认所有标识为红星的信息无误后，Save and finish按钮会从灰色变成橘黄色，单击该按钮便实现了产品的创建。需要提醒卖家的是，首次创建产品的过程中，图片不会立刻上传，要等产品信息都输入完毕，单击Save and finish按钮时图片才开始上传。

此外，刚上传的产品信息不会马上在前台显示，而是会在15分钟内更新。在产品列表中，一旦产品出现问题，便会在产品页面标注感叹号和质量警告的提示。单击产品的Edit按钮，在产品编辑页面查看细节，发现问题后根据要求进行修改，如图3-21所示。

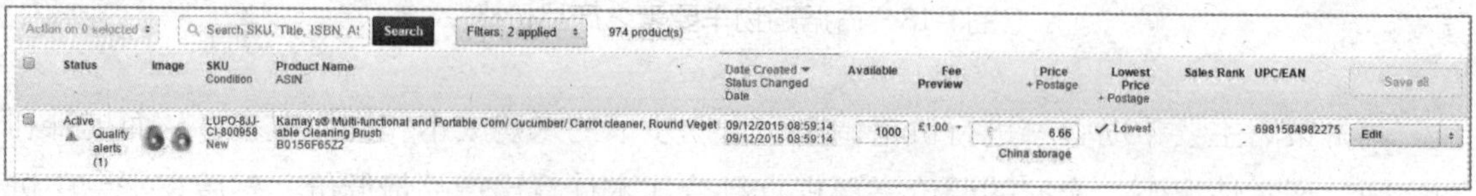

图3-21 出现质量警告的产品示例

对于服饰类、珠宝首饰类的多属性产品，其展示形式更加多样化。例如，买家会根据自身需求选择尺寸和颜色。当买家选择不同颜色时，产品的图片会随之变化；当选择不同尺寸和颜色时，价格、库存等都会变化，如图3-22所示。

图3-22　产品多属性设置示例

此外，平台允许卖家销售已经在亚马逊平台创建好的商品，前提条件是：卖家必须确认商品所有信息完全一致，才能销售已有商品。这些比对信息包括UPC、品牌、厂商、包装和商品各种参数，信息参数必须一致且卖家必须有该品牌拥有者的授权经销许可。具体操作方法是：在Add a new product页面搜索打算销售商品的标题、UPC等，找出相应的产品，确认UPC与待销售产品外包装上的UPC完全一致后，单击Sell yours按钮完成产品添加。

在产品成功添加后，卖家可以继续完善添加产品的新旧程度（Condition）、价格（Your price）和数量（Quantity），然后单击Save and finish按钮进行保存，如图3-23所示。

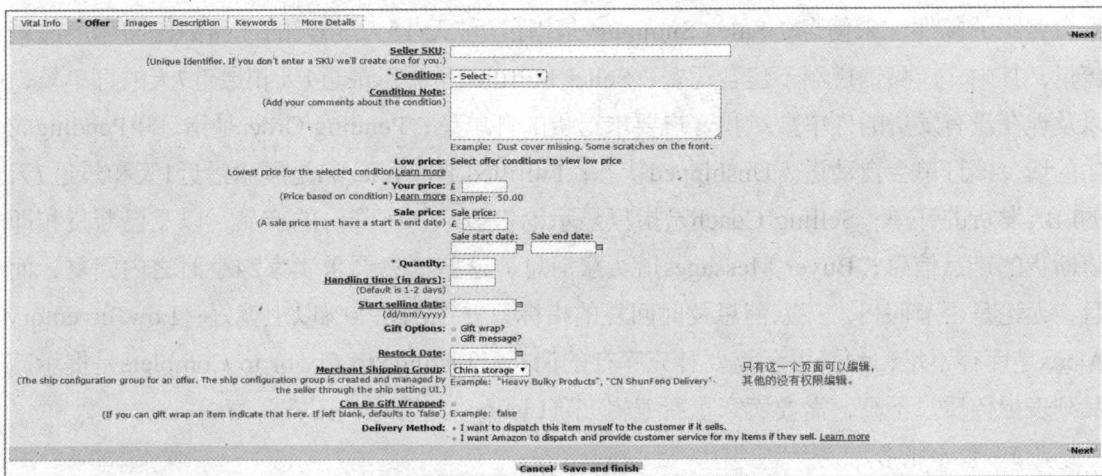

图3-23　产品信息完善

为了提高卖家的工作效率，单击后台导航Inventory，在弹出的菜单中单击Add Products via Upload，进入产品上传页面，可以进行产品的批量上传。批量上传操作中，卖家要先下载模板。批量上传模板包含很多要素，如产品简介（Instructions）、图片信息（Image Info）、数据定义（Data Definitions）、服装样板（Clothing Template）、例子（Example）和价值（Valid Value）等。

3. 订单管理

订单管理是买卖双方就产品交易达成协议后，卖家必须掌握的后台技能。后台订单管理模块"Order"就是处理订单的功能模块。Order包含管理订单（Manage Orders）、订单报告（Order Reports）、批量处理订单（Upload Order Related Files）和退货管理（Manage Returns）共四个子模块，如图3-24所示。

管理订单 → 订单报告 → 批量处理订单 → 退货管理

图3-24　后台订单主要业务

（1）管理订单

管理订单就是帮助卖家及时处理未处理的订单，保证及时处理买家的退货事宜。登录亚马逊后台，可以看到很多关于订单的信息，如Recent Payment、Balance、 Manage Your Case Log、Sales Summary、Seller Fulfilled、Pending Order、Fulfilled By Amazon、Selling Coach、Buyer Messages、Low Inventory Alerts和Listings to Fix or to Complete等信息。

若Recent Payment的示例为"Aug 12, 2015"，表示的含义是上一个转款周期的转款日，其后面的金额是指上个转款周期的金额；Payments Summary中的Summary是指本转款周期第1天到此时累积的金额，平台转款周期为14天；Manage Your Case Log是指卖家联系平台客服的邮件往来信息；Sales Summary是指最近7天/15天/30天的产品销售额和产品销售量，其中，产品销售额不包含运费；Seller Fulfilled是展示最近1天和最近7天的订单量，以及现在没有发货的订单数量和客户要求退货的订单量；Pending Order是指订单Pending成功的话，该订单会自动进入Unshipped状态；Fulfilled By Amazon是展示最近1天和最近7天的FBA发货的订单；Selling Coach是指只显示销售警示、可降价的产品，以及已断货和即将断货的产品信息；Buyer Messages指买家消息，这些消息要求卖家24小时之内回复，而且，无论是否节假日，买家消息及时回复的指标只要控制在90%以上就好；Low Inventory Alerts是库存不足，预警提示需要补充库存的消息；Listings to Fix or to Complete是提示产品列表上传质量不高，需要卖家重新编辑完善Listing信息。

（2）订单报告

平台会将所有订单信息自动生成各种形式的报告，便于卖家下载订单报告。

（3）退货管理

为了帮助卖家及时处理买家退货的相关事宜，卖家需要学习退货处理的操作，其示例流程如图3-25所示。

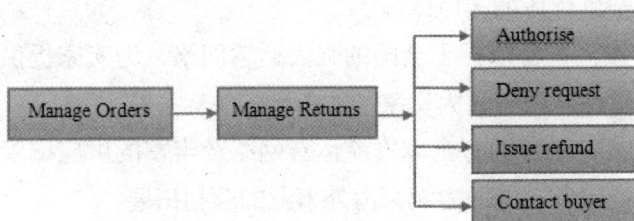

图3-25　退货订单处理示例流程

4. 产品推广

"产品推广"即广告，是平台帮助卖家在亚马逊中国进行产品的销售。"产品推广"会被显示在亚马逊中国搜索结果附近的多个特定位置。

当买家搜索卖家设定好的关键字时，卖家的"产品推广"广告就会出现在搜索结果页面。当买家点击"产品推广"广告时，会被带到卖家店铺的产品详细描述页面。当然，卖家要为此广告付费。除了图书和音像分类外，其他分类都可以投放广告。

在满足关键字和竞价要求后，"产品推广"会让卖家在亚马逊中国有更大的产品销售主动权，以提高产品的浏览率，从而增加产品的销售机会。而且，只有当买家点击了广告并被带到该产品的页面时，卖家才需要付费。

亚马逊的付费规则是：当卖家的广告被点击后，亚马逊中国即刻向卖家的信用卡收取费用。每完成一次扣款，用户都会收到一份对账单，在信用卡中也会留下一条扣款记录。为了避免扣款过于频繁给卖家带来困扰，平台采用累计扣款限额扣款法，即设定一定的扣款限额，只有当广告费用达到限额时，才会发生一次扣款。用户开始注册使用后，亚马逊会在累计1元广告费时进行一次扣款，这次扣款的目的是验证信用卡的有效性。

创建广告的操作，即卖家在亚马逊中国的商品列表里选择要宣传的商品，设置关键词并输入关键词竞价。创建广告的关键是确定参加推广的产品，其实就是当买家在搜索某些关键词时，卖家想加强显示的产品。

"产品推广"采用"每次点击"为成本单位，即竞价式收费模式。在竞价式收费模式中，卖家可以设定每一次点击的最高成本价。卖家的最高成本价越有竞争力，在买家搜索到卖家已设定的关键词时，广告被显示的机会就越大。

5. 物流服务

亚马逊全球物流所从事的业务是亚马逊全球业务中的重要组成部分。亚马逊平台以全球一流的仓储物流服务，为所有进行线上与线下销售的中国商家提供服务。亚马逊全球物流服务具有以下优势。

- 仓储物流整合方案：平台为多渠道销售的商家提供一站式或定制化的仓储配送服务，为卖家提供优质的客户体验。
- 运输配送方案：平台依托于全国的强大运输网络，为卖家提供准时、安全、高效和快捷的运输配送服务，为卖家的业务运转保驾护航。
- 跨境物流服务：平台拥有全球物流运营网络及丰富的供应链管理经验，使用跨境电子商务物流服务，能助力卖家海外事业的顺利拓展。
- 仓储运营方案：面向有商品物流需求的客户，平台提供库房代运营服务。服务主要包括商品存储、订单配货、打包与发货等服务，能满足卖家对仓储运营安全、高效和低成本的需求。
- 定制化物流方案：针对商家特殊的业务需求，平台将会灵活地为卖家打造一套最适合卖家业务需求的专业物流解决方案。

入驻亚马逊平台的卖家应该熟练掌握亚马逊全球物流的服务流程，如图3-26所示。

图3-26　亚马逊全球物流的服务流程

（1）卖家发送商品至平台运营中心

卖家查看亚马逊物流商品限制，确保商品可入仓。然后，卖家在后台上传商品并转换为亚马逊物流配送。接下来，卖家在后台输入商品数量并选择承运商，系统会向卖家提供创建发货、补货订单可打印的商品标签、装箱单和配送标签，打印标签后为商品和货件贴标签。最后，卖家选择配送公司或自己配送至亚马逊运营中心。

（2）亚马逊存储卖家的商品

亚马逊平台运营中心接收卖家的商品后，通常会在三个工作日内完成扫描并上架商品，并为卖家的商品提供安全的仓储环境。然后，根据卖家商品需要就近入仓，平台自动将库存智能分配到全国各仓库。最后，卖家需要按照商品实际体积及存储天数支付平台的仓储费用。

（3）客户订购卖家的商品

亚马逊物流全方位提升商品竞争优势，有助于客户选择卖家的商品。使用亚马逊平台物流的商品，买家将参与亚马逊中国免运费活动。平台提供多种支付和配送方式，为卖家贴心提供多渠道配送服务。

（4）亚马逊对商品进行拣货包装

亚马逊平台利用先进的联网仓储、高速拣货和分类系统，能够快速定位卖家的商品。从取件到发货均按照亚马逊标准化流程，防止错误发件。包装采用亚马逊标准包装箱，专利技术气泡垫、气泡枕，特殊产品包装处理及特殊产品跟踪，亚马逊物流按件收取基础服务费。

（5）亚马逊快捷配送商品并提供客户服务

平台承诺配送商品全国快速到达，确保商品及时、快速地配送到买家手中。平台按订单收取配送费，并为客户提供订单的跟踪信息，为买家提供7天内全天24小时的客户服务，让卖家售后无忧。

选择亚马逊全球物流，买家可以享受以下服务。

- 超过120个城市支持"当日达"或"次日达"。
- 支持快递上门，预约配送、晚间配送等多种送货方式。
- 可通过在线退换货中心轻松办理上门退换货。
- 可预知订单配送时限，实时查看跟踪订单。
- 支持货到付款。

选择亚马逊全球物流，卖家可以享受以下服务。

- 提升产品展示：使用亚马逊物流的商品在全站的各类页面都将提高展示，包括搜索页、浏览页、亚马逊自动推荐、产品详细页等。
- 支持包括货到付款在内的七种支付方式。
- "亚马逊物流"商品将有机会参加亚马逊的Z秒杀，帮助卖家瞬间提升商品销量。
- 提升转化率：使用"亚马逊物流"商品订单的转化率是自配送订单的3～4倍。
- 商品全国覆盖：卖家仅需就近入仓，亚马逊自动将库存智能地分配到全国各仓库。
- 商品快速送达：全国120多个城市当日达，1400多个城市和区县次日达。
- 不间断客服：为顾客提供7天内全天24小时的专业客服支持，让卖家售后无忧。
- 跨渠道运营：其他电商渠道的订单可以使用多渠道配送服务来完成配送。
- 不再为促销季而苦恼："亚马逊物流"365天全年无休。
- 免去基础设施投入：运营中心覆盖全国，先进的运营系统对卖家的库存动态管理。
- 节省人力成本：无需花钱雇人处理订单、拣货、包装和发货。
- 配送成本合理：全国统一价，偏远地区不加价。

亚马逊以优质的仓储物流系统和售后服务体系闻名于世，在自营业务的基础上还对第三方卖家开放。亚马逊的最大优势在于其品牌的国际影响力和优质的卖家服务体系，是面向世界的"最以客户为中心的企业"。

3.2 速卖通

全球速卖通是阿里巴巴旗下面向全球打造的在线交易平台。速卖通是旨在助力中小卖家及企业消除国际终端批发零售环节，小批量、多批次快速销售，用于拓展利润空间而打造的，融合订单、支付和物流于一体的外贸在线交易平台，被广大卖家称为国际版"淘宝"。

3.2.1 速卖通平台简介

全球速卖通于2010年4月上线，与国内的C2C淘宝、B2B 1688、B2C天猫商城，以及B2B阿里国际一起均隶属于阿里巴巴集团。全球速卖通面向海外买家，通过支付宝国际账户进行担保交易，并使用国际快递发货。全球速卖通以互联网为基础，通过缩短和优化外贸商品供应链，来帮助中国商家开拓市场，以获得更多的利润。经过多年的迅猛发展，全球速卖通覆盖220多个国家和地区的海外买家，涉及服装服饰、3C、家居和饰品等行业类目，在线商品数量达到亿级，每天海外买家数以万计，交易额年增长速度持续超过300%~500%。

速卖通平台具有市场大、佣金低等优势，如图3-27所示。

图3-27　速卖通平台的四大优势

鉴于平台的快速发展，全球速卖通2017年年度类目招商准入申请的基础条件发生了改变，主要表现为平台关闭个人账户，转为企业账户的申请入口，所有新账户必须以企业身份注册认证。目前，平台暂不接受个体工商户的入驻申请，并且一个通过企业认证的会员仅能拥有六个可出售商品的速卖通账户。另外，平台对所有类目开始执行商标化，即要求商家新发产品的"品牌属性"必须选择商标。而且对于在线产品的"品牌属性"，卖家可分批次进行修改。

目前，速卖通暂不接受未取得国家商标总局颁发的商标注册证或商标受理通知书的品牌开店申请。2017年5月，速卖通开启经营类目审核制招商，主要包括服装服饰、箱包鞋类、精品珠宝、护肤品、美容健康、母婴/玩具、家居/家具、家装/灯具/工具、家用电器、运动鞋服、骑行/渔具、乐器、手机配件/通信、电脑/办公、消费电子、安防、电子烟以及汽车摩托车配件，其余经营大类已经实行封闭邀约制。

经过统计分析，速卖通平台的经营类目具有以下特征。

（1）体积较小：便于以快递方式进行运输，降低国际物流成本。

（2）附加值较高：适合单件销售，也可以通过打包出售来降低物流成本占比。

（3）产品独特性：产品独具特色，有助于刺激买家的购买欲，提升交易业绩。

（4）价格合理：在线交易价格与当地同类产品市场价相比有竞争力，才会促使买家由产品关注到放入购物车，直至付款生成订单。

从形式上讲，阿里巴巴国际站属于跨境B2B电子商务平台，为入驻平台卖家提供产品信息发布和展示的平台，吸引海外买家在国际站上采购样品，买卖双方采用"在线"或"线下"的方式进行价格商议，然后确认订单；而速卖通属于跨境B2C电子商务平台，要求入驻卖家标明产品的价格，支持第三方担保支付以及国际快递发货，适合支持国际快递的中小订单交易。

3.2.2 平台注册及体验

全球速卖通的首页如图3-28所示。

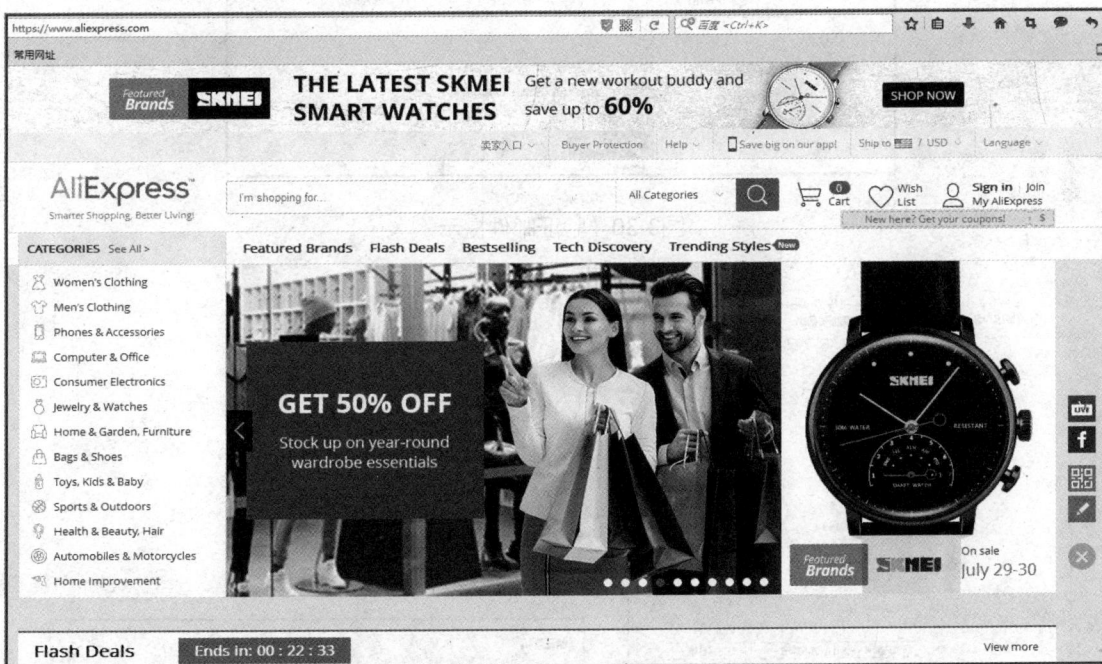

图3-28 速卖通首页

企业入驻平台的注册流程是：单击图3-29（a）中的"卖家入口"→"卖家频道"，并单击显示页面中的"立即入驻"按钮，或者单击图3-29（b）中的"Join Free"按钮，也会进入注册页面。然后，卖家按照提示填写电子邮箱，选择同意平台协议，单击"下一步"按钮，会收到验证邮件发送至电子邮箱的提示，如图3-30所示。然后，前往电子邮箱，单击验证链接完成注册并跳转到账号信息填写页面，如图3-31所示。填写完账号信息后，单击"确认"按钮进入手机验证码输入页面，如图3-32所示。输入手机收到的验证码，单击"确认"按钮即可完成账户注册，如图3-33所示。

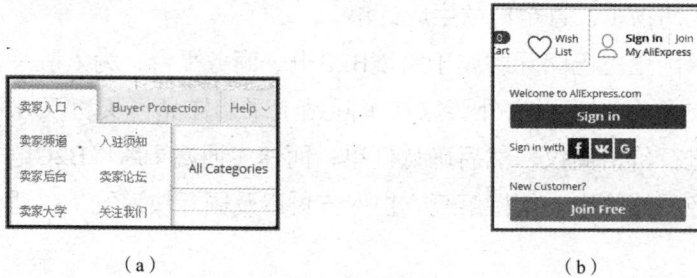

（a）　　　　　　　　　　　　　　（b）

图3-29　平台注册入口

图3-30　验证邮件提示

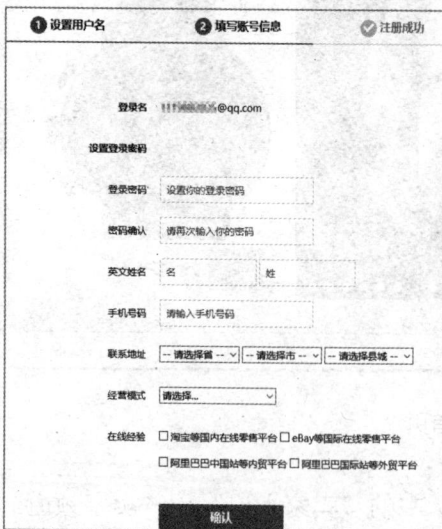

图3-31　账号填写页面　　　　　　　图3-32　手机验证码确认页面

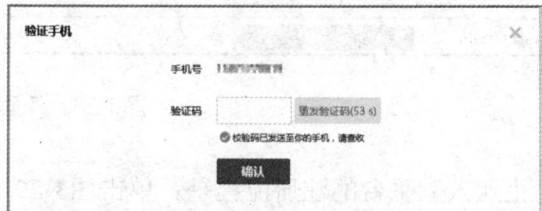

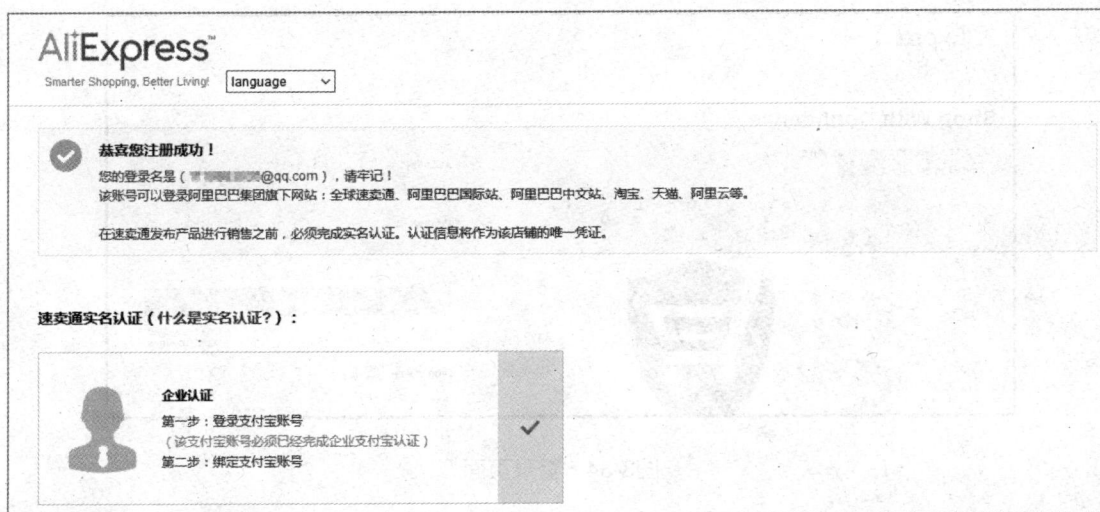

图3-33　注册成功页面

　　完成上述步骤后，平台会提示商家注册成功。但是，卖家还需要进行实名认证，即进行支付宝的登录和绑定页面；绑定成功后，进入资料填写和审核阶段。待资料审核通过后，进入经营类目资质审核，经过速卖通客服人员的核实及确定后，才能成功注册为平台会员。

　　从2017年起，平台要求企业提交如下资料且要求真实。入驻商家需要提交的资料包含：加盖公章的营业执照副本复印件，加盖公章的组织机构代码证复印件，授权通知书或是商标注册证复印件，银行开户许可证复印件，支付宝授权书等。此外，注册商标如果是个人，还需要提交本人身份证复印件。

　　平台会员的经营类目需要通过平台的审核。审核通过后，需要缴纳类目技术服务年费。每个速卖通账号只允许选取一个经营类目，不同的经营类目需要缴纳的技术服务年费不同。卖家缴纳年费之后，即可开通店铺。

3.2.3　平台操作流程

　　入驻速卖通的卖家在图3-34所示的登录页面中输入正确的账号信息后，进入卖家后台页面，如图3-35所示。

　　后台提供了产品管理、交易、站内信、商铺管理、账号设置、营销中心和数据纵横等功能。速卖通平台操作流程包含注册认证、产品上架、交易管理、包装发货、收货确认和卖家收款，如图3-36所示。

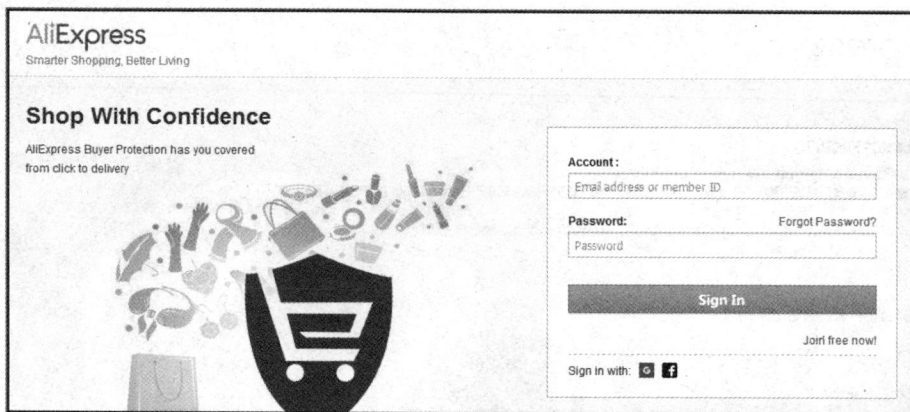

图3-34　登录页面

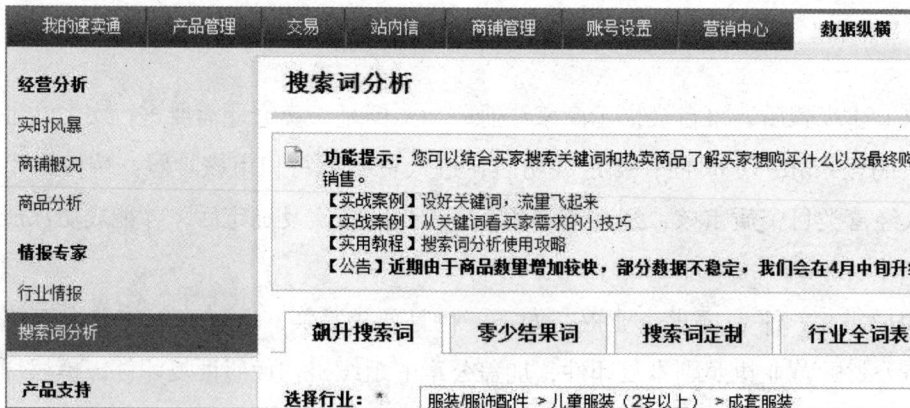

图3-35　卖家后台页面

图3-36　平台操作流程

下面详细介绍相对重要的产品上架、交易管理和包装发货流程。

1. 产品上架

产品上架是商家运营店铺的首个环节。要想实现产品高质量地上架，应该做到以下几点。

（1）产品属性填写率。商家必须完整且正确填写产品的所有属性，如图3-37所示。部分商家对产品了解不全面，于是放弃了一些产品属性的填写，这种做法既不利于产品优化，也会影响产品的曝光率。

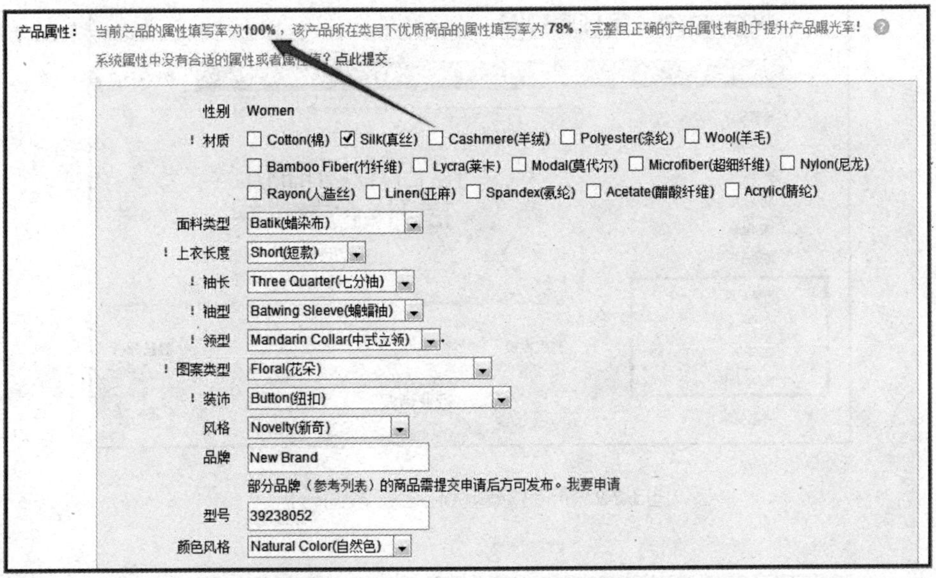

图3-37　产品属性填写示例

（2）产品自定义属性。优质产品往往会有更多的补充属性，建议卖家根据产品特点适当补充自定义属性，如产品颜色、尺寸等，如图3-38所示。

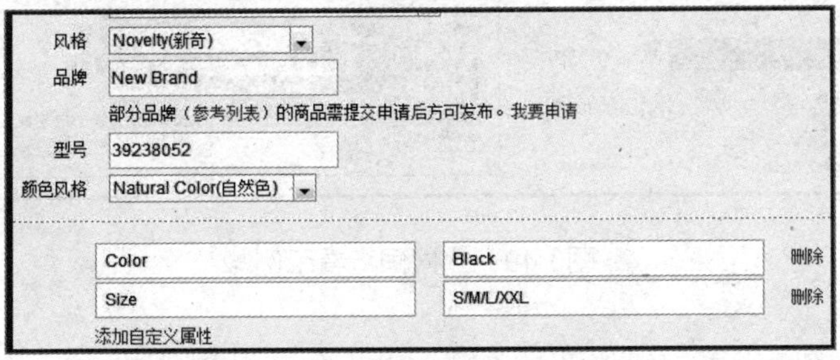

图3-38　产品自定义属性填写示例

（3）产品标题和图片。产品标题的好坏对产品曝光率有着直接的影响。建议卖家借鉴平台"数据纵横"→"商机发现"→"搜索词分析"模块查看热门关键词并优化产品标题，如图3-39所示。具体操作是：单击图3-39中的"搜索词分析"，选择经营类目，单击"确定"按钮就会看到该经营类目的平台搜索词有哪些，如图3-40所示。其中，搜索词分为热搜词、飙升词和零少词三类。热搜词指经营类目下最热门的搜索关键词，是卖家进行关键词优化的主要参考依据。飙升词是指平台最近一段时间内上升幅度比较大的词，这类词随季节的变化而变化，具有典型的季节性。零少词是只存在少量买家去搜索的词，虽然零少词的搜索频率不高，但是若这些关键词与刚发布的新产品有关，则应当引起商家的关注。

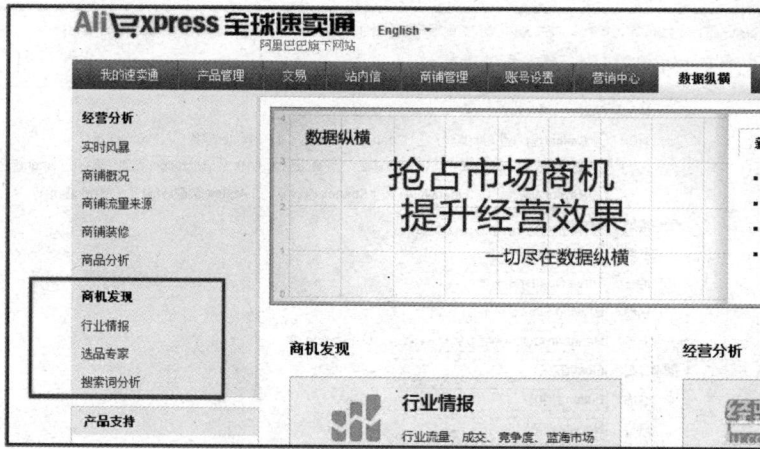

图3-39 产品标题优化之搜索词分析

图3-40 热搜词查看示例

为了增加产品的曝光率，建议产品关键词为一个热门关键词、一个飙升词和一个零少词的组合。同时，为了保证买家有良好的购物体验，产品图片要确保高清晰度、数量最好为6张，如图3-41所示。

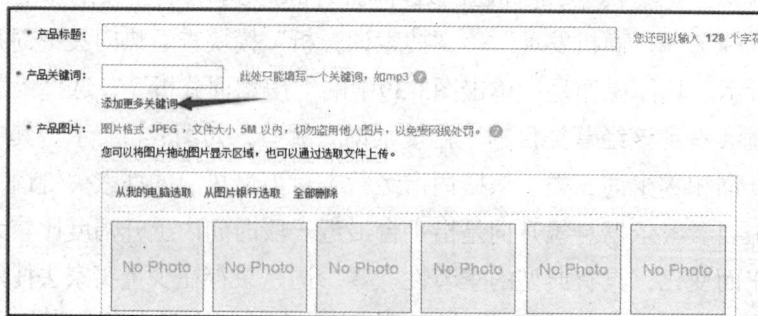

图3-41 产品基本信息设置

（4）产品细节。产品细节包括产品的尺寸、颜色以及发货期等细节，如图3-42所示。其中，"发货期"在一定程度上能够反映卖家的服务质量和水平。建议发货期符合买家所在地区的可接受范围。

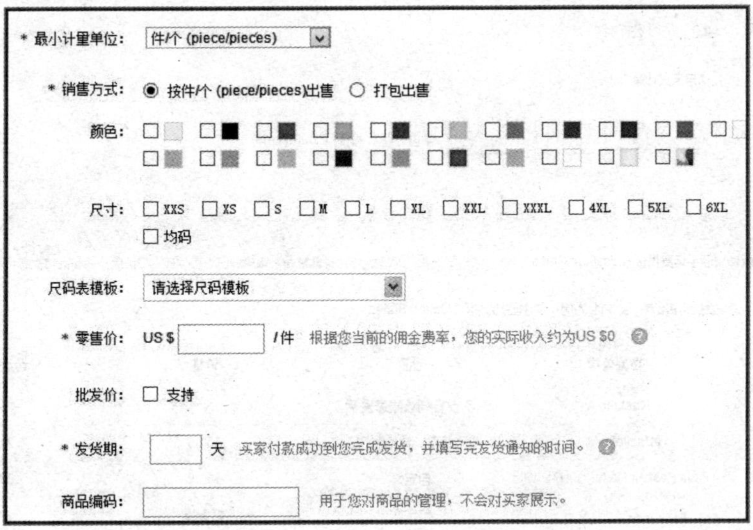

图3-42　产品细节填写示例

（5）产品详细描述。产品详细描述是客户了解产品详细信息的重要模块，建议商家尽可能补充，强调产品的颜色、尺码、材质及发货期等细节，如图3-43所示。另外，建议卖家对产品标题进行有针对性的解释，以加深买家的印象。

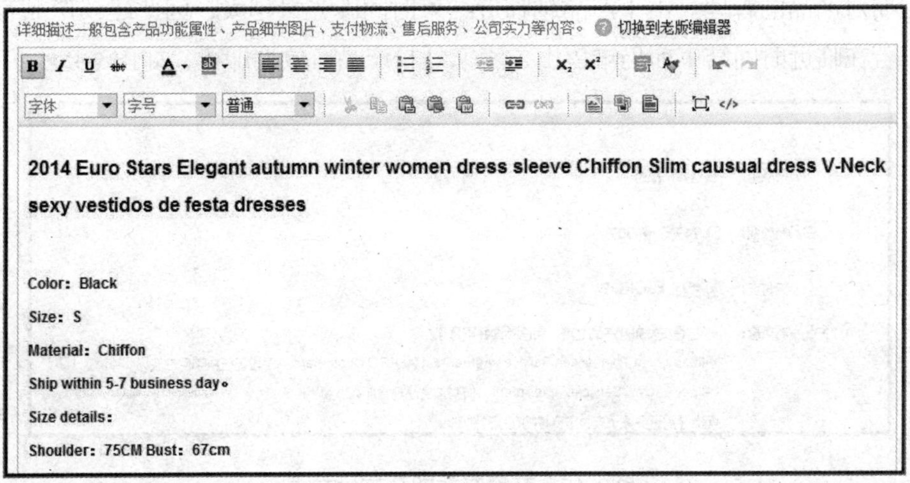

图3-43　产品详细内容填写示例

（6）包装快递。鉴于卖家对产品的重量及包装信息不能做到百分百精确，因此建议写一个大概即可，如图3-44所示。因为部分买家对产品重量非常在意，所以，产品重量的填写务必谨慎，尽量减少麻烦。

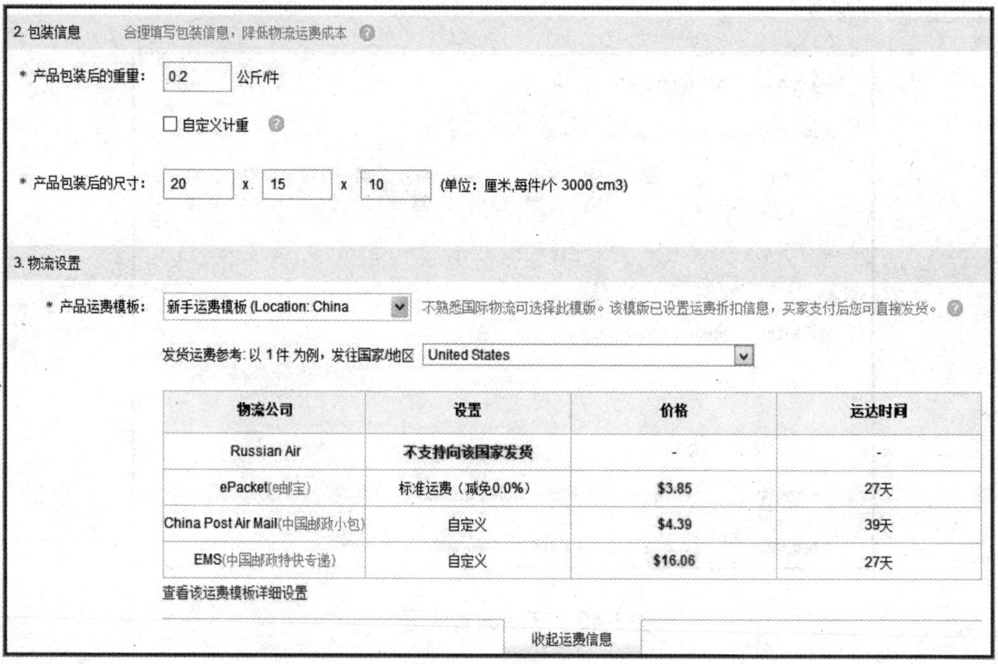

图3-44　包装快递信息填写示例

（7）产品其他信息。选择正确的产品分组既方便后期买家在店铺中查找产品，也便于卖家后期对产品的管理。由于产品越临近结束时间曝光量越大，因此建议产品有效期选择14天。若在临近时间结束前仍未售出，卖家延长产品有效期即可，如图3-45所示。

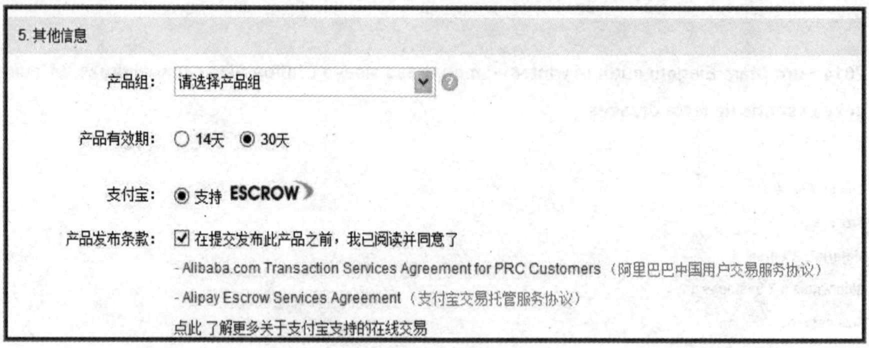

图3-45　产品有效期及支付方式

在完成上述操作步骤后，即可进行产品提交，如图3-46所示。卖家在24小时后可以检查产品的审核情况；若审核通过，买家就可以在前台找到发布的产品了。

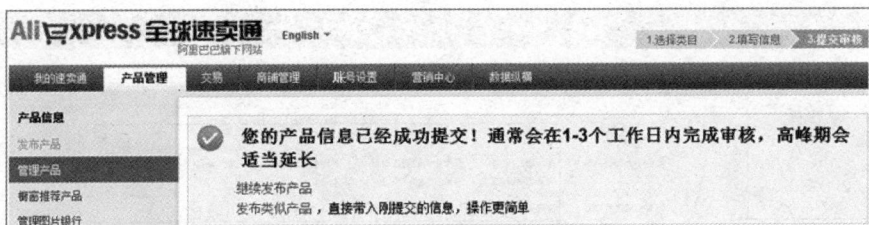

图3-46　产品提交等待审核

2. 交易管理

对于买家而言，确定拟购买的产品后，在产品详细信息页面单击"Buy Now"按钮，如图3-47所示，进入订单创建页面并填写订单，单击"提交"按钮即可生成订单。对于卖家而言，速卖通平台的"交易管理"模块与订单的关系最为密切。"交易管理"模块包含管理订单、物流服务、资金账户管理、退税服务和交易评价管理五个功能，如图3-48所示。在"交易管理"首页，平台会自动显示"特别关注：今日新订单""等待您操作的订单"等信息，提醒卖家关注。

图3-47　买家下订单

单击"管理订单"→"所有订单"，可以查看店铺运营以来的所有订单。单击"管理订单"→"退款&纠纷"，可以查看所有纠纷订单。单击"管理订单"→"订单批量导出"，可以批量导出最近3个月的订单信息，显示如图3-49所示。

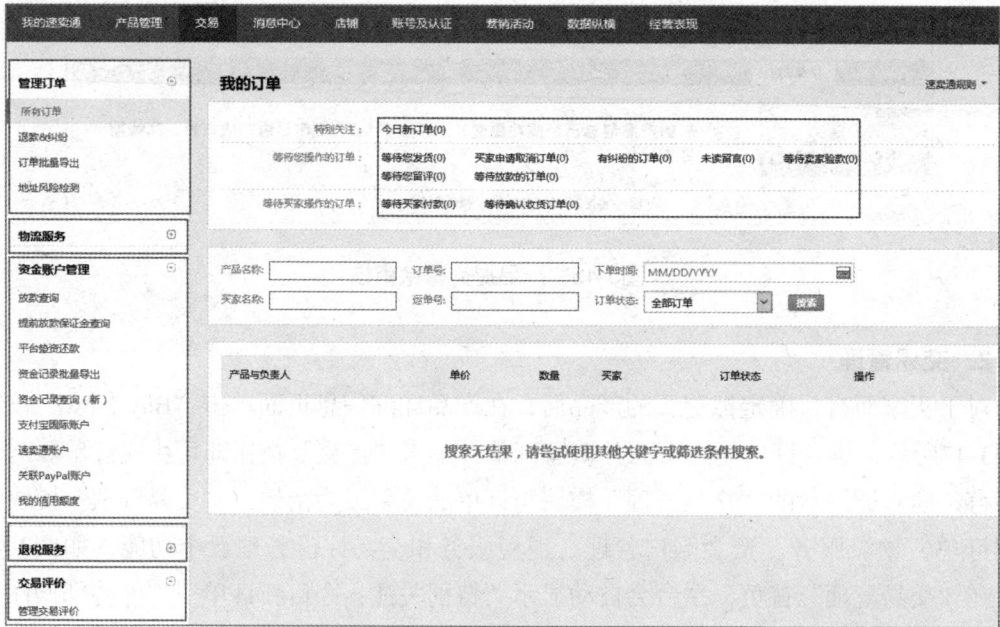

图3-48　后台交易管理模块首页

图3-49　订单批量导出页面

由于买卖双方的需求沟通可能会变化，产品价格有可能会随之发生改变，若买卖双方商定的价格与产品标明的价格有所出入，可以在"进行中的订单"页面中选择相应的订单，单击"调整价格"按钮，如图3-50所示，进入订单详情页面。在订单详情页面，卖家可以对产品的折扣信息、订单金额等进行修改，如图3-51所示。但是，若买家已经付款，则卖家无法再调整交易价格。

图3-50　订单详情页面

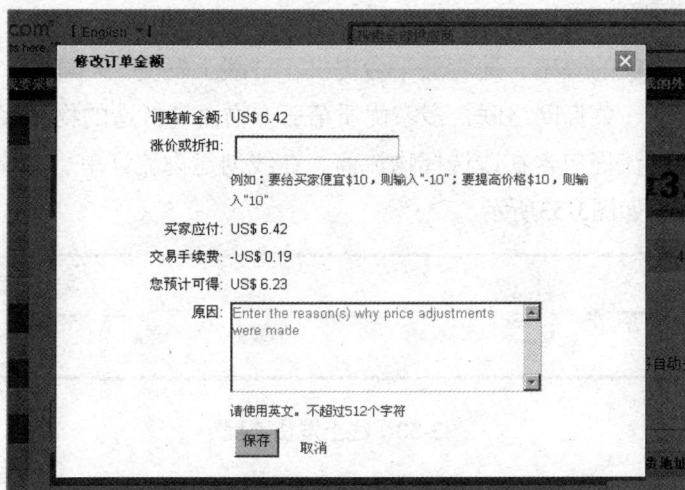

图3-51　调整订单金额

卖家须注意，买家付款24小时后货款才到账，因此卖家应该在货款到账后发货。相应地，买家下单后若商家长时间没有发货，可以提出退款申请。如果此时卖家已经发货但没来得及填写物流单号，需要和买家认真沟通。

这里涉及买家付款的流程，即买家创建订单之后会进入付款页面。在速卖通平台上，买家可以选择Moneybookers、信用卡、借记卡、TT汇款中的任意一种支付方式，单击Pay My Order进行支付。其中，Moneybookers是一家有较强竞争力的网络电子银行，它诞生于2002年4月，是英国伦敦Gatcombe Park风险投资公司的子公司之一。TT汇款是T/T Reimbursement Clause的简称，即银行间电汇索偿条款。TT汇款以外汇现金方式结算，由买家将款项汇至卖家指定的外汇银行账号内。

若买家支付成功，卖家在后台单击"交易"→"管理订单"→"进行中的订单"可以查看到"等待您发货"的订单信息；若买家支付失败，卖家会看到"等待买家付款"的订单信息，具体如图3-52所示。若买家超过20天未付款，平台会自动取消该订单。

图3-52　等待发货和等待买家付款的示例

3. 包装发货

为了提高卖家物流的效率，速卖通平台提供了"线上发货"功能。"线上发货"是由阿里巴巴全球速卖通、菜鸟网络联合多家优质第三方物流商打造的物流服务体系。

"线上发货"的流程包含在线选择物流商、在线创建物流订单、交货给物流商和在线支付运费四个步骤，如图3-53所示。

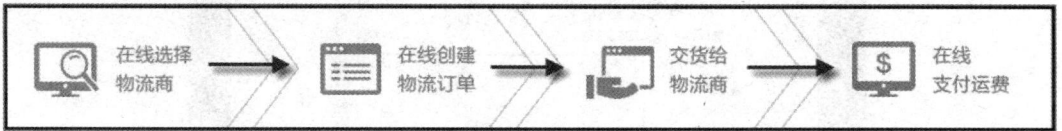

图3-53　线上发货流程

线上发货流程在保护卖家权益方面的优势主要表现为以下三点。

（1）物流问题赔付保障。阿里巴巴作为第三方将全程监督物流商服务质量，保障卖家权益。一旦发生物流问题，卖家能在线发起物流维权并获得赔偿。

（2）平台网规认可。"全球速卖通平台信息发布规则"简称为"网规"。线上发货且成功入库的包裹，必须得到平台网规的认可。经过平台网规认可，买卖双方均可在平台查询物流追踪信息。卖家一旦在后续物流中遇到投诉，无须再提交发货等相关物流跟踪信息进行证明。

（3）规避物流低分，提高账号表现。采用线上发货的物流方式引发"纠纷提起""仲裁提起"等问题时，平台会对该笔订单的相关责任进行免责。

线上发货流程的优势主要有以下两点。

（1）运费低、支付方便。采用线上发货的卖家可享受平台卖家专属合约运费，低于市场价，即使只发一件也享受折扣。此外，卖家国际支付宝账户未结汇买进也能付运费，非常便捷。为了便于卖家对账，卖家还能下载运费电子账单。

（2）渠道稳定、时效快。平台直接与中国邮政、西班牙邮政等物流供应商对接，安全可靠。平台数据显示，线上发货上网时效、妥投时效高于线下。最重要的是，一旦因物流商的原因导致在承诺时间内未妥投而引发限时达纠纷，纠纷赔款由物流商承担。

平台合作的物流供应商信息简单介绍如下。

（1）EMS：主要强项在于东南亚和欧洲，可直接到达全球60多个国家和地区。运费价格一般，货运时间为5～8天，可在线查询物流进度，适用于对货运时间要求不高、货物体积较大、注重运费成本的产品。

（2）UPS、DHL、Fedex和TNT：其中，UPS是世界最大的快递公司，强项在于美洲和日本线路。DHL是欧洲最大的快递公司，强项在于欧洲、西亚和中东地区。Fedex强项在于东南亚、美国和加拿大。TNT是荷兰最大的快递公司，强项在于西欧。这几个快递公司的特点是运费较高，货运时间为2～5天，可在线实时跟踪物流配送情况，适用于对货运时间有要求、追求质量和服务的配送产品。

（3）邮政航空包裹。这种方式是将货物发往国外或地区外，货物到达买家所在国家或地区之后，通过当地的邮政系统送达到买家手中。特点是运费便宜，时间7～14天，需要挂号才可以在线跟踪查看物流信息，适用于对运费成本比较敏感、货物价格不高或体积较大的配送产品。

"线上发货"的操作简单、便捷，具体操作流程如图3-54所示。

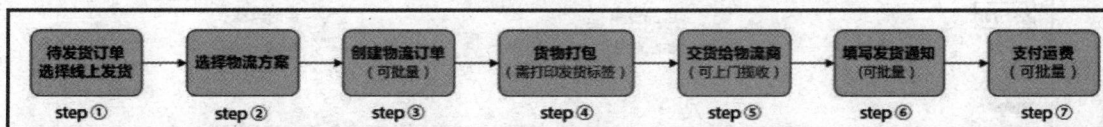

图3-54　完整的线上发货流程

买家在卖家允诺的发货期内收到货物后，对货物进行验收。若无异议，买家在平台确认收货后，向卖家确认订单款项，如图3-55所示。同时，当物流妥投和买家确认收货两个条件均满足时，平台会对卖家进行放款，这时订单款项才会流入卖家账户。

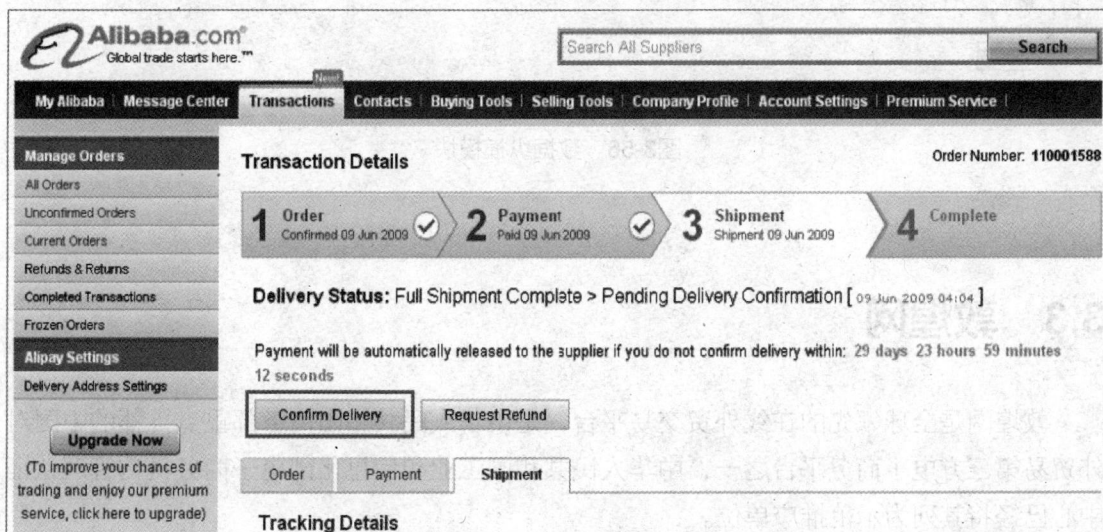

图3-55　买家确认收货

速卖通平台提供了"数据纵横"数据分析模块，帮助卖家进行商情分析，以更好地提升经营效益。"数据纵横"模块包含经营分析和商机发现等多个子模块，如图3-56所示。

通过"数据纵横"的数据统计和分析，卖家能够获取想要的准确信息。数据信息主要包括产品选择、产品曝光、店铺成绩等。

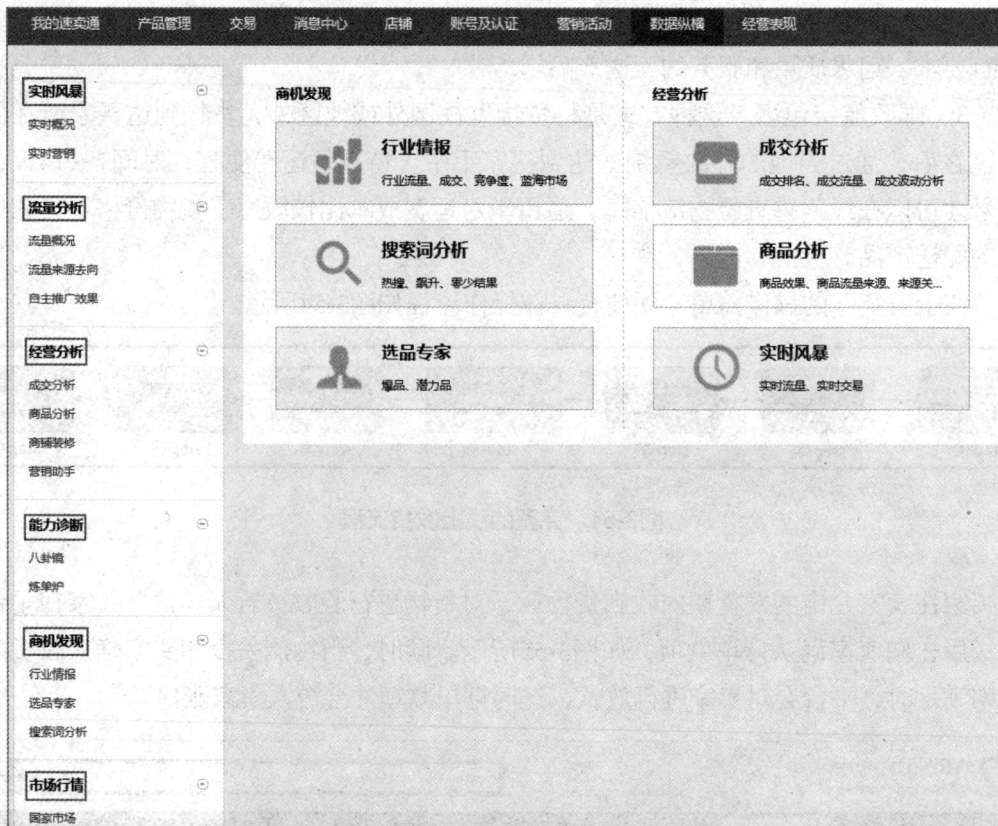

图3-56　数据纵横模块

3.3　敦煌网

敦煌网是全球领先的在线外贸交易平台，是中华人民共和国商务部重点推荐的中国对外贸易第三方电子商务平台之一，中华人民共和国工业和信息化部电子商务机构管理认证中心已经将其列为示范推广单位。

3.3.1　敦煌网平台简介

敦煌网成立于2004年，其创始人王树彤是中国最早的电子商务行动者之一，他通过研究捕捉到，国外中小采购商通常没有充足的资金参加各种大型展会，不愿负担"搜索竞价排名"费用，希望绕过中间商的"盘剥"直接与供应商交易这一现象，于是将敦煌网定位为"在线交易和供应链服务平台"。

敦煌网是国内首个聚集中国众多中小供应商的产品，为国外众多的中小采购商有效提供采购服务的全天候国际网上批发交易平台。敦煌网致力于帮助中国中小企业通过跨境电子商务平台走向全球市场，开辟一条全新的国际贸易通道，让在线交易变得更加简单、更加安全、更加高效。

作为国际贸易领域B2B电子商务的创新者，敦煌网充分考虑了国际贸易的特殊性，融合了新兴的电子商务和传统的国际贸易，为国际贸易的操作提供专业有效的信息流、安全可靠的资金流以及快捷简便的物流等服务，是国际贸易领域一个重大的革新，掀开了中国国际贸易领域的新篇章。作为全球在线外贸交易平台，敦煌网目前每1.6秒便产生1笔订单，每小时约有10万买家在线，已实现140多万家中国供应商在线，4000万种商品，覆盖全球230个国家和地区的1000万买家，11种外语进行多语言运营覆盖。

区别于阿里巴巴、慧聪网、环球资源网等的信息服务平台模式，敦煌网以交易服务为核心，在免费为买卖双方提供信息发布平台的基础上，提供物流、支付和翻译等服务，通过整合产业链，为买卖双方顺利完成在线交易提供支持。敦煌网摒弃了传统的卖家付费模式，有别于阿里巴巴开创的"按年收取会员费"模式，创新地推出买家按交易金额付费的动态佣金模式。模式上的创新，降低了跨境贸易的交易成本，满足了中小买家的需求，从而开辟出一片蓝海。

敦煌网将跨境交易中的各个环节纳入自身的服务体系。在物流方面，与UPS、DHL、EMS等大型物流公司实现后台数据对接，即买家下单后，系统会自动通知物流供应商取货。在支付方面，敦煌网与PayPal、Global Collect等国际第三方支付平台建立战略合作伙伴关系，买家先付款到这些支付平台，收到产品并验收满意后，再通知敦煌网将货款转到卖家账户，保证在线交易的资金安全。在沟通方面，敦煌网建立了免费翻译平台，为买卖双方扫除了语言沟通上的障碍。这种基于专业化分工的整合，将买卖双方从繁杂的交易过程中解放出来，使得复杂的跨境贸易变得相对简单。

在面对亚马逊、阿里巴巴占据市场的今天，敦煌网凭借其独特的盈利模式，依然可以成为许多外贸中小企业的首选，这是因为它具有如下的核心竞争力。

（1）推荐位竞价投放系统。推荐位竞价投放系统是为广大卖家开发的一种提升卖家产品关注度的全新工具。无论是刚注册新商家，还是荣登大卖家之位的入驻商家，都可以通过竞价系统享有产品优先展示的机会，通过竞争优势位置助推优先成单。

（2）个性化定制服务。致力于为"中国制造"的卖家提供强大的促销支持，提高成单量，并满足更多海外买家的需求。

（3）自定义运费。提供卖家自助制定运费的方式，使产品运费更具竞争力，助力赢取订单。

（4）新增运输方式。允许卖家新增运输方式，提升产品竞争力，获取买家青睐，提高获取订单的机会。

（5）替客户拼单砍价。拼单砍价是平台为节省顾客成本，以"团购"形式进行产品砍价到快递拼团，这是敦煌网的核心工作。

敦煌网的优势主要有以下几项。

（1）产品上传免费。产品免费上传能够吸引更多的中小卖家进行尝试。

（2）拼单砍价。平台将大量的需求汇集起来去和供应商谈最低折扣，帮助客户节省更多的成本，有效提升了客户与平台之间的黏性。

据PayPal平台的交易数据显示，敦煌网是在线外贸交易额中亚太排名第一、全球排名第六的电子商务平台，其在2011年的交易额达到100亿元规模。2016年12月，敦煌网发布《2016中国跨境电子商务（出口B2B）发展报告》。该报告指出，中国东部地区跨境电子商务行业发展迅猛，西部地区增长潜力可观；其次，发达国家仍为主要贸易伙伴，发展中国家崛起迅速；最后，敦煌网呼吁抓紧黄金五年，带领品牌掘金"网上丝路"。

3.3.2 平台注册及体验

敦煌网的首页如图3-57所示。

图3-57 敦煌网首页

　　企业入驻平台的注册流程是：单击图3-57右上方的Sign in→Join Free，或单击Sign in按钮进行登录。打算入驻敦煌网平台的中小卖家可以在敦煌网的"中小商家的快速外贸平台"上单击"免费注册"按钮，在显示页面中完成"填写商户信息""激活账户"和"开启赚美金之旅"步骤后，经过敦煌网客服人员的核实及确定后，才能成功注册为敦煌网平台的会员，如图3-58所示。

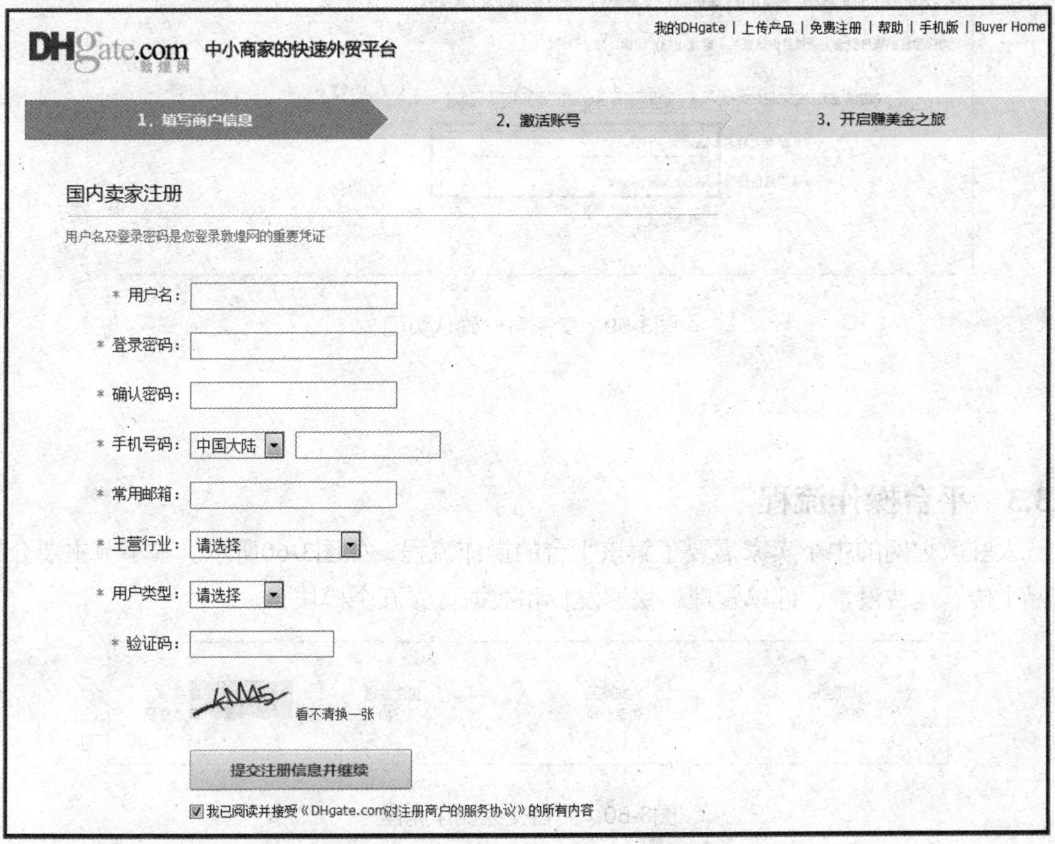

图3-58　敦煌网卖家注册页面

　　卖家在提交"商户信息"后，需要进行手机确认和注册邮箱的链接激活的操作，然后就可以完成商户注册。同时，为了保障网络交易的安全性，防止网络交易的欺诈行为，敦煌网需要入驻卖家进行身份确认，具体操作流程介绍如下。

　　（1）商户认证：登录敦煌网卖家后台，进入认证页面，选择认证类型，填写联系人姓名、身份证号，单击"开始认证"按钮，如图3-59所示。

　　（2）身份确认：卖家向平台上传、提交联系人手持身份证正面照片、反面照片。照片要求清晰、不含水印，且要求能看清楚身份证的个人信息和身份证号。照片格式为JPG格式，大小控制在2MB以内。

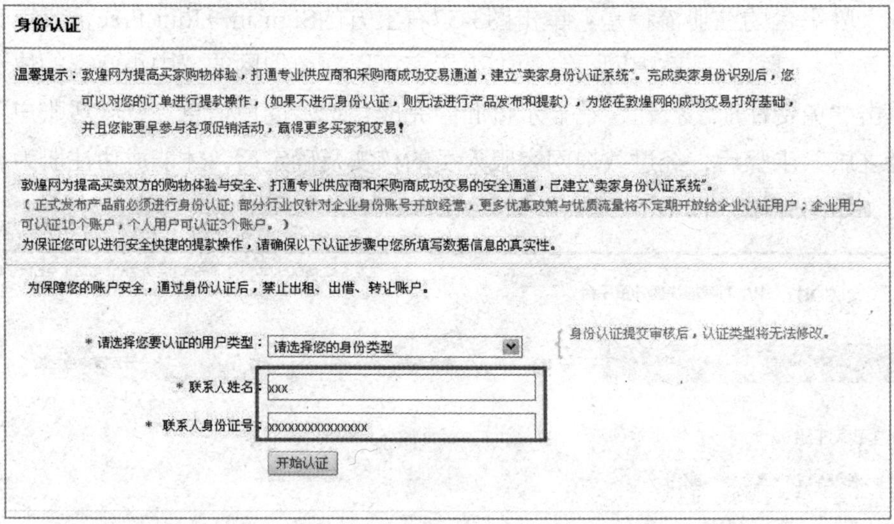

图3-59 卖家身份确认页面

3.3.3 平台操作流程

入驻敦煌网的中小卖家需要了解该平台的操作流程，如图3-60所示。本小节主要介绍产品上传、运费设置、订单管理、快速发货和数据智囊五个模块。

图3-60 平台交易操作流程

1. 产品上传

产品信息由文字和图片组成。详细的文字描述和清晰的图片可以更好地吸引买家的眼球。下面将以"婚纱"产品为例，讲解产品上传的详细步骤。

（1）单击后台导航"产品"，单击左侧"产品管理"菜单中的"添加新产品"子菜单，如图3-61所示。然后，单击"添加新产品"超链接，进入产品上传页面，选择"婚纱礼服"的产品类目，如图3-62所示。

（2）确定产品名称和关键词。产品标题最多可输入140个字符，标题要清楚、完整且形象，最好与产品关联度紧密、涵盖热搜词等。然后，填写产品基本属性，可包含产品的品牌、款式、尺寸、材质和颜色等信息，信息尽量填写完整，以全面展示产品，如图3-63所示。

图3-61　卖家后台界面

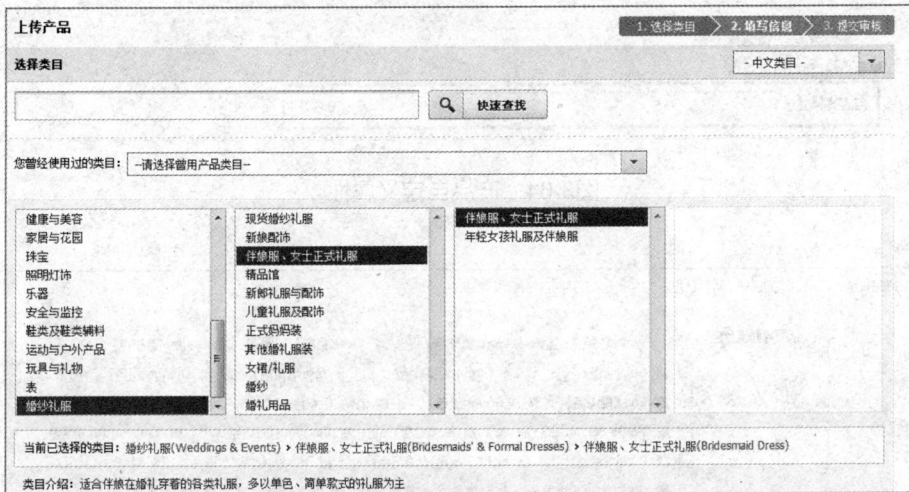

图3-62　选择产品类目

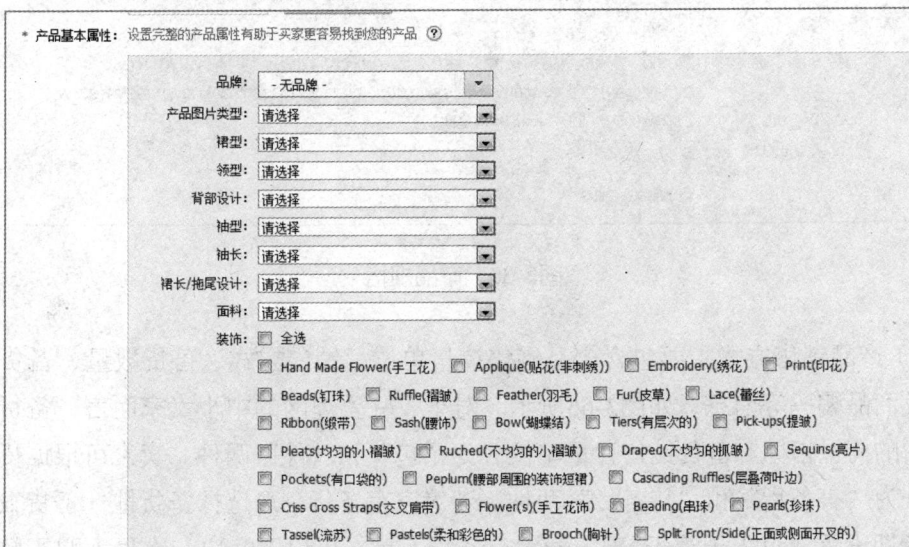

图3-63　产品基本属性

（3）若平台提供的属性不能满足需求，还可以添加自定义属性，如图3-64所示。若产品规格不同，则可设置不同的零售价。若平台提供的产品规格无法满足需求，卖家可增加自定义规格，如图3-65所示。

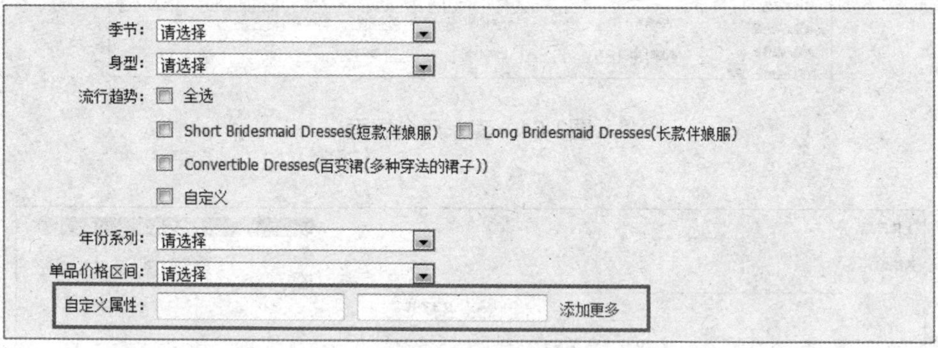

图3-64　产品自定义属性

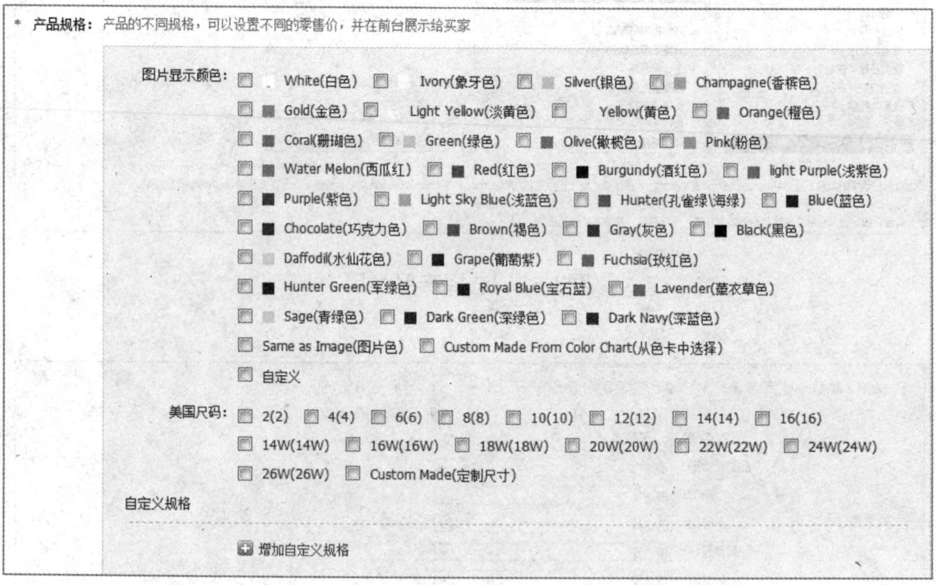

图3-65　产品规格

（4）产品销售方式主要包含产品销售计量单位、销售方式、备货数量、备货状态、备货期及商品编码等信息，如图3-66所示。对于入驻敦煌网的中小卖家而言，备货是一个有竞争力的衡量指标。备货销售计量单位分为"包"和"件"两种。卖家可根据货物的准备情况分为"有备货"和"待备货"两种。若卖家有备货，可选择备货地、备货数量等信息。备货期设置建议小于等于2天。若卖家备货不足，可设置客户一次最大购买数量，如图3-67所示。备货期可以设置1～60天。

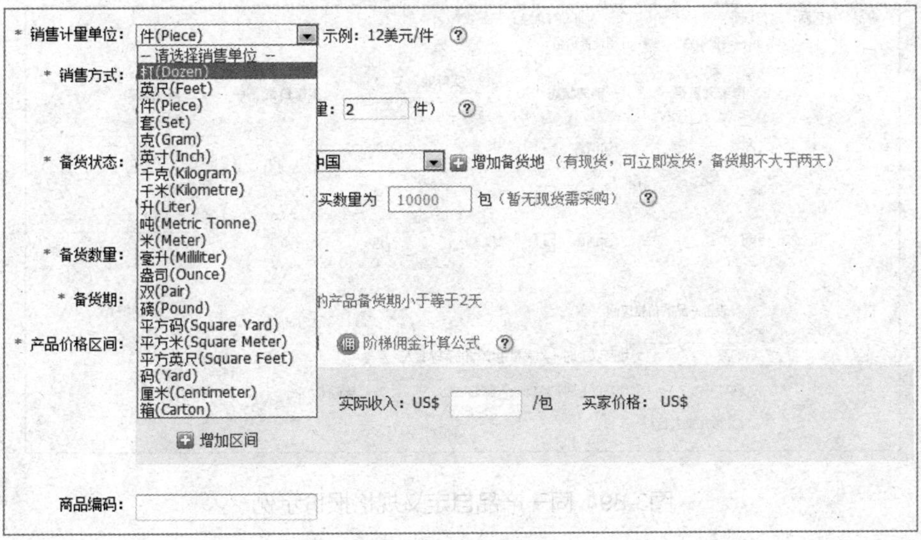

图3-66　产品销售等信息

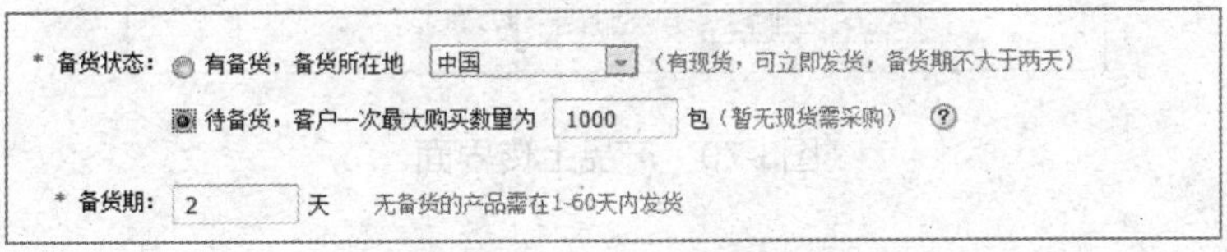

图3-67　备货设置示例

（5）产品价格区间。在敦煌网，针对同一产品的不同数量区间，卖家可以分别设置各个数量区间的不同报价，如图3-68所示。如果同一产品还有不同的规格，也可以对不同的规格在不同的数量区间设置各自的价格，如图3-69所示。

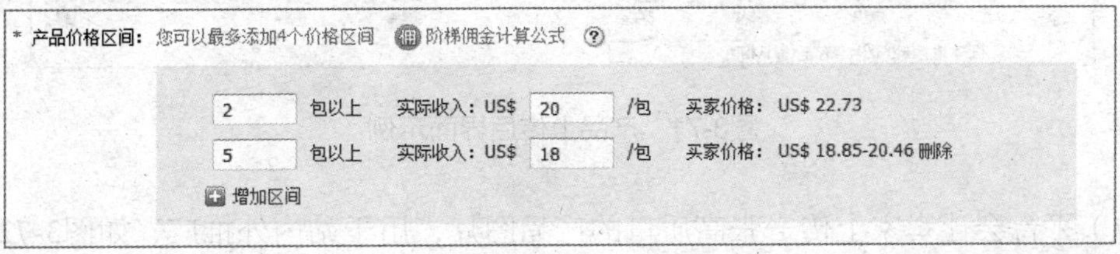

图3-68　产品价格示例

（6）产品图片。生动真实、清晰、多方位的产品图片能够提升产品的曝光量。平台规定，产品图片分为"本地上传"和"相册上传"两种方式，如图3-70所示。图片上传后，平台会自动生成水印，以防止他人盗用。上传的产品图片还可以删除，如图3-71所示。建议卖家尽量上传8张图片，有助于提高产品审核效率。

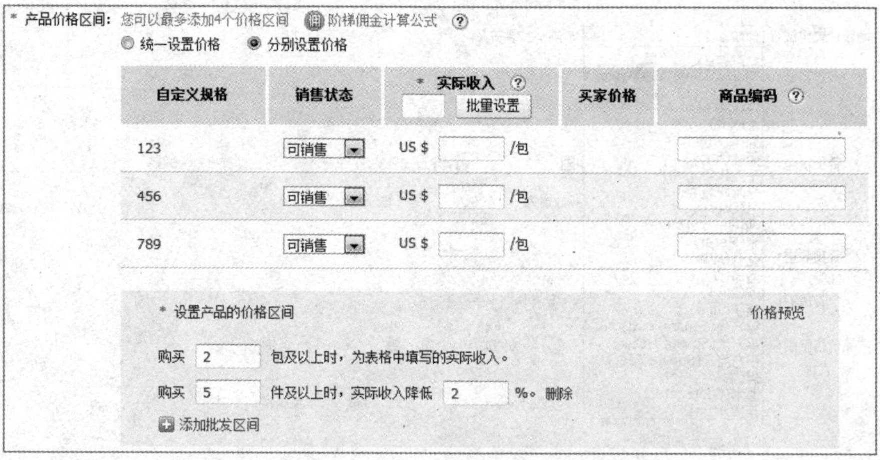

图3-69　同一产品自定义规格报价示例

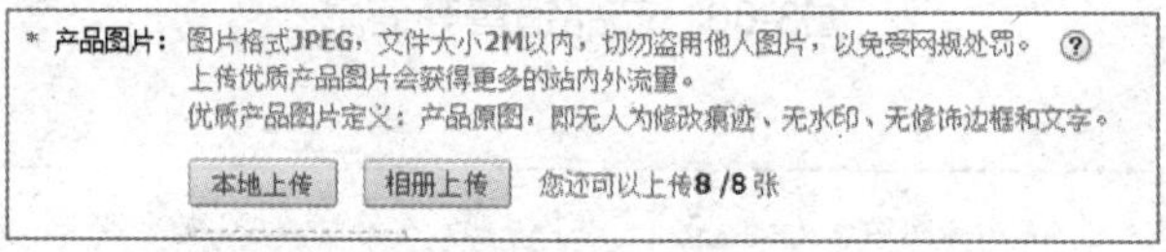

图3-70　产品上传界面

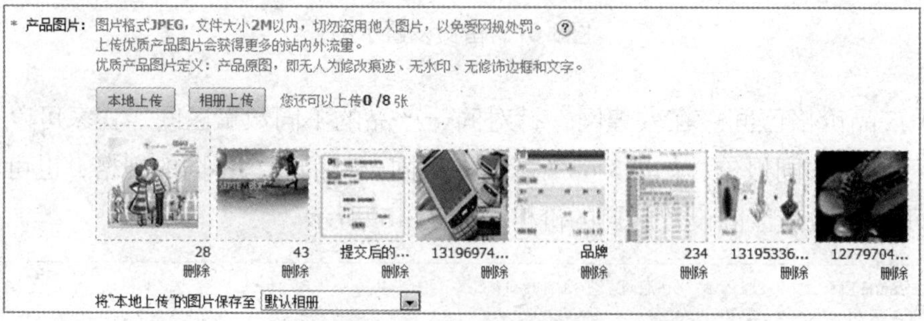

图3-71　产品上传后界面示例

（7）平台会让卖家上传一张高质量的产品图片，用于站内外推广，如图3-72所示。同样，平台也提供了产品分组功能，让卖家将同一类产品添加到同一个产品组，既有助于卖家管理产品，又便于买家有针对性地浏览产品。对于产品简短描述部分，建议加入买家的高频热搜词，如图3-73所示。

图3-72　站内外推广图片上传部分

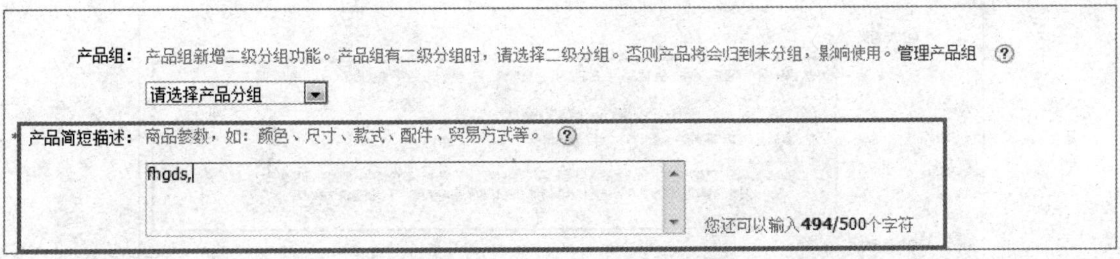

图3-73　产品分组及简短描述

（8）接下来需要撰写产品详细描述，如图3-74所示。在这一环节，建议设置买家关注的产品特色、功能、售后服务、包装及运输信息等，让买家对整个购买过程了然于胸。此外，还可以个性化展示店铺的专业性，推销相关产品等。卖家需注意，产品内容中禁止出现敦煌网以外的链接以及卖家任何形式的联系方式。

图3-74　产品详细描述部分

（9）产品详细信息填写完成后，开始进行产品包装信息的设置。单个产品包装设置单个包装的重量、尺寸等，如图3-75所示。考虑到部分产品的包装及重量不是完全等比于产品的数量，还存在产品包装重量比较大或体积比较小的产品，平台提供了自定义重量计算功能，如图3-76所示。

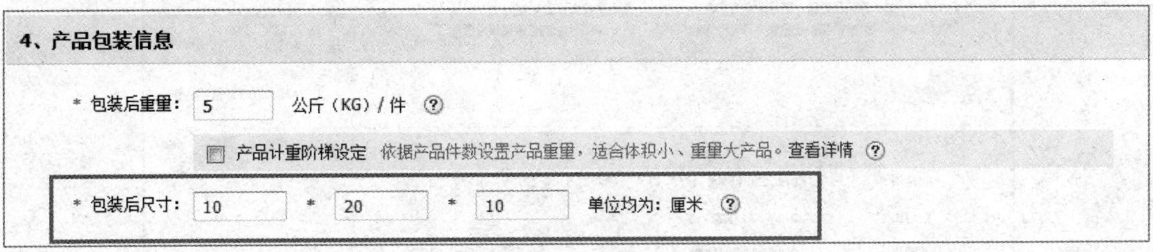

图3-75　单个产品包装填写示例

完成上述步骤后，选择相应的运费模板，即可完成产品的上传工作。

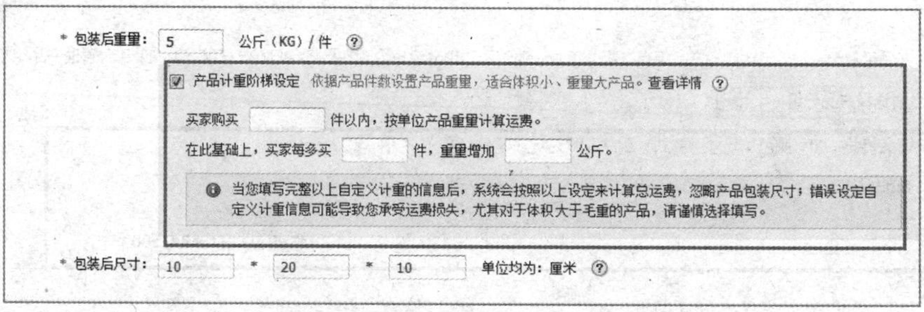

图3-76　产品包装自定义重量示例

2. 运费设置

如果敦煌网的卖家是第一次上传产品，需要创建一个运费模板。下面将具体讲解设置运费的操作步骤。

（1）打开运费模板。单击后台导航中的"产品"，单击弹出的菜单"运费模板管理"，如图3-77所示。在显示的运费设置页面，可以采用自定义模板或推荐模板的方式，对不同的物流方式进行运费设置，如图3-78所示。

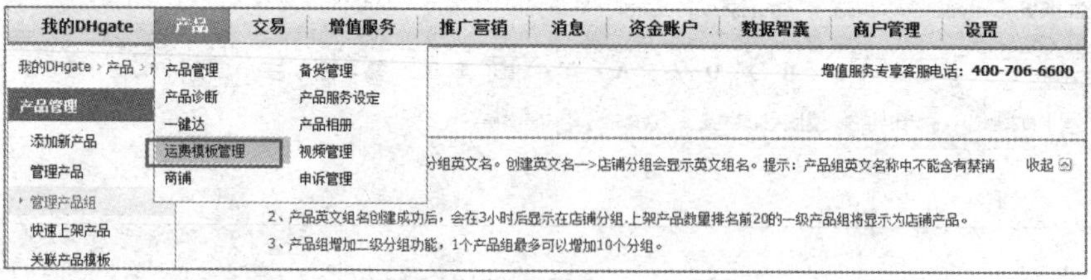

图3-77　运费模板管理入口

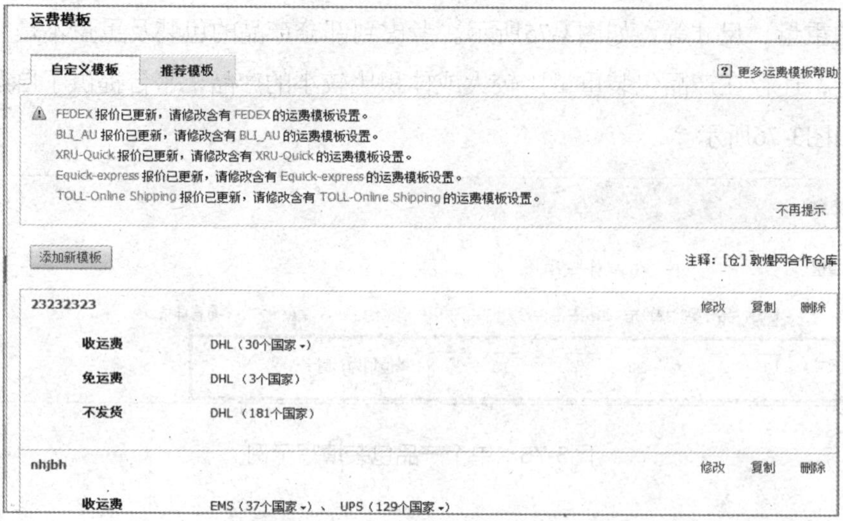

图3-78　运费模板设置页面

（2）设置运费。入驻敦煌网平台的卖家既可以选择平台提供的物流供应商，也可以选择线下物流商。通过操作，卖家可以选择并增加新的自定义运费模板，填写运费模板名称并设置物流方式，然后保存即可，如图3-79所示。

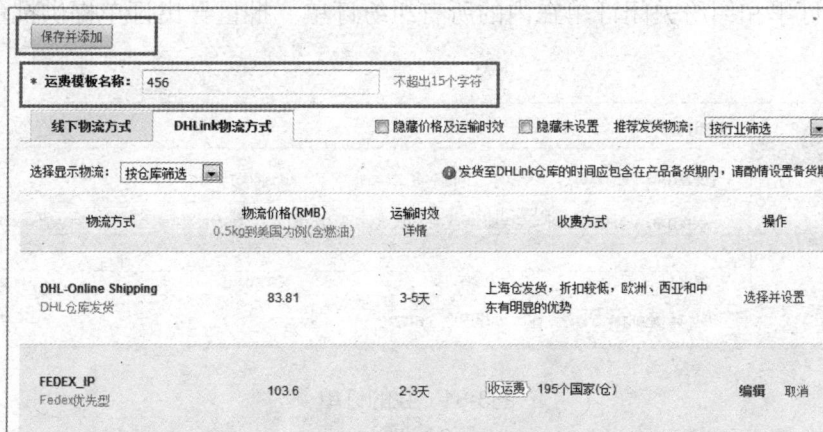

图3-79　设置自定义运费模板

3. 订单管理

卖家经过精心经营，最大的期望就是生成订单。接到平台的订单提醒后，订单处理的及时性能够展现卖家的专业性，给买家良好的购物体验。

登录敦煌网平台的卖家后台，显示在页面中央显要位置的就是订单管理，如图3-80所示。

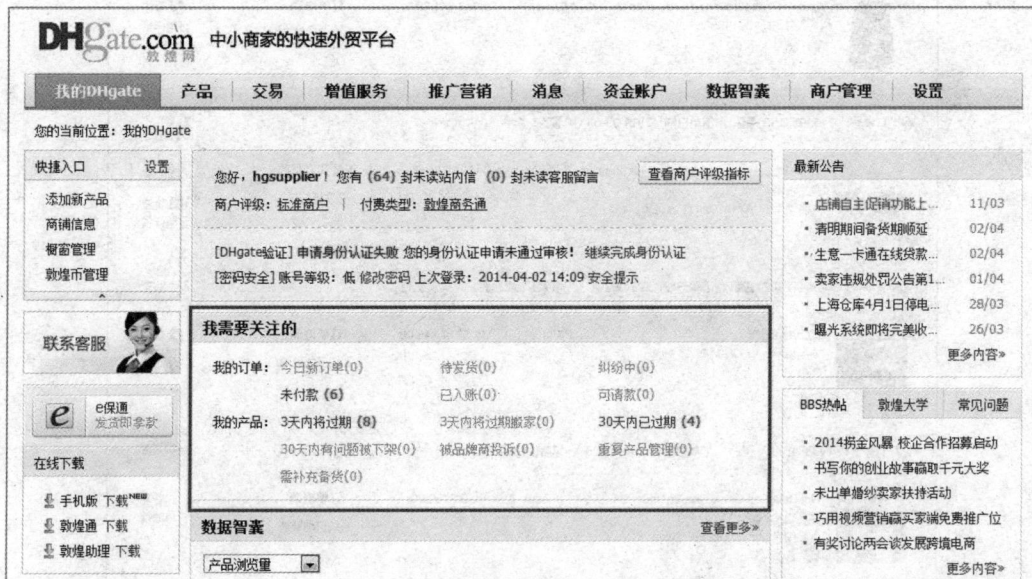

图3-80　后台页面中央的订单提醒

若要了解订单信息，单击导航中的"交易"，单击弹出的菜单"我的订单"，即可看到所有订单。"我的订单"共包含全部订单、纠纷订单和批量导出订单三个子模块，如图3-81所示。其中，全部订单包括待处理订单和关注订单在内的所有订单。纠纷订单包括纠纷中订单和纠纷关闭订单在内的所有纠纷订单。批量导出订单提供批量导出有关订单的功能。

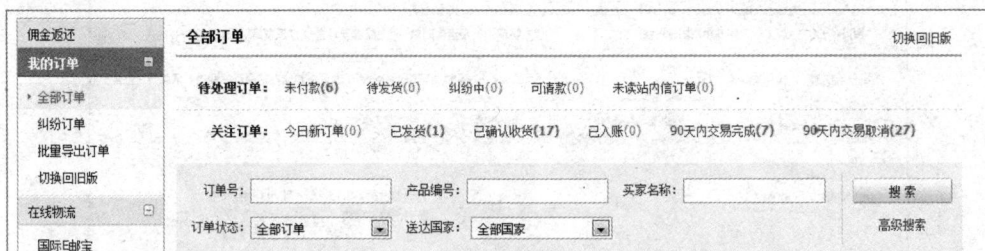

图3-81　我的订单

无论是在全部订单列表中，还是在纠纷订单列表中，都显示了与订单有关的产品缩略图、产品名称、买家购买数量、订单金额、订单状态信息及买家操作，如图3-82所示。

图3-82　全部订单列表示例

在订单管理的操作中，待处理订单包含未付款、待发货、纠纷中、可申请提前放款订单以及未读站内信订单五个子类。关注订单包含今日新订单、已发货、已确认发货和已入账四个子类。纠纷中订单包含协议纠纷、平台纠纷和售后纠纷订单三个子类。纠纷关闭订单为90天内的纠纷关闭订单。

4. 快速发货

为了提高平台服务水平并节约物流时间，敦煌网平台提供了在线发货功能。敦煌网在线发货物流的操作流程如下。

（1）找到待发货订单。在敦煌网后台单击导航中的"交易"，选择"在线发货"，进入"待发货"订单页面，如图3-83所示。然后，单击"在线发货"按钮，进入物流选择页面，如选择"顺丰小包"；如图3-84所示。

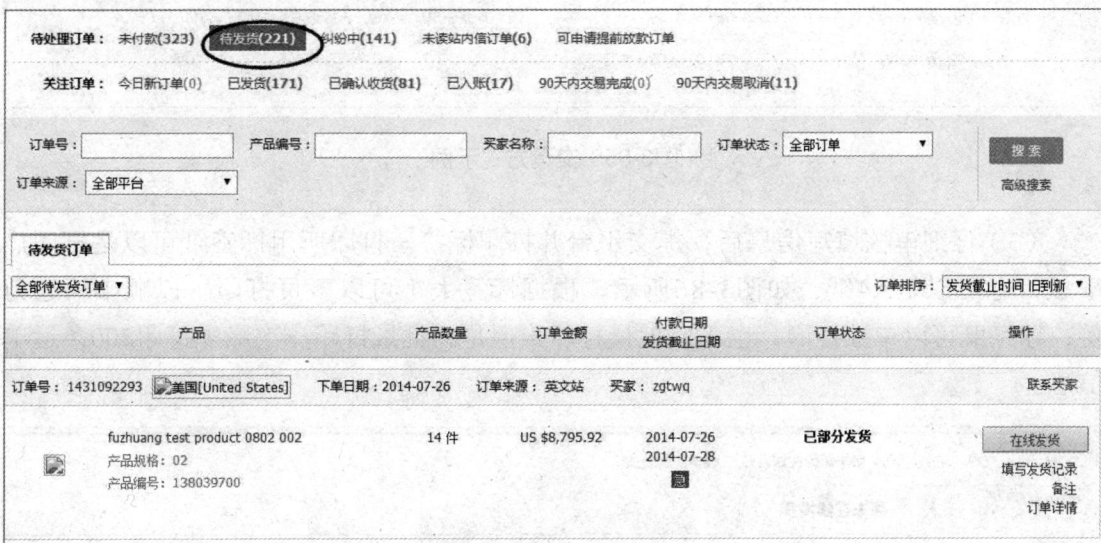

图3-83 订单发货页面

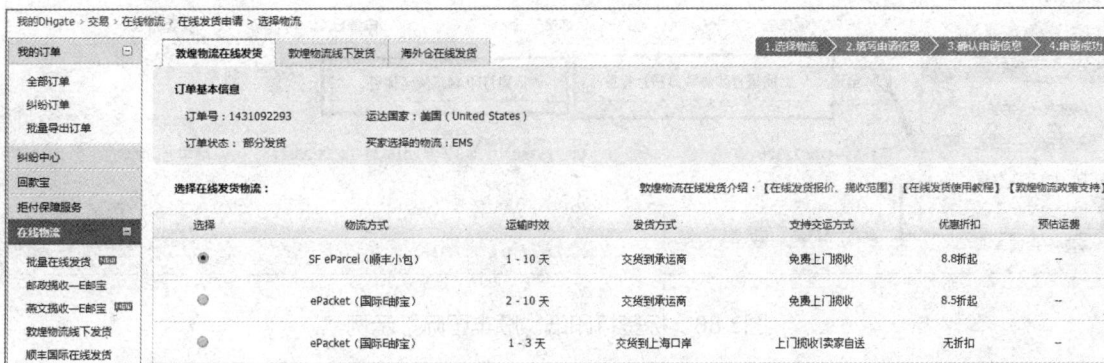

图3-84 物流选择页面

（2）填写发货申请信息时，一定要仔细检查发货地址和收货地址。若在"交运方式"中选择"燕文上门揽收"，卖家需要提交揽收地址，地址最好详细到街道。然后，选择"同意使用【燕文上门揽收及卖家自送】协议"，提交平台并经过审核后，揽收司机会电话联系卖家发货，如图3-85所示。

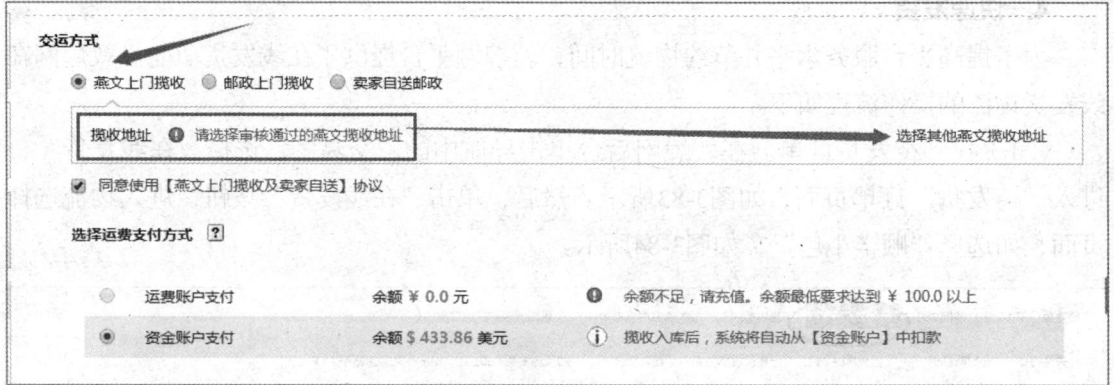

图3-85　交运方式示例

（3）仔细审核填写信息后，提交平台并打印标签。打印所用标签纸可以是打印热敏纸，也可以是A4纸，如图3-86所示，根据标签大小可以多页打印。以顺丰快递为例，标签既可以单独打印，也可以批量打印。但是，批量打印一次最多打印200条运单信息。

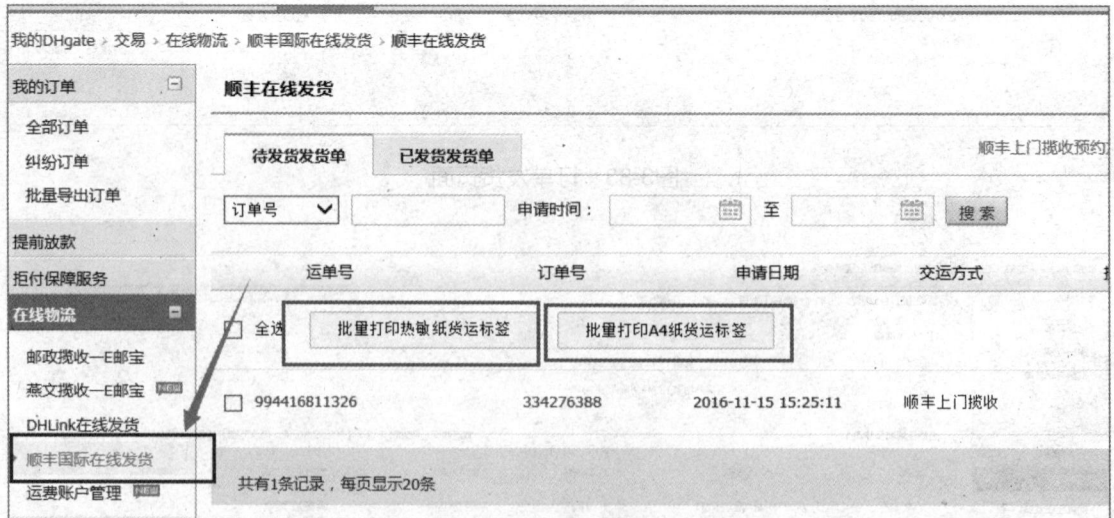

图3-86　标签打印纸"顺丰国际"示例

成功发货后，卖家可在平台上管理所有发货信息，具体操作是：单击导航"交易"→"在线物流",在显示页面中通过"交运方式"或"客户编号"查看相应的发货信息。

（4）发货后，仍有一系列信息需要卖家在线填写。在等待仓库收货时，卖家可以在线填写国内运单号，若发生意外，可以取消发货，如图3-87所示。仓库收货后，订单状态会更新为"待支付"状态，需要卖家在线支付运费，如图3-88所示。在线支付后，进入等待仓库发货阶段，如图3-89所示。此时，卖家可以在线回填运单号，如图3-90所示。这样就成功实现了在线发货，随后可以在线查看物流跟踪信息。最后需要填写发货记录，如图3-91所示。

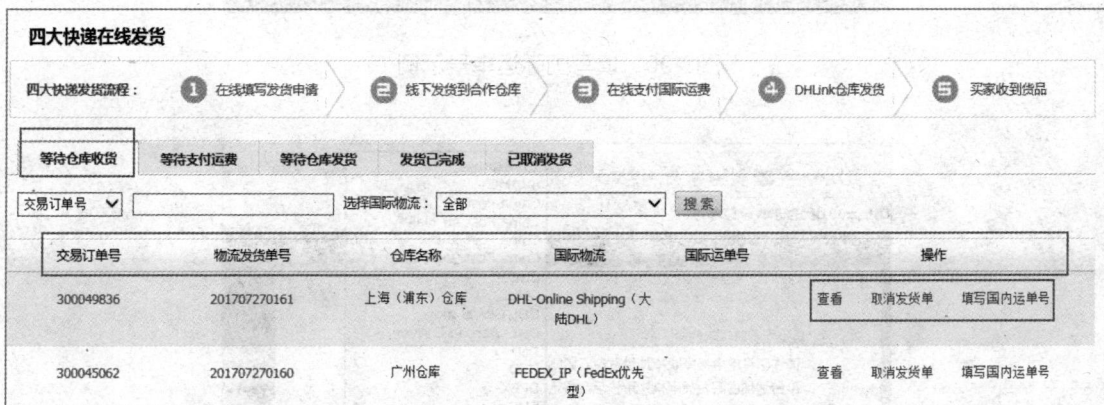

图3-87　等待仓库收货

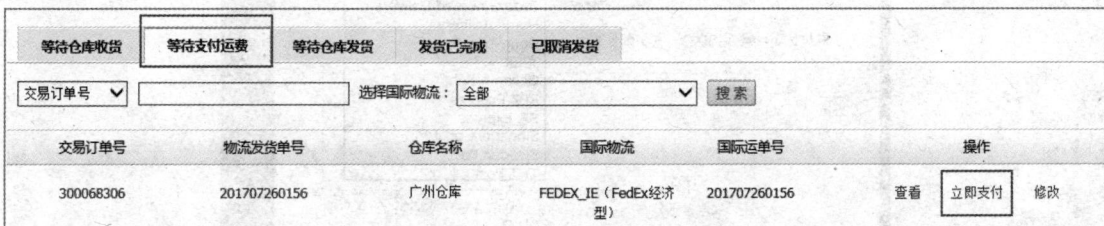

图3-88　等待卖家支付运费

图3-89　等待仓库发货

图3-90　填写国际运单号示例

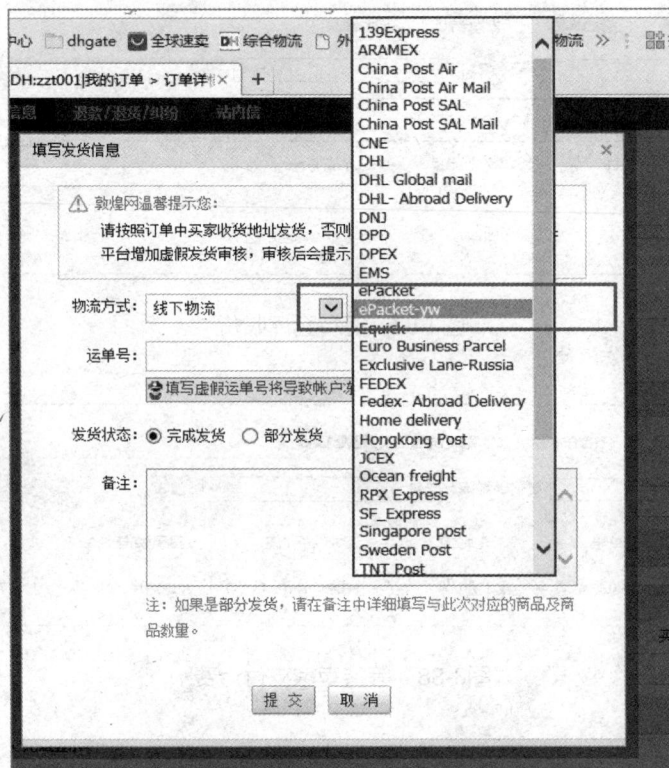

图3-91　填写发货记录示例

在物流选择方式中，深圳E邮宝对应的是ePacket，燕文揽收-E邮宝对应的是ePacket-yw，顺丰国际对应的是SF_Express。

5. 数据智囊

数据智囊是敦煌网为卖家量身打造的数据展示和分析工具，它具有如下功能。

- 实时监控店铺数据。"数据智囊"模块能够实时监控自身店铺的经营指标数据，包含店铺概况、流量、交易数据走势、统计列表、行业排名、产品排名和数据导出功能。对于使用增值服务的卖家，平台还增加了流量分析、我的买家热搜词追踪功能。
- 多维解析行业发展趋势。"数据智囊"模块能够帮助卖家多维度解析行业发展趋势，主要包含行业概况、流量、交易数据走势、产品类目排名、店铺排名和产品排名功能。
- 深入分析买家购买行为。"数据智囊"模块能够帮助卖家对买家购买行为进行深入分析。店铺买家分析主要包含产品的国家分布、买家的购买频次及消费能力分布等功能。
- 时刻更新买家最新搜索关键词习惯。"数据智囊"模块能够帮助卖家通过数据统计优化关键词。关键词包含店铺引流关键词、平台热搜词和飙升关键词等。

为了让商家对敦煌网提供的数据智囊有更深入的了解，下面具体介绍商家店铺解析这一功能。

商家店铺解析是"数据智囊"重要的功能之一，包含商铺概况、行业动态、搜索词追踪三个子功能。为了能让卖家更细致地了解店铺和产品的流量情况，商铺解析分别从店铺整体和单个产品的角度展示在流量、买家和成交等环节的经营状况，帮助卖家了解自身店铺的营销情况和存在的问题，进而不断优化流量渠道投放，调整产品结构，使得店铺处于健康发展的轨道。

（1）商铺概况

"商铺概况"子功能帮助卖家对商铺流量、成交等基础数据进行分析，帮助卖家了解商铺整体的运营情况，数据信息如图3-92所示。卖家可以通过商铺详细数据功能选择近7天或者近30天的数据，查看并下载店铺每天的整体运营情况。

"商铺概况"包含产品分析、产品详情、流量分析和我的买家共四部分。其中，"产品分析"功能会显示本店铺所有产品的流量、交易等基础数据，帮助商家了解每个产品的经营情况，并可以导出当前页的产品信息。"产品详情"功能显示每个产品的流量来源去向、带来流量的TOP关键词和需求旺盛国家。"流量分析"功能显示店铺的流量来源与去向，买家访问和下单的高峰时间，以及买家的地域分布。"我的买家"功能显示本店铺中买家的消费能力、购买频次及TOP买家的信息，卖家可以安排客服维护重点的买家。

（2）行业动态

"行业动态"子功能用于展示敦煌网平台所有类目的流量、买家和成交金额数据，以及行业内优秀卖家的店铺数据，帮助卖家了解自己所在行业的发展趋势。同时，卖家还能了解到不同行业买家的消费能力和消费习惯，从而挖掘国外买家的购买习惯和规律。

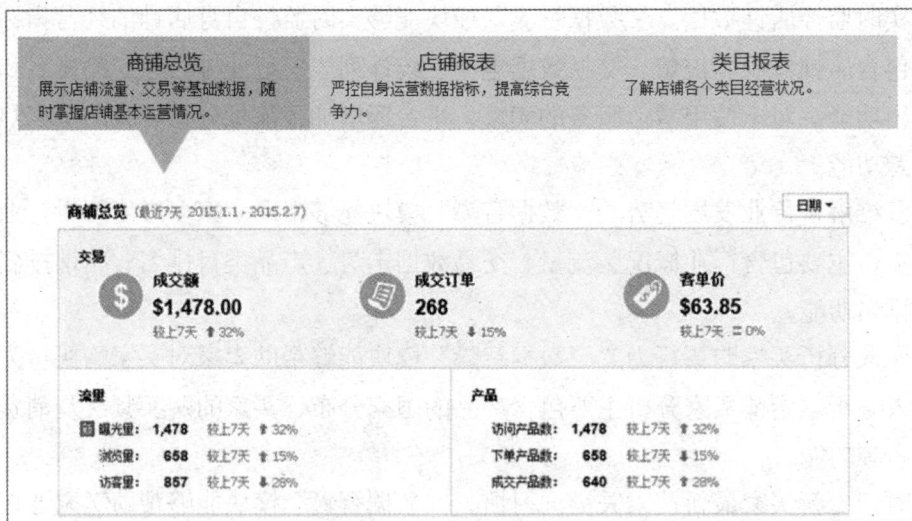

··· 图3-92　商铺概况

"行业动态"子功能包含行业概况和买家情报共两部分。其中，"行业概况"功能显示每个产品类目的流量、买家和成交金额的数据，帮助卖家了解行业最新动态。"买家情报"功能通过买家国家分布、消费能力等数据，展示买家的消费习惯，有力地帮助专家提高买家的重复购买率。

（3）搜索词追踪

搜索词追踪的功能是从整个行业和自身店铺的角度，为卖家呈现深受买家喜爱的搜索词情况，每周更新一次。"搜索词追踪"子功能包含行业搜索词和引流搜索词两个部分。其中，"行业搜索词"功能是展示热搜词和飙升词，按照类目、国家、日期来查询，卖家可以导出这些数据以便进行分析，具体如图3-93所示。"引流搜索词"功能用于帮助卖家知晓为店铺带来曝光率、浏览量的关键词，帮助卖家优化产品标题所需的重点关键词，如图3-94所示。

图3-93　行业搜索词示例

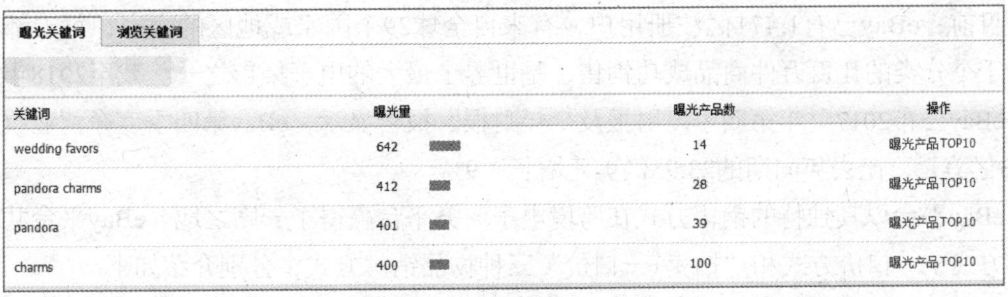

曝光关键词	浏览关键词			
关键词	曝光量		曝光产品数	操作
wedding favors	642	▨▨	14	曝光产品TOP10
pandora charms	412	▨▨	28	曝光产品TOP10
pandora	401	▨▨	39	曝光产品TOP10
charms	400	▨▨	100	曝光产品TOP10

图3-94 引流搜索词示例

目前，"数据智囊"基础版是所有卖家都可以使用的，其余模块则需要付费才能使用。

3.4 eBay

eBay是全球最大的跨境电子商务平台之一，它为个人用户和企业用户提供了交易完全自动化的网络贸易交易平台。卖家拥有eBay账户，可在eBay平台上全球31个站点销售产品，实现"卖向全世界，轻松赚美金"。

3.4.1 eBay平台简介

eBay是一个让全球各地消费者在网上购买产品的线上拍卖及购物网站。eBay集团于1995年9月由Pierre Omidyar成立于美国加州圣荷西，是全球商务和支付行业的领跑者，为不同规模的卖家提供公平竞争、协同发展的机会。eBay跨境电子商务平台的销售方式灵活，排名规则合理，对卖家有保障，有助于卖家快速拓展海外销售渠道。

eBay集团旗下有在线交易平台eBay、在线支付工具PayPal和为全球企业提供零售渠道的eBay Enterprise三大主要业务。其中，eBay在线交易平台为全球民众提供跨国电子商务交易服务，世界上几乎各个国家的民众均可实现在线交易。2015年4月，PayPal和eBay正式拆分，但双方的合作关系保持不变。协议规定，eBay在5年内不得推出支付服务，继续和PayPal合作处理退款、逾期欠款和资金冻结等业务往来，必要时会对入驻eBay平台用户的账户采取适当行动。协议还规定，PayPal不能成为实体产品开发自助的在线交易平台。PayPal在线支付工具使得世界各地的交易双方能够实现网上安全、快捷的电子支付。目前，PayPal是全球最大的在线支付服务商。eBay Enterprise商务服务平台则为世界不同规模的企业提供多渠道商务、多渠道零售以及数字营销等优质服务。

目前，eBay已有1.471亿注册用户，有来自全球29个国家或地区的卖家，每天都有涉及几千个分类的几百万件商品成功销售，是世界上最大的电子集市之一。截至2018年2月1日，eBay公布2017财年第四季度财报及全年财报。报告显示，eBay第四季度净营业收入为26.13亿美元，比去年同期的23.95亿美元增长了9%。

eBay平台以其独特的销售方式在跨境电子商务平台赢得了一席之地。eBay平台共包含拍卖方式、一口价方式和"拍卖+一口价"三种物品销售方式，分别介绍如下。

1. 拍卖方式

在eBay平台上，拍卖指采用"价高者得"的竞拍方式对上线产品进行拍卖。"拍卖"产品的操作步骤是：卖家设置产品的起拍价格和在线时间后，开启产品的拍卖，在产品拍卖的在线时间截止时，产品即刻下线，最后产品以竞拍最高价出售，出价最高的竞拍买家即为产品的中标者。

拍卖方式的优势主要有两点：第一点是通过设置较低的起拍价，能够激发众多潜在买家踊跃竞拍的兴趣，在为店铺吸引流量的同时，为卖家带来不错的利润；第二点是拍卖销售形式有助于提升产品的搜索权重，竞拍产品在在线时间即将结束的搜索排序中，能够获得较高的排名。

拍卖方式作为一种低成本、高收益、吸引流量的销售方式，适用于下列情况。

（1）卖家无法确定产品的确切价格且希望快速出售该产品，所以借助eBay平台的拍卖方式来决定产品的价格。

（2）卖家销售的产品非常独特且难以买到，平台上对该产品有需求，采用拍卖方式能够引起潜在买家的热烈竞标，实现卖家利润最大化。

（3）卖家的产品受到顾客欢迎，产品在刊登后很快就会被买走，有着较高的成交率。

（4）卖家最近一段时间内没有生成订单的情况，可借助拍卖方式提高产品排名，为店铺吸引流量。

需要注意的是，以拍卖方式刊登产品是eBay平台提供的服务。卖家使用拍卖方式销售产品，eBay平台会根据卖家设定的起拍价收取较低比率的刊登费，并根据物品最终成交价格收取一定比率的成交费。

2. 一口价方式

一口价方式，顾名思义，指以定价方式刊登产品，这一方式便于顾客立刻购得产品。

一口价销售方式的优势主要有五点：第一点是成交费用低，表现在卖家根据设定的产品价格支付刊登费用，产品成交后，缴纳较低比率的成交费；第二点是产品展示时间长，表现在刊登产品在线时长高达30天，产品有充分的展示时间；第三点是一次性刊登，即多件产品可采用"多数量物品刊登"方式，一次性完成全部销售刊登，操作便捷；第四点是操作效率高，即以定价方式刊登eBay店铺中热卖的库存物品，可使用预设的物品描述和物品说明，大大节省了卖家的刊登时间，也简化了刊登工序；第五点是议价功能，表现在卖家采用一口价销售方式时，可以为产品设置议价功能，若产品最后成交价是商议后的价格，则按照成交金额支付一定的成交费。

一口价方式作为一种高效率、便捷的销售方式，适用于下列情况。

（1）卖家能够清晰预估产品的价值，希望从产品上获取相应的价值。

（2）卖家销售的产品有多件，可以采用多数量刊登方式将所有产品整合到一次产品刊登中。

（3）卖家希望刊登产品的展示时间超过7天，获取更长时间以供买家选择。

（4）卖家所销售的产品库存较多，希望尽量减少刊登费。

需要注意，若在刊登产品时发现没有可选择的"一口价"标签，表明卖家不具备以"一口价"形式销售产品的资格。如果一口价产品设定销售时间为12小时，则可以编辑一口价产品的价格。若产品以"一口价"形式刊登，则不能将其变更为具备"一口价"功能的"拍卖"产品；反之亦然。

3. "拍卖+一口价"组合形式

"拍卖+一口价"是指卖家采用拍卖形式销售产品，选择"拍卖方式"设置起拍价的同时，再设置一个合理的"保底价"，让买家可根据自己的需求灵活选择购买方式。其实，"保底价"就是"一口价"。"拍卖+一口价"的组合形式综合了"拍卖方式"和"一口价方式"的优势，能够给卖家带来更多的商机。

"拍卖+一口价"方式作为一种灵活的销售方式，适用于下列情况。

（1）卖家销售的产品种类多，希望同时吸引那些想要通过竞拍达成交易的人以及其他更倾向于选择方便的"一口价"交易的买家。

（2）卖家希望尽可能扩大买家对库存商品的需求，并通过竞拍和"一口价"刊登方式来帮助竞拍者和买家了解卖家的其他销售产品或店铺。

采用"拍卖+一口价"销售方式的卖家需要注意，产品刊登后不能修改销售形式。特定情况下，卖家可以增加、编辑或移除拍卖的"一口价"功能。

不同的卖家在选择入驻eBay的时候，需要考虑eBay多平台的特点。eBay站点遍布全球，主要有美国、英国、中国、阿根廷、奥地利、比利时、巴西、加拿大、德国、法国、爱尔兰、意大利、马来西亚、墨西哥、荷兰、新西兰、波兰、新加坡、西班牙、瑞典、瑞士、泰国、土耳其等。

入驻eBay平台不仅注册完全免费，而且无最低消费限额。入驻卖家的所有费用都取决于自身对平台服务的使用情况。以英国站ebay.co.uk的标准费用为例，非店铺卖家在eBay英国站进行产品销售的费用为刊登费、成交费及特色功能费。其中，费用还因为产品销售方式的不同而不同。如开设eBay英国站店铺，每月需支付相应的店铺月租费。店铺级别不同，月租费也不尽相同。不过，店铺卖家可以享受到"一口价"物品刊登费的优惠。另外，eBay英国站针对汽车和分类广告类物品有不同的收费方式，有国际销售费用、慈善销售折扣及提前结束拍卖费用等项目。

不同的eBay站点，资费不同，入驻卖家需要选择适合自身的eBay站点。但是，eBay同样规定了平台卖家标准和卖家等级。其中，DSR（Detailed Seller Ratings）是eBay自2007年启用的卖家评级体系。DSR评级体系是指eBay平台的买家在购物后可以就卖家提供的服务留下信用评价，从而形成卖家的服务质量评级。无论是买家还是卖家，均只能看到卖家评级的平均值，卖家也无法分辨具体是由哪位买家留下的特定评级。

DSR评价指标共包含物品描述准确性（Item as described）、沟通质量及回应速度（Communication）、物品运送时间（Shipping time）和运费及处理费合理性（Shipping and handling charges）共四个指标。

卖家服务评级体系采用"五星制"标准体系，卖家服务评级分值在一星至五星之间，其中，五星为最高评级，一星为最低评级。卖家须注意，DSR评分代表四项独立分数，并非四项评分的加权平均数。为了使买家获得更好的购物体验，eBay会将DSR评分高的卖家的物品优先推荐给买家。而且，卖家服务评级分数不会影响卖家总体的信用度。

DSR各项评分为指定评价指标下所有分数的平均值，以五角星形式显示在店铺的信用评价档案内，星数越多、越完整，代表买家对卖家的服务越满意，Number of ratings告诉卖家对应评价指标的有效评价数，如图3-95所示。

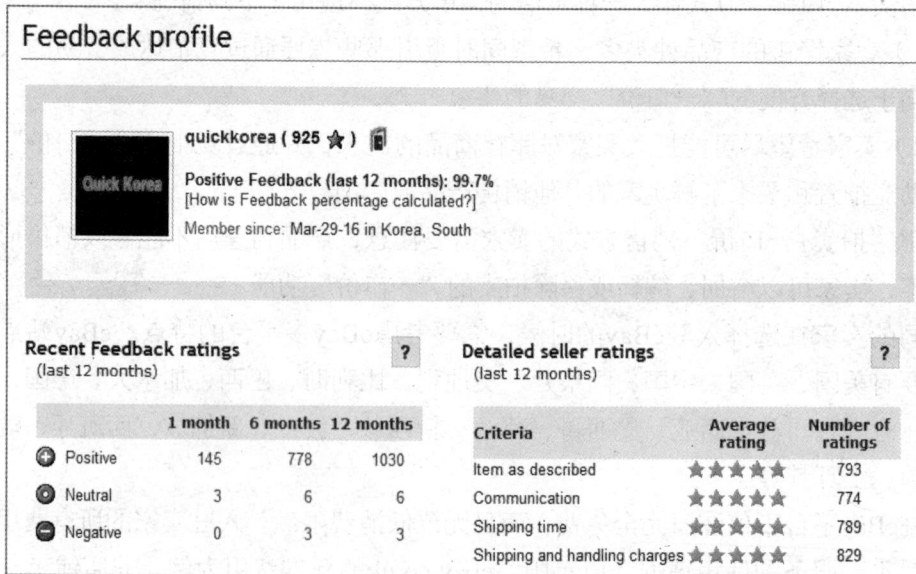

图3-95　店铺DSR评分示例

DSR评分有助于卖家了解店铺的服务表现。同时，DSR评分也是买家评判卖家产品质量和服务的参考依据，有助于提升买家的购物体验。从平台利益角度出发，eBay会奖励提供优质服务的卖家。对于DSR分值较高的卖家，平台给予其更高的产品曝光度。对于DSR分值低的卖家，平台则会施予相应的惩罚。但是，卖家服务评级是选填项，由购物的买家决定是否进行评级。

根据DSR评分，eBay平台执行相应的奖惩，奖惩细则如表3-3所示。

表3-3　DSR评分对卖家的影响

影响因素	最佳匹配排名 （Best Match）	eBay卖家标准 （Seller Standard）
DSR 分数较高	物品在搜索结果列表中 优先推荐	高于eBay标准， 有机会成为优秀评级卖家， 享受优惠
DSR 分数较低	物品在搜索结果列表中 排名靠后	低于eBay标准， 卖家账户将受到限制， 甚至被冻结

对于卖家，建议提高店铺DSR评级，进而提升产品曝光率，赢得更多商机；同时，争取成为eBay优秀评级卖家，以便于享受较多的费用折扣，获得更多的成交机会。

要想有效提升商家的DSR评分，建议卖家做到如下几点。

（1）卖家准确说明物品的状态，如二手还是全新，并履行出售条款。

（2）卖家要避免以"已修理""已翻新"混淆物品的"全新"。

（3）卖家在发货时间方面，明确标注"周日不发货"等说明。

（4）卖家务必高效回复买家邮件，主动告知买家意向物品的最新状态。

（5）卖家在处理纠纷时，不要推卸责任，应以专业态度与买家协同处理。

对于评分高的卖家，DSR评分体系会提升买家购买率；对于评分低的卖家，则会造成买家流失。为了帮助卖家专注于提升那些真正影响顾客满意度的重要因素，也为了进一步维护网络平台交易的公平、公正，eBay于2014年推出新的卖家表现的衡量方法Defect Rate。Defect Rate即不良交易率，是指卖家不良交易占卖家所有成功交易的比例，旨在对卖家表现进行更为公平、公正、合理的评分。

不良交易的发生显然会减少买家购买甚至导致买家流失。不良交易主要表现为Item as Described、Shipping Time、留言评级、退货、取消交易和纠纷等方面。其中，Item as Described是指物品与描述相符，若买家对该项给予1分、2分或3分的评级，则该项属于不良交易。Shipping Time是指运送时间，若买家在该项给予1分评级，则该项属于不良交易。若买家的留言评级为中评或差评，则该项属于不良交易。若买家由于Item as Described

原因退货，则该项属于不良交易。若由于卖家过失而导致交易取消，则该项属于不良交易。若买家通过eBay买家保障或PayPal购物保障开启了"物品未收到"或Item as Described的纠纷，则该项属于不良交易。

一般来说，不良交易率越低，卖家物品刊登在最佳匹配搜索结果中的排名就越靠前。与DSR评分一样，不良交易率也会影响eBay平台对不同卖家的奖惩。若卖家保持较低的不良交易率，eBay会奖励卖家在最佳匹配搜索结果中获得更加有利的排名，优质的服务记录可以带来更高的曝光率，增加潜在销量。与DSR评分不同的是，买家不会看到卖家的不良交易率。

在不良交易率衡量方法下，eBay各站点对卖家等级要求如表3-4所示。

表3-4 eBay各站点卖家等级要求

卖家等级要求		不良交易率
美国站	优秀评级卖家	≤2%或＜5笔
统计美国买家的交易	所有卖家	≤5%或＜8笔
英国站	优秀评级卖家	≤2%或＜5笔
统计英国买家的交易	所有卖家	≤5%或＜8笔
德国站	优秀评级卖家	≤2.5%或＜5笔
统计德国买家的交易	所有卖家	≤5%或＜8笔
其他站点	优秀评级卖家	≤2%或＜5笔
统计所有买家的交易	所有卖家	≤5%或＜8笔

自eBay推出Defect Rate方法后，平台对卖家规定了以下最低标准。

（1）5%：在考核期内，卖家不良交易率不得超过5%。

（2）0.3%：在考核期内，卖家的未解决纠纷率不得超过0.3%。

eBay平台对卖家的评估周期规定如下。

（1）3个月：卖家过去3个月交易不低于400笔时，评估期为过去3个月。

（2）一年：卖家过去3个月交易不足400笔时，评估期为过去1年。

卖家须知，只有当评估期内的不良交易来自至少5位不同买家时，才会影响账号的优秀评级卖家评估；只有当评估期内的不良交易来自至少8位不同买家时，才会影响账号的合格卖家评估。

在不良交易率衡量方法下，eBay评估日为每月的20日。要想成为eBay平台的合格卖家，需要满足不良交易率及未解决纠纷率的最低要求。对于所有卖家而言，纠纷的统一指标为"≤0.3%或＜2笔"。关于纠纷，卖家需要关注以下三点。

（1）纠纷处理：买家发起纠纷而卖家未在规定时效内给予答复，或纠纷升级后，由eBay判定卖家承担责任的交易，将被计入未解决纠纷率。

（2）留言评价：当买家对交易留下中评或差评时，卖家通过信用评价修改流程请求买家将中、差评修改为好评，原中、差评将不被计入不良交易。

（3）未解决纠纷：当一笔交易被认定为未解决纠纷时，会认定为开启纠纷而被计为不良交易。

任何一个跨境电子商务平台都有其独特的搜索排名机制，eBay采用的是最佳匹配搜索排名，称之为Best Match。Best Match作为eBay平台默认的商品搜索排序标准，可帮助买家找到真正需要的商品，可助力卖家将商品展示在买家面前。

卖家在Best Match的排名是由卖家向买家提供优质的产品和服务两项共同决定的，涉及的考量因素如下。

（1）最近销售记录：定价类商品的最近销售记录是衡量卖家一条listing中，有多少item为不同的买家所购买。商品近期销售记录越多，越能取得曝光度。

（2）即将结束时间：指距离拍卖类商品下架所剩的时间。

（3）卖家评级：DSR包括商品描述、沟通、货运时间和运费。优秀评级卖家的商品一般排名较为靠前。

此外，还有买家满意度、商品标题相关度、商品价格及运费等因素。

Best Match采用不同的方式对不同的刊登商品进行排序，定义商品相关度的标准在定价商品和拍卖商品上是不同的。其中，对于"拍卖"商品，商品相关度、DSR评级以及商品剩余时间仍然是Best Match排序中的重要考量因素；对于"定价"商品，商品相关度和卖家的DSR是最佳匹配的重要因素，商品剩余时间相对不重要，但包含商品价格和运费的总成本、近期销量则非常重要。其中，近期销量指商品销售速度越快，对排序结果越有利。

对于大多数卖家来说，选择合理的商品刊登方式和正确的类目，设置相关度高的商品标题，提供合适的价格和运费，填写商品详情并提供良好的服务，都有助于提升最佳匹配搜索排名。例如，免运费的定价产品将获得额外的曝光量。

3.4.2　平台注册及体验

eBay中国站旨在吸引中国卖家入驻eBay，开辟海外销售渠道，将产品卖向全世界，其首页如图3-96所示。

根据注册主体的不同，入驻eBay平台的卖家账户分为个人账户、商业账户和企业账户。例如，eBay德国站要求刊登物品销售信息的卖家账户必须是商业账户。根据注册地点的不同，卖家账户可以分为国内账户和海外账户两种。目前，中国卖家的国内账户在eBay受限较多，而海外账户有着明显的竞争优势。

图3-96　eBay中国站首页

在eBay上经营店铺售卖商品，首先需要进行账户注册、认证并拥有eBay账户，了解平台收费标准，关联PayPal账户进行收款、付款等。企业入驻eBay可通过eBay提供的绿色通道申请。企业入驻eBay的整个流程包括8个部分，如图3-97所示。本节以注册企业账户为例，介绍开通eBay账户的流程和步骤。

图3-97　企业入驻eBay的流程

1. 了解企业入驻通道

企业入驻通道申请注册账户所在地为包括港澳台在内的中国各地区，账户类型为不受限的新商业账户，要求该账户完成卖家认证和PayPal账户认证的关联。具体操作是：打开网页，单击页面左侧导航的"卖家中心"或"企业入驻通道"，即可开启申请通道。

2. 准备材料

材料清单包含营业执照、法人代表身份证明、公司地址证明、销售物品、物品来源、产品认证书和PayPal账户的注册邮箱等相关信息。

3. 查看额度并申请

若账户当前未登录，请先登录卖家中心。然后单击卖家中心页面上方的"登录账户申请企业入驻"按钮，如图3-98所示。在显示页面中，登录申请企业入驻的账户后，进入企业入驻通道授权页面。在企业入驻通道授权页面，单击"Agree"按钮对"企业入驻通道"的应用进行授权。接下来，企业入驻通道会对入驻企业的申请账户进行检查，验证其是否满足企业通道申请资格。若符合要求，可以开始填写申请表；若不符合要求，平台会给出不满足申请资格的红色警醒文字，如图3-99所示。

图3-98　卖家中心企业入驻通道入口

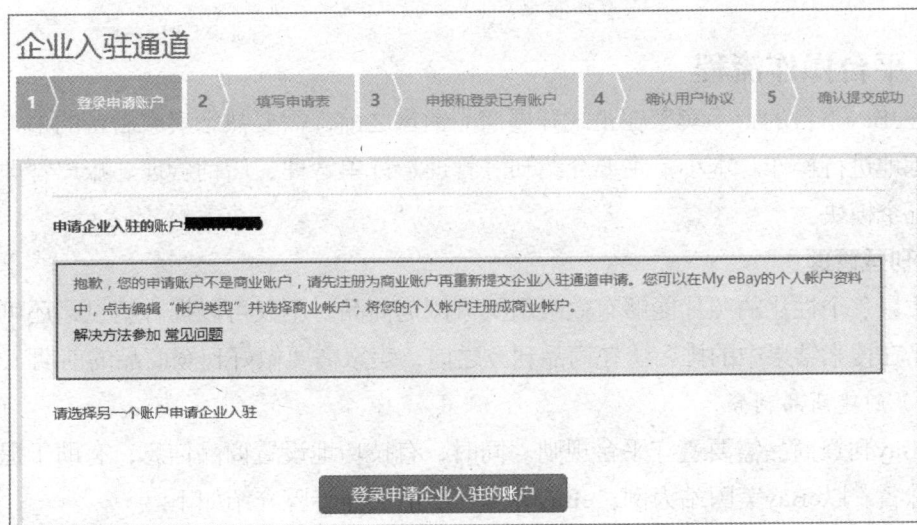

图3-99　审核反馈信息

4. 填写申请表

申请表需要填写三部分内容，分别是企业基本信息、企业业务信息和附件资料上传。其中，企业基本信息主要填写公司名称、地区、省份、营业执照号码、身份证明信息、商业联系固定电话、手机号码和联系邮箱等；企业业务信息主要填写主要产品所属一级分类、二级分类，次要产品所属一级分类、二级分类，销售国家、仓储所在地及海外仓存货销售占比等；其中，海外仓是指建立在海外的仓储设施。附件资料主要上传准备好的营业执照、法人代表身份证明正反面和公司地址等证明材料。其中，地区不同，上传的资料也有所不同。

5. 申报和登录关联账户

填好申请表后，进入"申报和登录关联账户"页面。登录已有账户进行认证后，当前申请入驻的账户将可能获得1500～20000的刊登数量额度。

6. 确认用户协议

来到"确认用户协议"页面，再次确认"申请企业入驻的账户"的正确性，阅读声明文字后单击"提交"按钮，进行用户协议的确认。

7. 邮件查收

eBay工作人员会在7个工作日内处理申请，并将审核结果发送至企业的注册邮箱。企业账户通过入驻通道审核并提高额度后，若存在如下情形，额度会被重置。

（1）3个月内没有充分使用该账户。

（2）账户使用与申请表严重不符。

（3）账户存在重复刊登或其他严重违规现象。

3.4.3 平台操作流程

入驻eBay平台的新手卖家在正式开展商品销售之前，需要熟悉卖家后台的相关功能并能够熟练地进行操作。本小节主要介绍刊登管理、订单管理、店铺管理、账户管理和卖家工具共五个模块。

1. 刊登管理

高质量、个性化的照片能够有效吸引买家浏览商品，不仅可以提升销量，还可以提高刊登商品在搜索结果中的排名。在商品刊登之前，卖家需要做好刊登商品的前期工作。

（1）创建商品刊登

在eBay刊登商品需要遵守平台规则。同时，有技巧地设置商品信息，有助于提高商品的搜索排名。以eBay美国站为例，eBay商品刊登的操作步骤介绍如下。

① 进入刊登页面。登录后台，进入商品刊登页面，如图3-100所示。

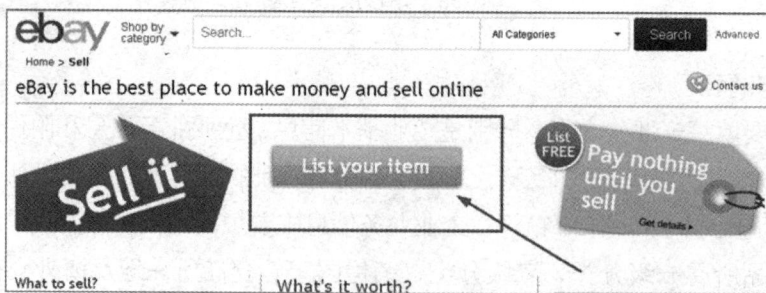

图3-100 商品刊登页面

② 商品分类选择。在商品刊登页面，单击List your item按钮，进入商品分类选择页面，选择刊登商品的分类。选择正确的商品分类有利于买家准确搜索到该商品。接下来进入商品标题的撰写环节。建议撰写近80个字符且具有高相关性的商品标题，因为商品标题是有效的广告语，是一个告知并激发买家兴趣、让买家快速知悉并产生购买欲望的宣传区域。商品标题内含商品特征，让买家在了解商品重要信息的同时，也增加商品关键词的搜索量和浏览量，以期带动销售。

③ 上传商品图片。单击Add/edit photos或Click to add photos超链接，启动商品图片上传页面，如图3-101所示。然后，单击Select photos按钮，进入图片选择页面，图片选择结束后，显示如图3-102所示。其中，第一张图片是主图，下面将显示Main photo。若上传后发现图片顺序不符合卖家的预期排序，可以进行调整。

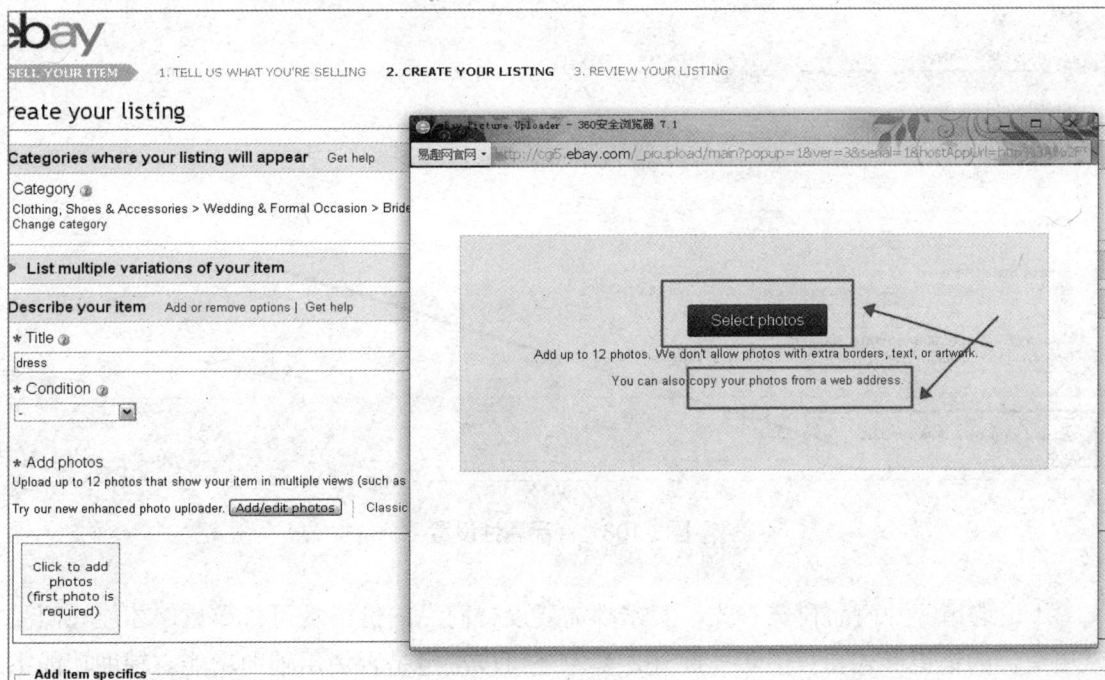

图3-101　商品图片上传示例

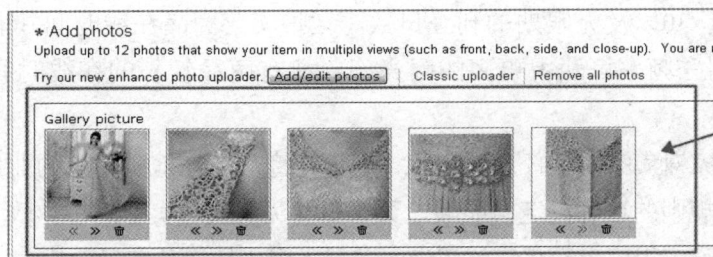

图3-102　商品图片上传后示例

④ 设置商品属性。商品属性可为买家提供商品的细节详情，如品牌、类型、尺寸及颜色等。若有额外的商品属性，可单击Add your own item specific创建自定义商品属性，如图3-103所示。若自定义的属性不具备独特性、新颖性，则没必要增加。

商品属性设置好后，进入详情撰写环节。撰写带有竞争优势、特色鲜明的商品详情，有助于吸引买家的注意力。完整、清晰的商品详情描述既可以展示卖家的专业水平，又能大幅提升商品出货概率。然后，卖家可综合各种因素确定商品刊登方式，包括"拍卖"方式、"一口价"方式和"拍卖+一口价"方式。

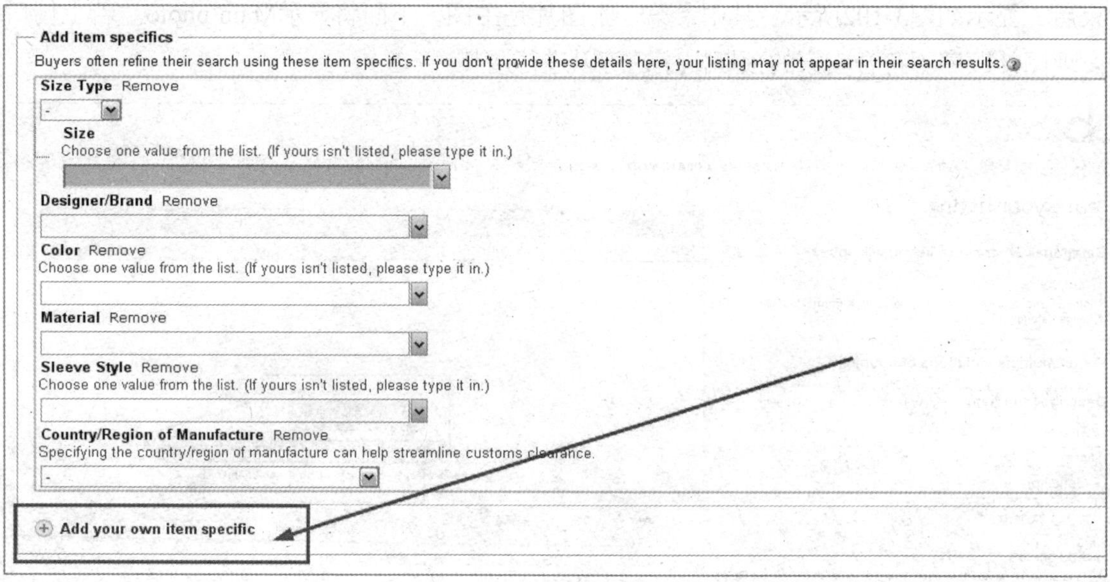

图3-103　商品属性设置

不论选用哪种商品刊登方式，卖家都需要设置商品的价格及可售数量，才能让商品以更适合的销售形式刊登销售。此外，卖家还可以决定是否使用辅助功能。辅助功能主要有"一口价"中的议价功能，"拍卖"形式中的一口价功能，"一口价"中的多款式刊登功能。设定刊登商品方式后，进行商品刊登上线时间的设定。商品设定的在线时长有3、5、7、10、30以及无限期的刊登日数。"拍卖"商品在线时间并非越长越好；热门商品较快的刊登频率可获得更多的曝光率；稀有商品较长的在线时间可被更多买家发现。

为了提升买家对卖家的信任度，卖家需要设定商品所在地及相应的业务规则。商品所在地及匹配业务规则的正确设定，能够让买家在购买前获悉卖家的付款政策、物流政策、退货政策等，在一定程度上简化售前咨询，并最大限度地避免售后纠纷。

（2）批量编辑商品刊登

为更大限度地优化用户体验，大多数卖家需要更新在线商品资料。为了简化修改刊登商品的操作步骤，可以使用批量工具来编辑或修改商品的在线资料，让刊登操作更加轻松、简单、省时、省事。例如，平台提供的售卖专家工具通过My eBay中的批量编辑工具修改卖家的商品资料，操作流程如下。

① 登录卖家后台。登录后台，在My eBay页面中，单击左侧导航中的Activity超链接，进入商品出售页面，如图3-104所示。

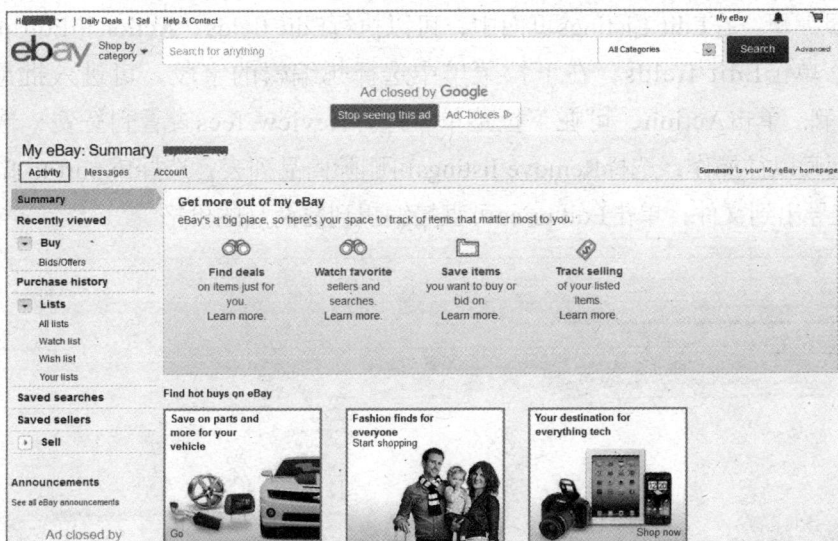

图3-104　商品出售页面

② 批量选择。在商品出售页面，选择一个或多个商品的Item，单击Edit下拉菜单中的Edit selected即可进行批量处理，如图3-105所示。此外，可以单击Edit下拉菜单中的Edit all listings，直接对所有的刊登商品进行编辑。

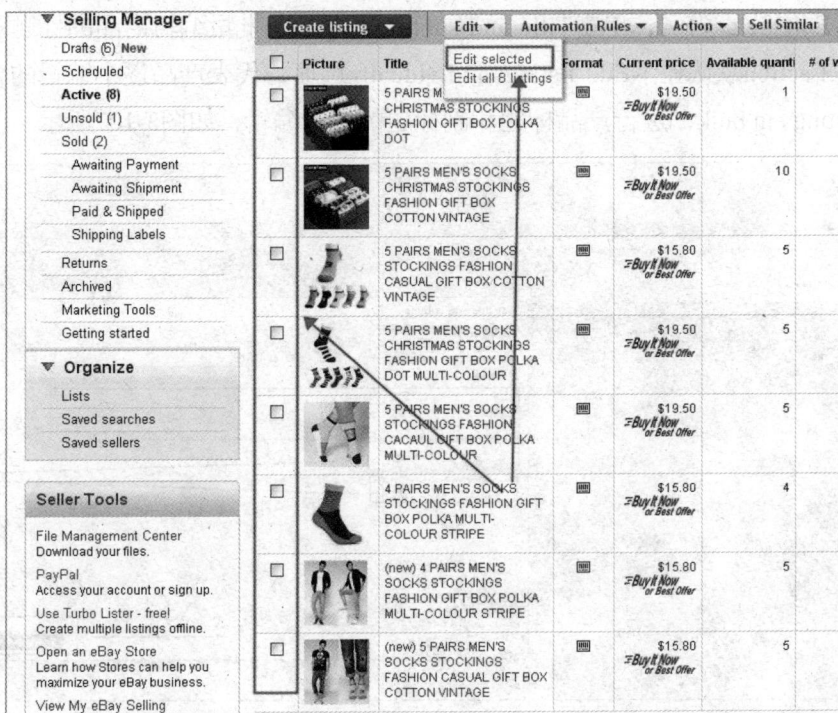

图3-105　批量选择物品

③ 批量编辑。在Edit Listings页面中，可以执行Edit fields、Action和Edit price三个操作。其中，单击Edit fields，在下拉菜单中选择想编辑的字段，可进入批量编辑，如图3-106所示；单击Action，可在下拉菜单中选择Review fees查看刊登费，选择Review changes可回顾以往操作，选择Remove listings可删除商品列表，选择Export to file可将选择的商品列表导出到文件；单击Edit price可直接编辑刊登商品的价格。

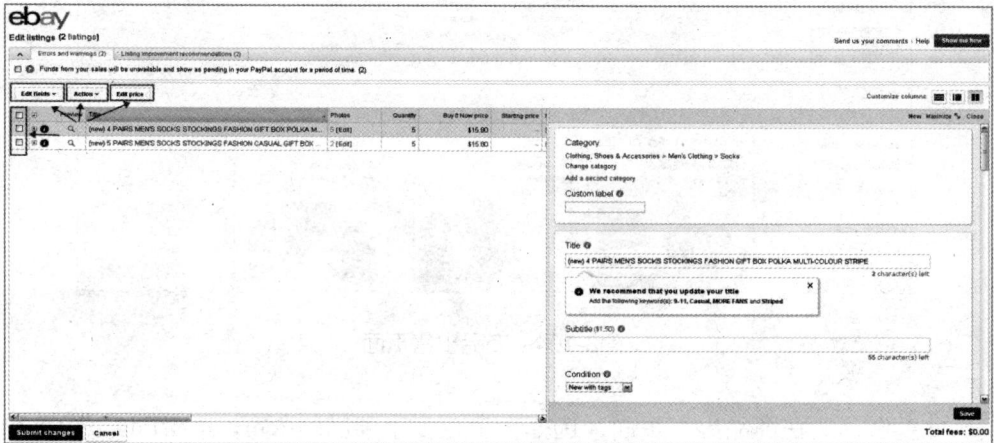

图3-106　商品批量编辑页面

以执行Edit fields为例，单击Title and subtitle字段准备批量编辑商品的标题和副标题。其中，Select action默认显示Edit listings individually选项，代表产品逐个编辑的含义，可以选择Edit listings in bulk，进行产品标题和副标题的批量编辑，如图3-107所示。

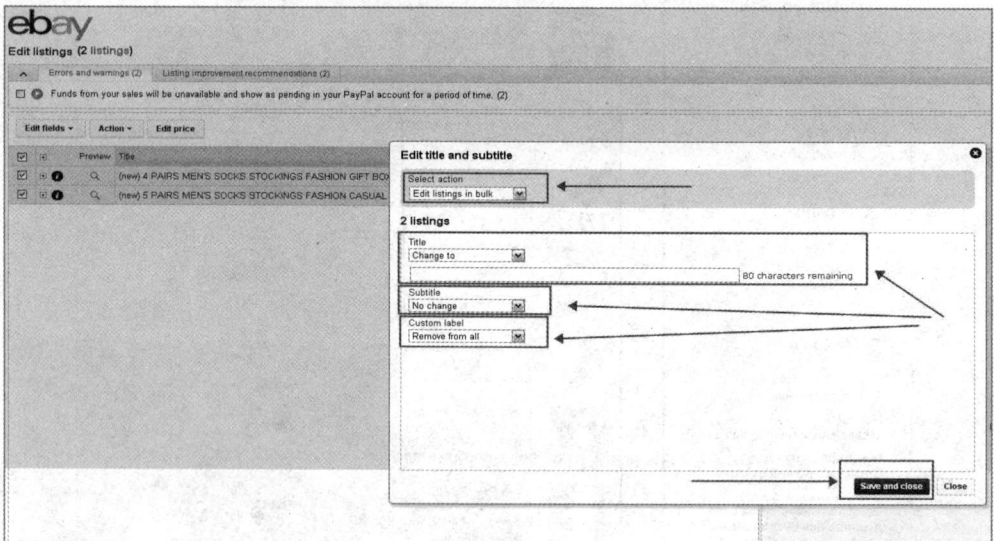

图3-107　商品批量编辑示例

④ 保存查看费用。将所需编辑的内容全部修改完成后，单击Submit changes按钮提交
更改，在弹出的对话框中查看编辑会产生的费用，如图3-108所示。若同意批量编辑费

用，单击Confirm and submit按钮，在新弹出的对话
框中单击Finish按钮，就完成了此次批量编辑的
操作。

卖家须知，只有开通售卖专家（Selling Manager），
才可以进行批量操作。

（3）重新刊登

如果商品初次刊登时未能卖出，不妨考虑变更
刊登商品标题、刊登商品主图、降低起拍价、增加
商品的详情描述等，让商品变得更有吸引力、更具竞争力，然后重新刊登该商品。

图3-108　商品批量编辑费用

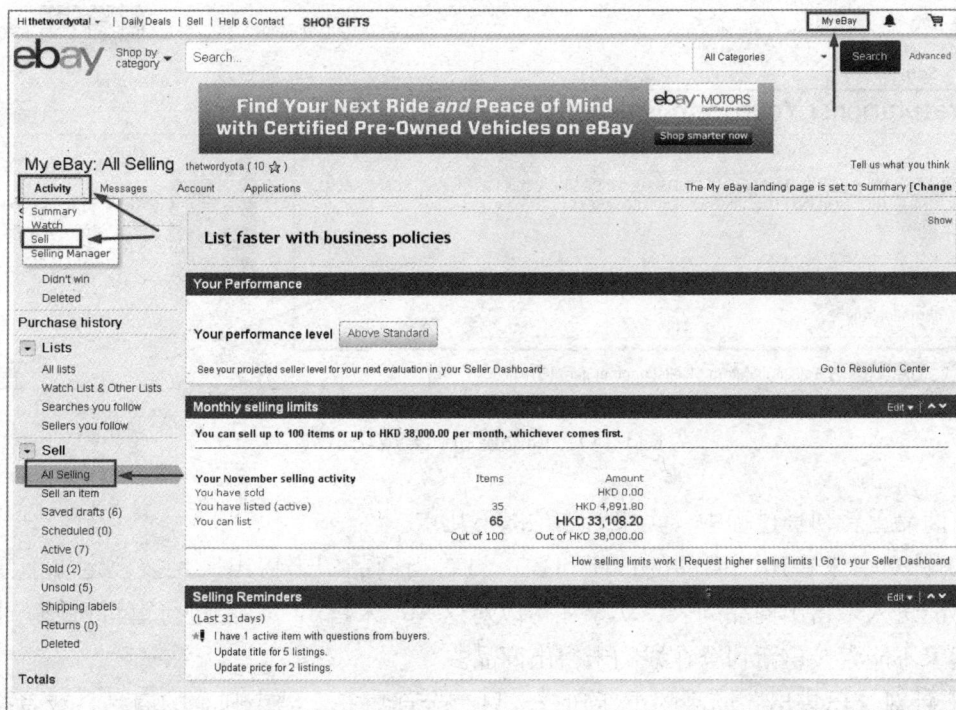

在eBay平台上，商品重新刊登的方法有两种：第一种是利用My eBay，第二种是利用
售卖专家工具Selling Manager。其中，利用My eBay的方法是：若要重新刊登已售出的商
品，单击My eBay页面中左侧导航Activity下的Sell模块的子菜单All Selling，进入所有销售
商品记录的页面，如图3-109所示。然后，选择需要重新刊登的商品，单击Relist按钮，即
可重新刊登已售出的商品。当然，若重新刊登的商品内容需要编辑，可单击Sell similar按
钮，进入相应页面后，适当修改和优化需要重新刊登的商品，如图3-110所示。

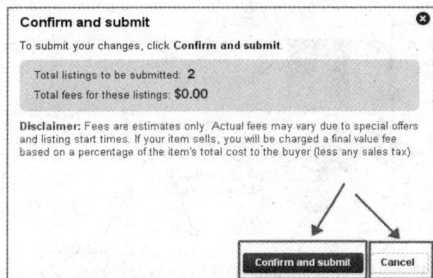

图3-109　重新刊登入口

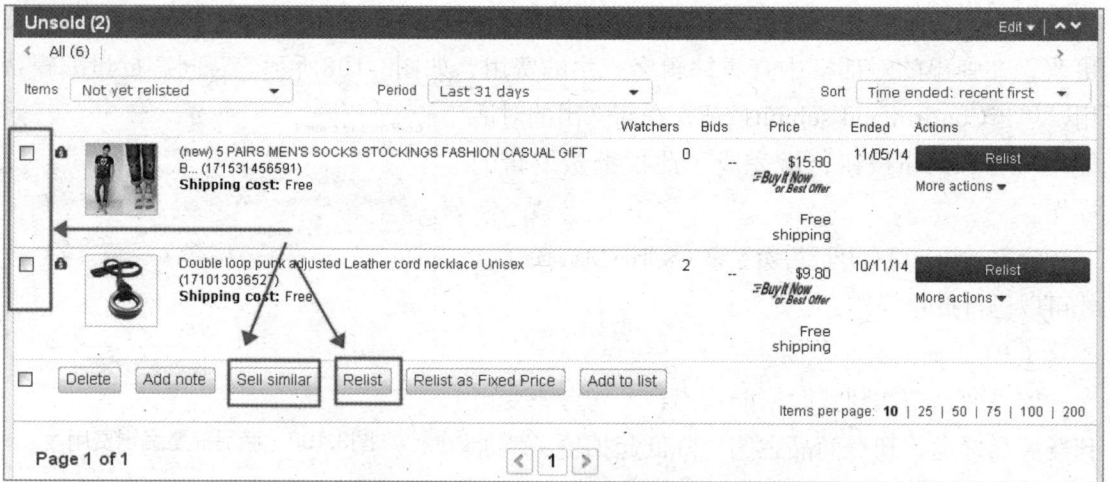

图3-110　商品重新刊登操作示例

若想重新刊登未售出的商品，单击My eBay页面中左侧导航Activity下的Sell模块的子菜单Unsold，在未售出商品页面做类似操作后，单击Relist按钮进入Review your listing页面，查看需要重新刊登的未售出商品信息是否有误，确认无误后单击List your item按钮，即可重新刊登未售出的商品，如图3-111所示。

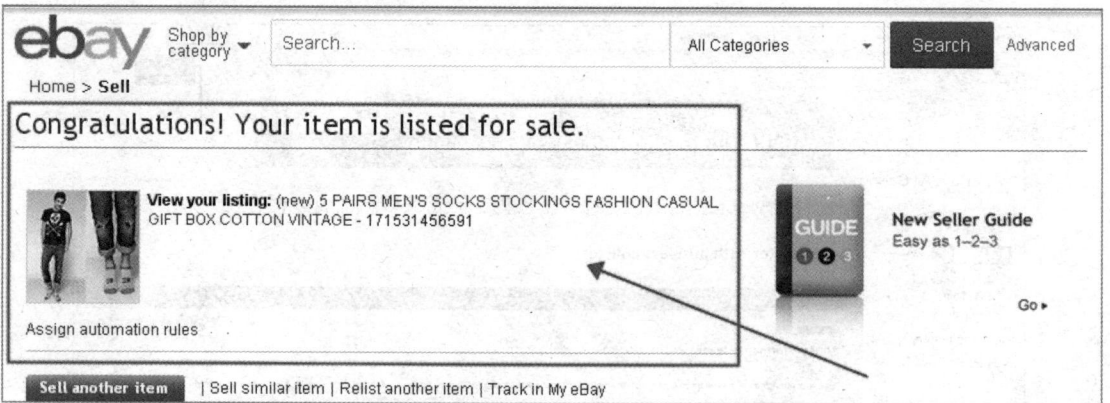

图3-111　商品重新刊登成功示例

在商品重新刊登过程中，卖家须注意以下几点。

① 针对"未售出"商品的重新刊登，只有当商品"未售出"且按规定提前结束刊登，才能进入未售出商品列表，卖家才可以对这些"未售出"商品进行重新刊登。也就是说，卖家不能直接重新刊登在线的未售出商品。

② 针对"已售出"商品的重新刊登，只有全部售完、结束刊登的商品，或者按照规定提前结束刊登的商品，才能重新刊登。

③ Sell similar为复制刊登的意思，是平台允许卖家以选定的刊登商品为模板，进行编辑、修改等操作后，刊登类似的物品。Sell similar重在提高卖家的工作效率。

（4）查找上线的刊登商品

卖家都非常关心刊登商品是否能在eBay上被买家搜索到，因为这直接关系到商品的浏览量，会对商品销售量产生直接的影响。所以，商品刊登上线后，卖家可以以买家身份查看商品刊登情况，以确保刊登质量。

查找已上线的刊登商品有两种方法，一种是利用卖家后台My eBay，另一种是利用"eBay高级搜寻"中的查找功能或精确查找功能。其中，利用My eBay的方法是：单击My eBay页面中的左侧导航Selling Manager下的Active模块，进入"出售商品"页面，如图3-112所示。单击相应的商品标题或商品图片，即可进入商品刊登页面，如图3-113所示。利用"eBay高级搜寻"的方法是：单击My eBay首页中的Search或Advanced按钮，在显示页面中，通过以买家查询的方式（By Seller），输入卖家账户查找卖家上线的所有商品列表，然后单击待查看商品的标题或商品图片，即可查看卖家上线商品的刊登效果，如图3-113所示。此外，还可以通过By item number输入商品编码，查看已上线的刊登商品。

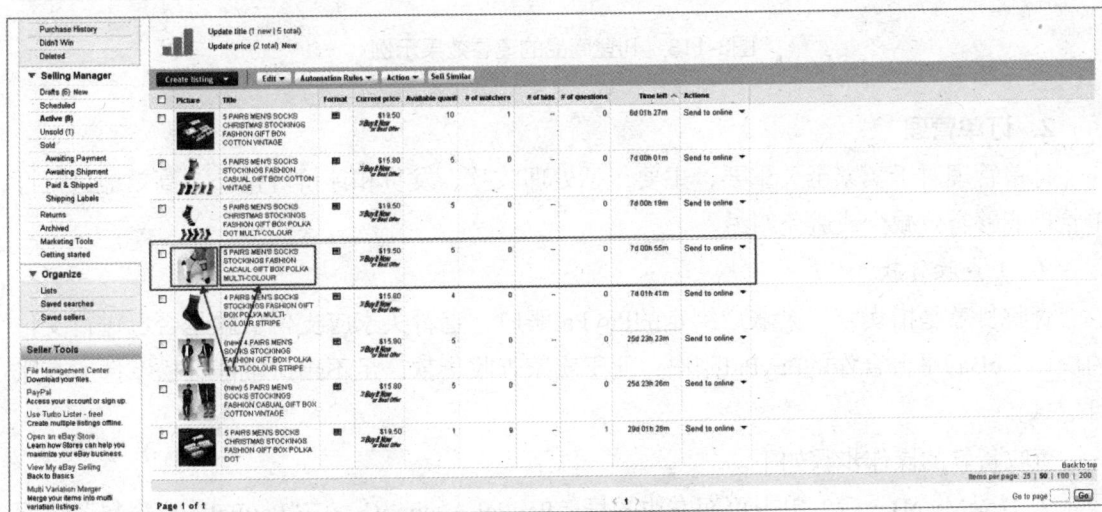

图3-112　后台查看刊登商品的页面

（5）提前结束刊登

有时卖家可能因为突发情况，无法按照事先设定的时间结束商品刊登。如果有必要，可以选择在预定结束日期之前结束刊登，即使已经有买家出价，卖家也可以执行Bid Cancellation操作取消出价。

如果卖家刊登的商品已不再出售、起拍价格设置得不正确、商品的刊登内容有误或者商品已遗失损坏，就可以提前结束刊登。具体操作步骤是：选择一个或多个需要提前结束刊登的商品Item，然后单击Action下拉菜单中的End操作，即可提前结束商品的刊登。

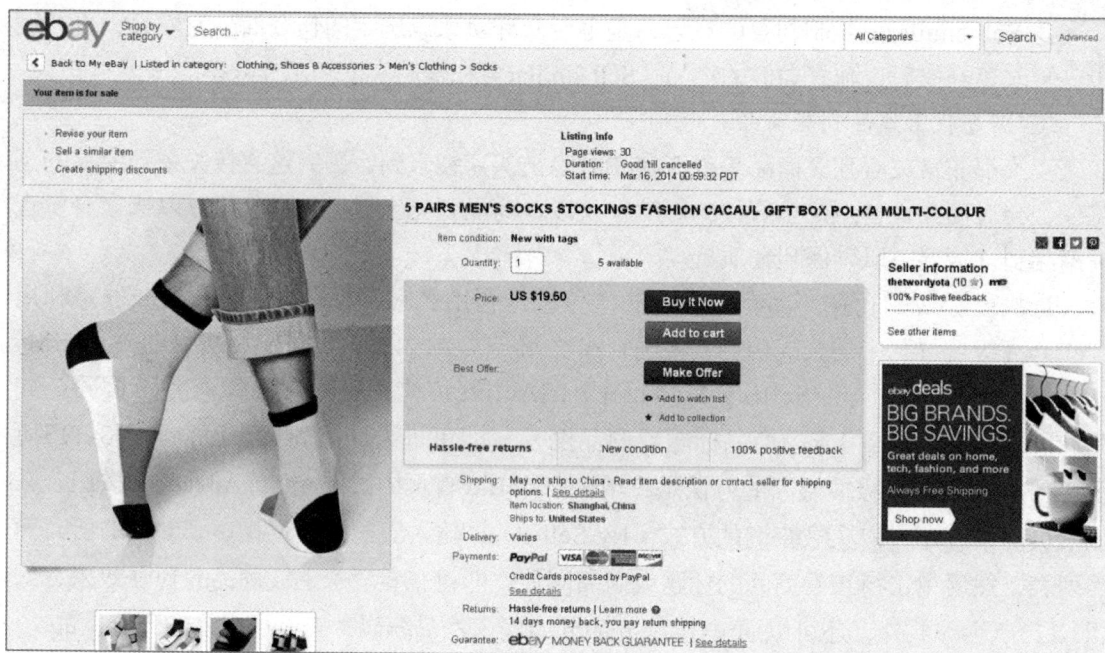

图3-113　刊登商品的查看效果示例

2. 订单管理

订单管理对于卖家至关重要，主要包括处理收款、发货和评价等操作。高效地进行订单管理能够有效减少或避免纠纷。

（1）查收货款

查收货款是指卖家登录账户绑定的PayPal账户，查看买家应支付货款是否已进行支付的操作。eBay平台合作的PayPal账户，便于卖家查收货款，足不出户也能轻松掌握所有账目信息。

查收货款的操作步骤如下。

① 登录My eBay后，单击页面左边的导航PayPal Account，在"PayPal账户资料"页面中单击"前往你的账户总览"。然后根据平台提示，输入与eBay绑定的PayPal账户信息后，进入"PayPal账户"页面。

② 进入"PayPal账户"页面后，单击"交易记录"，进入交易管理页面。在交易管理页面，可以查看账户余额、近期交易和所有交易，还可以采用"查找交易"方式精确查找指定的交易记录，如图3-114所示。

（2）打包发货

当买家购买商品并付款后，卖家进入打包发货的环节。在打包发货过程中，卖家须严格检查商品，并在发货后将相关信息上传至eBay平台，让买家可以随时掌握物流动态。

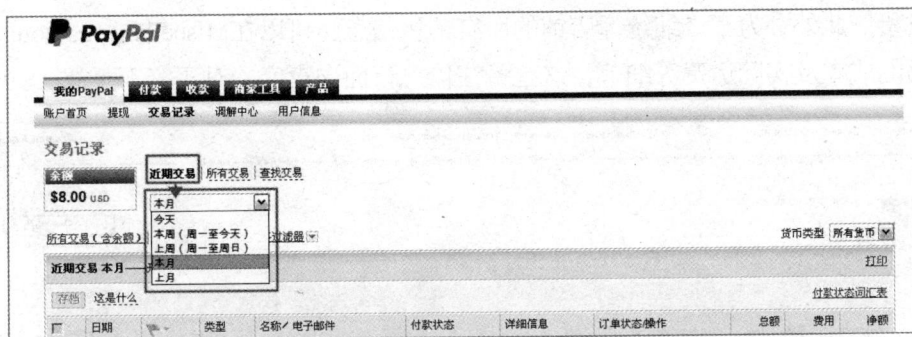

图3-114　交易记录

　　打包发货的流程包含验证买家货运地址、填写相关订单单据、上传物流单据共三个环节。其中，验证买家货运地址是物流快递妥投的第一步，尤其是对海外用户货运地址的验证。操作步骤是：单击Sold，进入商品"已出售"页面，单击已售出商品，若交易栏中的"$"符号由灰变亮，表明买家已付款，如图3-115所示。从图3-124可以看出，待发货的订单编号为445，单击订单右侧Print Shipping Label下拉菜单中的View Sales Record，可以查看该订单的所有交易细节，如图3-116所示。

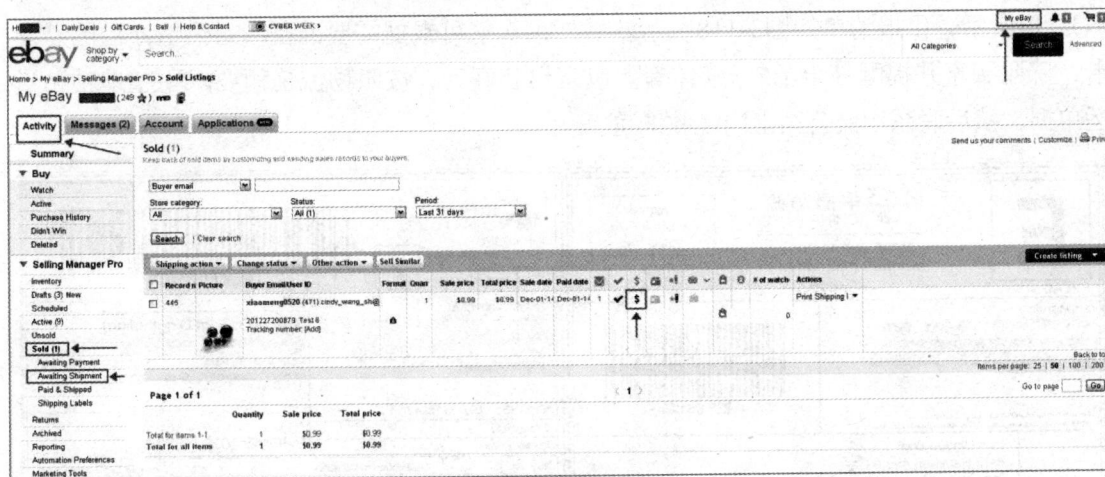

图3-115　出售商品列表

　　还有一种更为简便的操作方法：单击页面左边导航栏中的Awaiting Shipment，进入商品"等待发货"页面，可以直接看到已付款但未发货的订单。

　　在验证买家货运地址的过程中，在"交易细节"页面中单击Buyer details，可查看买家收货地址等信息；单击Notes to buyer，可以将个人信息等资料反馈给买家。对于拥有英国、美国等海外仓库的卖家而言，采用英国、美国的国内物流，根据需要可以单击Print Label or Invoice打印运输标签；而对于从中国发货到美国的卖家，则参考使用eBay亚太物流平台发货。此外，为了详细统计店铺的所有销售信息，可以在Miscellaneous notes中输入每件商品的成本及实际运费等细节，这些备注信息仅面向卖家，对买家不开放。

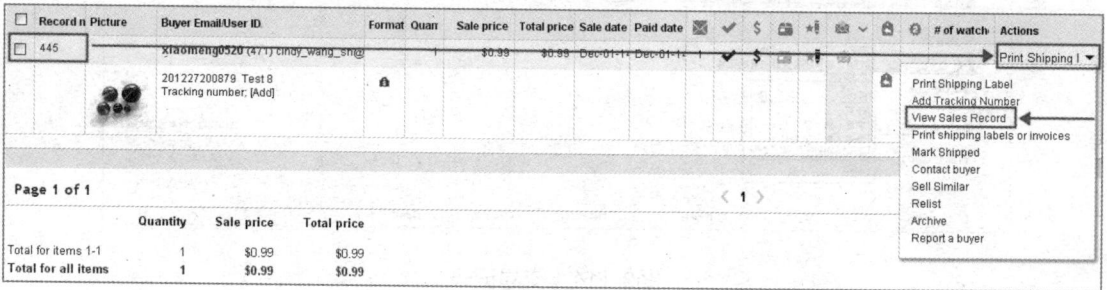

图3-116　单击"View Sales Record"查看交易细节

　　打包发货的第二步是填写相关订单单据，这是国际快递流程中非常关键的一环。单据填写是否正确，单据粘贴是否规范，对商品的分拣及派送、清关入关等都有较大影响。

　　对于国际快递的单据，要求卖家做到单据整洁干净、不折叠、不破损、不模糊、字体清晰、内容完整、粘贴位置无误。鉴于不同的国际快递有不同的要求，卖家可按照要求进行单据的填写、粘贴等。以国际E邮宝为例，在eBay亚太物流平台，发货标签示例如图3-117所示，申报清单如图3-118所示。另外，卖家可根据需要准备一封热情洋溢的感谢卡，感谢买家并提醒其给予5分好评等。包裹封装好后，按照物流公司要求平整地粘贴货运单据，然后联系物流公司上门揽收即可。

图3-117　eBay亚太物流平台打印的发货标签示例

销售编号	跟踪编号	寄货人	中文申报名	数量	重量（千克）	原产地	价格	收货人
			APAC Shipping Platform 货单 生成日期:2014-12-3 12:4					
1	LK285876312CN	zhangrui ,China guangzhou Guangdong China 510220	Trinkets（Bracelets）小饰品（手链）	1	0.907	CHN	USD 0.99	Tom Ding(leding)

图3-118　eBay亚太物流平台申报清单示例

　　打包发货的第三步是上传物流单号，其目的是方便交易双方跟踪物流进度。在商品安全送达买家之前，卖家必须对商品负责。如果买家可以轻松搜寻到商品到达何处，他们会对交易更加放心和满意，并给予卖家较高的服务评级（DSR）。上传物流单号分两步：第一步是定位到图3-119所示的"待发货"页面，完成买家地址验证后，单击Print Shipping Label下拉菜单中的Add Tracking Number，弹出添加商品物流追踪单号的页面，如图3-119所示；第二步是在Tracking number文本框中输入物流的跟踪单号，在Carrier文本框中输入物流公司名称，完成后保存。如需添加多个物流跟踪单号，可单击Add another链接继续添加。

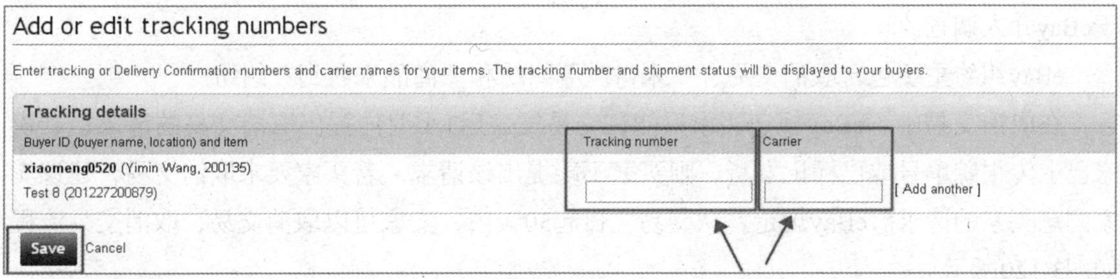

图3-119　填写物流跟踪单号和物流公司示例

　　上传商品追踪单号后，商品的状态会由"已卖出"自动变为"已寄出"。而且，上传商品追踪信息后，系统会自动发送电子邮件通知买家。

　　买家查看物流信息有两种方法：第一种方法是，商品追踪单号会在买家的"已买到的商品"下方自动显示，买家单击商品追踪单号就可以直接查看订单的物流信息；第二种方法是，买家通过"订单详情"页面查看物流信息。

　　在交易管理过程中，可能会发生取消交易的情况，取消交易主要发生的情形如下。

　　（1）卖家原因：当卖出一件商品后，卖家发现商品丢失、损坏，导致交易无法完成。面对这种情况，卖家可在eBay纠纷调解中心取消交易，同时返还成交费。这种情况可能存在两种情形：第一种是买家已付款，第二种是买家未付款。

（2）买家原因：买家自行取消交易的情况。

因为取消交易会影响卖家的不良交易率，因此卖家须深入学习平台规则，以应对不同情形下的订单处理方法。

交易管理中，卖家打包发货，经过国际物流妥投后，平台有可能会接收到买家对卖家的DSR评级反馈。eBay平台设置信用评价系统的目的是鼓励各会员以诚实、积极与公正的态度完成交易。买卖双方通过信用评价系统，评估交易对象的诚信度，可以与其他eBay会员分享。

评价管理主要包括评价买家和评价卖家。其中，卖家在My eBay后台对已售出商品的对应买家可以留言反馈Leave Feedback。Leave Feedback包括手动评价买家和自动评价买家两种方法。同样，多数买家成功购物后会给卖家留下中肯的评价。负面信用评价会对卖家店铺的声誉及刊登商品的销售带来不良影响，在特定情况下，卖家可联系买家，恳求买家修改评价，也可以通过回复评价进行解释。

交易管理中，大部分交易都能顺利完成，但有时买卖双方之间也会出现纠纷。一旦出现交易纠纷，卖家应该及时与买家沟通，遵循eBay平台的纠纷处理规则，妥善处理交易纠纷。建议卖家时刻关注纠纷调解中心，对买家发起的投诉积极回应、处理。在解决个案时，尽量通过纠纷调解中心来和买家沟通，这样在eBay上将留有双方沟通的正式记录，便于eBay介入调查。

eBay纠纷主要包含取消交易、"未付款"纠纷和"商品未收到"纠纷。

在取消交易中，eBay规定买家只能在交易发生后1小时内提出取消交易的请求；若卖家已上传跟踪单号或已标记发货，则买家不能提出该请求。若买家要求取消交易，建议卖家同意买家的请求。eBay规定，从交易之日起30天内，卖家可以取消交易，取消交易流程如图3-120所示。

"未付款"纠纷是指如果买家在交易结束后4～32天内没有付款，对卖家的沟通也未回应，卖家可通过纠纷调解中心发起"未付款"纠纷。卖家在My eBay后台的My Account模块下，单击左侧导航Resolution Center可以开启eBay纠纷调解。

"商品未收到"纠纷是指买家未能及时收到商品时，从而向卖家开启"商品未收到"纠纷。卖家遇到该纠纷时，必须在eBay不同站点规定的时间内给予回复。例如，卖家可以通过提供相关妥投证明、运送时间、收件人签收证明、买家地址等来解决"商品未收到"个案。

当买卖双方间出现交易纠纷时，建议卖家及时处理纠纷，完成退货、退款等流程，避免由于交易纠纷而影响卖家的不良交易率、卖家表现评价等。

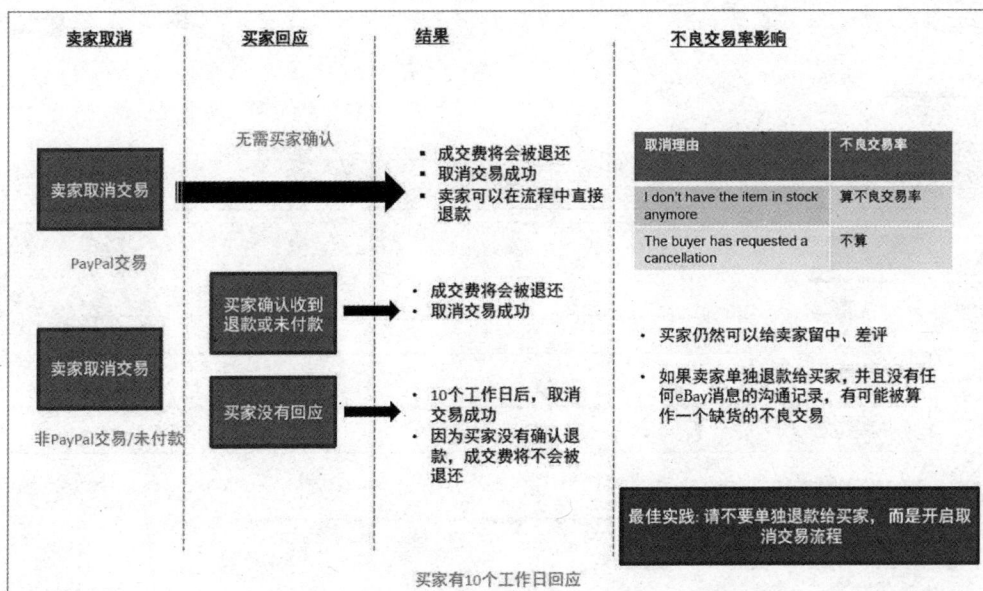

图3-120　卖家取消交易的处理流程

3. 店铺管理

开设店铺能够吸引更多买家，协助卖家成功开拓业务。eBay平台提供三种类型的店铺，分别是基础店铺、精选店铺和超级店铺。其中，基础店铺简单易用、可轻松自定义。精选店铺享有更多高级的自定义选项和销售工具，为中高级销售量的卖家拓展业务而设。超级店铺除了有基础店铺和精选店铺的所有功能外，还可获得更多附加功能及优惠。

由于eBay是全球性的交易平台，各eBay站点的要求不尽相同。店铺管理主要包含开设店铺、装修店铺、推广店铺和休假设置共四部分。

（1）开设店铺

以eBay美国站点为例，进入My eBay后台，单击Account模块，单击左侧导航栏中的Subscriptions，在显示的订阅页面中定位到Available subscriptions部分的eBay Stores，可以看到店铺共分为三类，分别是Basic Store、Premium Store和Anchor Store，如图3-121所示。选中基础店铺（Basic Store），单击右侧对应的Subscribe，进入"eBay店铺"的订阅页面。当然，也可以选择精选店铺（Premium Store）或超级店铺（Anchor Store）。接下来根据需要输入店铺名称，选择店铺等级、付款方式后，对所有信息进行核查，如图3-122所示。最后，单击Submit按钮，即可完成店铺的创建。

（2）装修店铺

创建一个适合业务背景、装修个性化的店铺将会帮助卖家的店铺脱颖而出，给买家留下专业、高档的店铺印象，进而受到更多买家的关注和喜爱，在带来更多销量的同时，也能提高市场核心竞争力。店铺装修操作界面如图3-123所示。

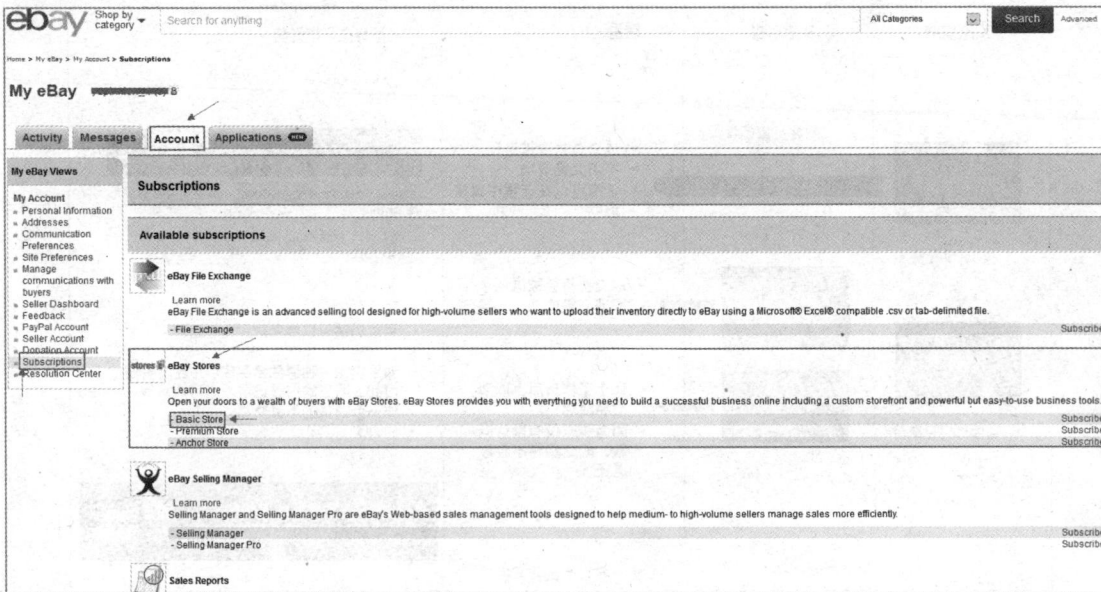

图3-121　开设店铺入口

图3-122　核实店铺等级和付款方式

图3-123　店铺装修入口页面

（3）推广店铺

eBay店铺中提供的促销推广功能，把受欢迎的、热门的产品以诱人的优惠折扣推荐给更多买家，会增强店铺刊登商品的吸引力，为店铺创造更大收益。

eBay促销管理的优势是能够助力卖家扩大订单和利润，通过使得相关商品获得更多的曝光机会，吸引买家购买更多商品而不是转向其他店铺，还可以通过整合捆绑订单，有效降低运费并提高利润空间。

eBay促销策略主要包含扩大订单（Order discount）、优惠通道（Codeless coupon）、运费折扣（Shipping Discounts）、降价活动（Sale event）和捆绑销售（Accessory discount）。

eBay促销管理工具的使用步骤是：登录My eBay中心，单击左侧导航中的Selling Manager Pro，进入专业版售卖专家页面，然后单击Manage My Store，进入店铺管理模块，再单击左侧导航中的Manage Promotions，进入"促销管理"页面，如图3-124所示。在"促销管理"页面中，卖家在深入学习并掌握五大促销技巧的基础上，熟练运用并设置促销内容，能够有效提升店铺的销售额。

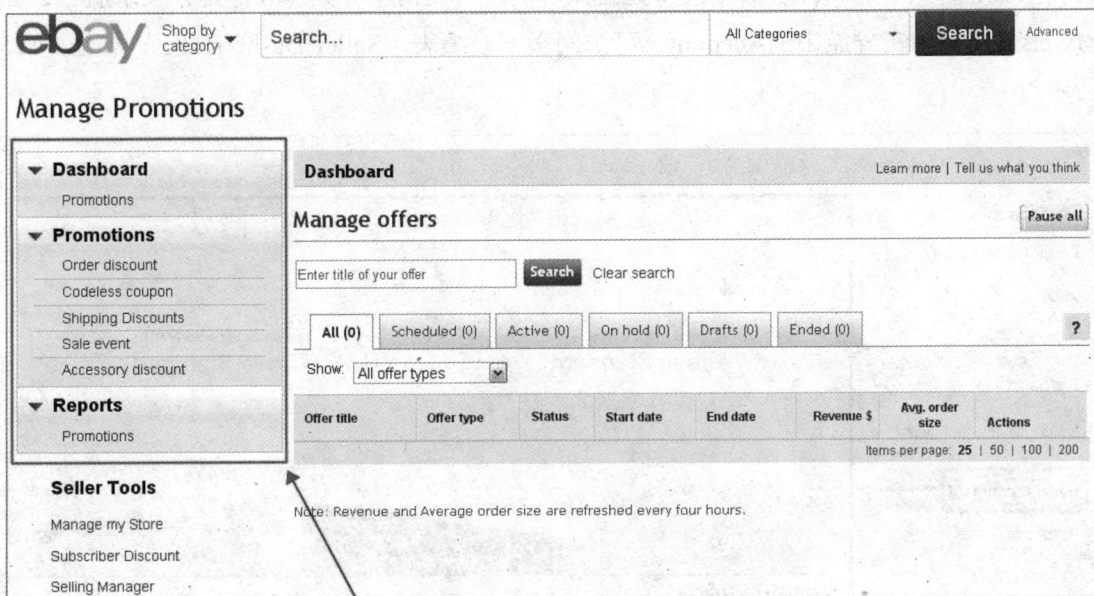

图3-124　店铺促销策略设置页面

（4）休假设置

为了确保买家有良好的购物体验，建议卖家在平台设置店铺的休假功能。当卖家开启店铺休假设置时，系统会在商品刊登详情页面显示休假信息，避免买家产生不良的购物体验。

4. 账户管理

当卖家通过PayPal收到货款后，款项将会保留在PayPal账户余额中。卖家通过"提现"才能将买家支付的款项转至卖家的银行账户。为了更好地掌握卖家的eBay费用、退款、付费及优惠折扣情况，卖家应及时查询和支付eBay账单。

PayPal提取余额的方法有支票提现和电汇提现两种。其中，电汇提现具有速度快、安全性高的特点；支票提现具有费用较低、等待周期长、邮件邮寄存在丢失风险等特点。

账户管理模块主要介绍卖家成绩表、信用管理和买家体验报告三部分。

（1）卖家成绩表

卖家成绩表（Seller Dashboard）可以帮助卖家更好地监控店铺在平台的表现，保持良好的买家服务，所有获得10个及以上的卖家服务评级/DSR分数的卖家都可以进入自己的卖家成绩表。建议卖家定期访问卖家成绩表，了解卖家表现、折扣优惠、政策遵守度、账户评级及销售总额等表现，并根据每周更新的数据报告，动态调整运营策略。

卖家只要最少售出过一件商品，便可以看到新的卖家成绩表。如果卖家收到5条以上的卖家服务评级，将可以在成绩表中查看账户的不良交易率。具体操作是：登录后台，在My eBay页面单击导航中的Account，可访问卖家成绩表（Seller Dashboard），如图3-125所示。

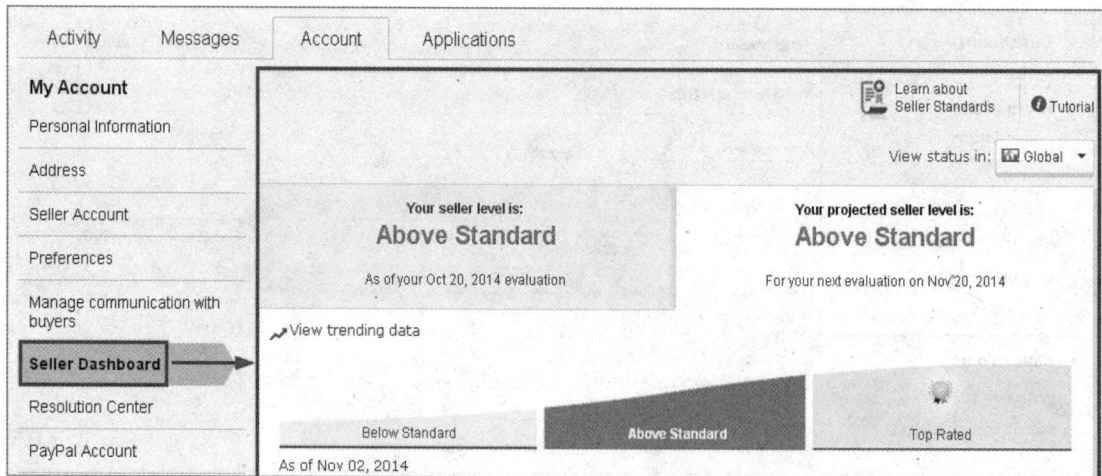

图3-125　卖家成绩表页面

在图3-125所示的卖家成绩表（Seller Dashboard）上方的"卖家成绩表摘要总览"区域，显示了卖家级别、预估卖家级别等信息。单击View trending data，可查看"表现趋势数据表"。其中，卖家表现级别分为"高度评价卖家""优良卖家"和"待改善卖家"；"表现趋势数据表"中会罗列出评估卖家级别时纳入考虑的每个指标，卖家可根据各项指标的详细资料有针对性地改善。若卖家取得并保持"高度评价卖家"身份，可享受刊登排序较高、20%成交费折扣等多重优惠，而且在符合条件的刊登商品中，会自动显示"高度评价卖家"徽章。相反，若卖家在某类别的评级低于标准，则整体的卖家评级也会低于标准。

卖家成绩表（Seller Dashboard）下方的"不良交易记录"区域，可查看卖家的不良交易记录详情，如图3-126所示。单击download a report，可下载有不良记录的交易报告；单击Returns，可查看退货订单详情；单击Canceled transactions，可进入调解中心查看取消交易的个案；单击Requests，可进入调解中心查看处理中的请求或个案；单击Feedback，可查看卖家的信用评价详情。

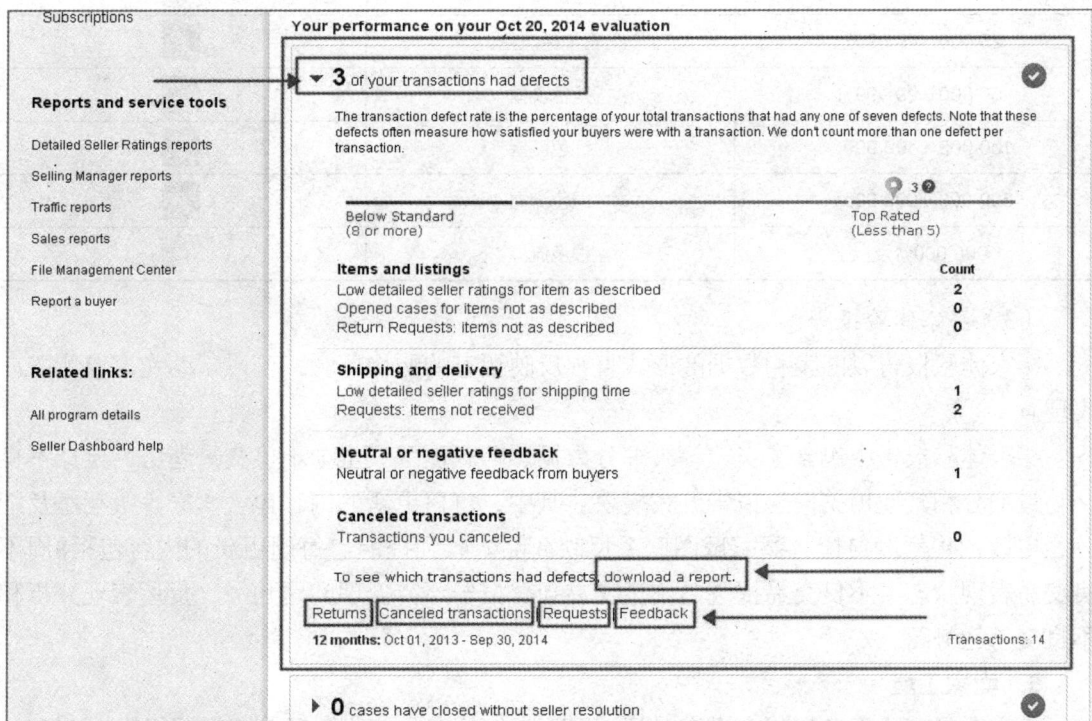

图3-126　卖家成绩表页面

（2）信用管理

信用管理包括信用指数和星级。在eBay平台中，信用指数是信用评价档案最重要的内容之一，它是显示在会员账户旁括号中的数字。

星级是指卖家信用指数达到一定分值时，卖家获得相应的信用评价星星。卖家收到的正面评级越多，信用指数越高，星星的颜色也会随着信用指数的提升而改变。信用指数和星级的对应关系如表3-5所示。

表3-5 信用指数和星级的对应关系表

信用指数分	星星名称	星星图符
10~49分	黄色之星	★
50~99分	蓝色之星	★
100~499分	青绿色之星	★
500~999分	紫色之星	★
1 000~4 999分	红色之星	★
5 000~9 999分	绿色之星	★
10 000~24 999分	黄色流星	
25 000~49 999分	青绿色流星	
50 000~99 999分	紫色流星	
100 000~499 999分	红色流星	
500 000~999 999分	绿色流星	
1 000 000分及以上	银色流星	

（3）买家体验报告

买家体验报告以图表和数据的形式直观反映买家的购物体验，可以帮助卖家监测账户表现。

买家体验报告中包含了卖家等级细分数据、问题提醒、全球不良交易趋势、全球不良交易量细分和其他相关信息报告五大模块。其中，每日更新的内容包含卖家等级状态及细分、申请销售额度自检、买家试图联系反映商品未收到提醒。每周更新的内容包括8周不良交易表现状态、不良交易提醒、不良交易刊登报告、待处理问题刊登、货运表现分析和不良交易趋势图。

5. 卖家工具

卖家工具有助于卖家减少操作时间，提高工作效率，使店铺运营工作更轻松。

（1）刊登快手

刊登快手（Turbo Lister的），是eBay平台为方便卖家刊登商品而设计的客户端离线软件。通过刊登快手，卖家可以在离线状态下，详尽、细致地批量整理、编辑商品信息、上传图片等。商品信息整理完成之后，卖家可一次性将商品上传到eBay，既节省时间，又能提升商品刊登效率。

（2）售卖管家

eBay售卖管家是平台为卖家精心设计的工具，有Selling Manager、Selling Manager Pro，前者适合交易量中等至较大的卖家，后者在拥有前者功能的基础上额外提供了商品总管等自动化功能，适合交易量大、经营小型企业的卖家使用。

（3）发货专家

发货专家是为适应国际电子商务寄递市场的需要，提高中国卖家物流处理效率而推出的平台。卖家可以通过该平台，自动同步销售数据、管理、下载和打印包含英文地址的发货单及报关单据。物流服务商会委派专员上门揽收包裹，使包裹联网后可以与eBay数据库系统对接，并提供包裹追踪信息查询服务。

与阿里巴巴国际站、亚马逊平台等一样，eBay平台向入驻平台的卖家提供了一些数据分析工具，如Terapeak数据分析工具、WatchCount数据分析工具。这些数据分析工具旨在帮助卖家通过查询商品销售结果，分析得出热销品类及产品售价等有价值的信息，帮助卖家分析不同国家（地区）、不同顾客的购物特点等，帮助卖家进行精准的选品定位，改进销售策略等。

目前，Terapeak与阿里巴巴、eBay、Shopify和PayPal均有合作。

Terapeak通过强有力的全盘列表来追踪所有卖家账户的表现，包括收入、销售和平均出售价格等指标；通过细分数据衡量卖家的每个子账户、产品类别在每个市场上的表现情况，了解销量趋势以找到需要改进的地方；逐个查看商品刊登及表现指标，识别哪些需要搜索引擎优化等。Terapeak数据分析工具的优势如下。

① 找到机会。Terapeak通过基于商品销量的搜索方法和类别热点图的展示，让卖家了解消费者正在以什么价格购买什么商品；Terapeak通过搜索品牌和产品，查看最近一年中任意季节的最热门商品和分类，找到表现最好的商品并统计该商品的销售数据；Terapeak通过获得真实数据，了解多少产品正在被交易，又有多少金额在转手，发现并合理利用电子商务趋势；Terapeak通过研究供应、需求和价格之间的关系，估算潜在的利润；Terapeak通过查看何时何地的销售最为强劲，分析哪块市场的热度最高。综合上述分析结果，Terapeak助力卖家找到更好的进货渠道。

② 增加利润。Terapeak通过了解一个商品以何种价格出售了多少数量，通过研究商品成交率、每个商品的出价次数及总销售额，通过日期、刊登形式和关键词来给价格和运费数据分类，从而了解商品供应、需求和价格的关系；Terapeak通过寻找感兴趣的消费者在哪里，以及他们愿意支付的价格，获得把合适产品以合适价格带到正确的消费者面前，从而指导卖家获得最大的成功，找到更有利可图的市场。

③ 获得曝光。Terapea通过查找那些实实在在的、正在把消费者带到和卖家相似商品处的关键词，寻找针对卖家刊登商品来说最好的搜索条目，寻找卖家商品刊登里缺少的关键词，指导卖家优化商品关键词，提升商品的曝光度。

另外，WatchCount网站也可以帮助卖家查看eBay各站点中最受关注的产品、热搜词等功能，其首页如图3-127所示。

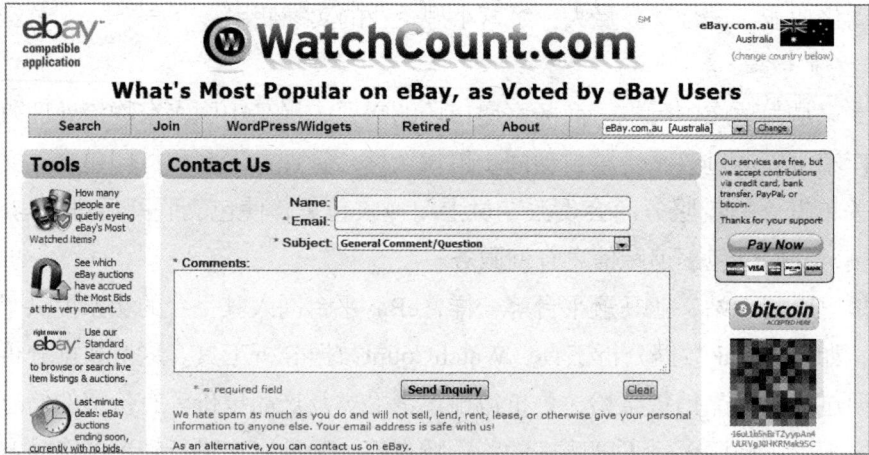

图3-127　WatchCount网站首页

本章小结

　　本章对经典的跨境B2C电子商务平台亚马逊、速卖通、敦煌网和eBay的特点、操作流程进行了介绍，并对不同平台的推广特点进行了介绍。跨境B2C电子商务的从业者应在了解跨境B2C电子商务相关知识点的基础上，掌握跨境B2C电子商务平台的操作流程及操作技巧。

习题

1. 分别阐述亚马逊平台和eBay平台的卖家评级标准，并总结两者的异同点。
2. 简述亚马逊全球物流服务的流程。
3. 简述速卖通线上发货的流程。
4. 阐述敦煌网的核心竞争力有哪些。
5. 阐述敦煌网商家店铺解析的功能。
6. 简述eBay平台的商品销售方式有几种，并分别阐述。
7. 简述eBay平台的DSR评级指标。
8. 简述eBay平台卖家取消订单的处理流程。
9. 简述eBay平台的促销策略有哪些，并分别阐述。

第 4 章

移动跨境
电子商务平台

教学目标

了解代表性移动跨境电子商务平台的特点，熟练掌握移动跨境电子商务平台的操作技能。

学习目标

本章旨在通过Wish和Lazada移动跨境电子商务平台的讲解，介绍移动跨境电子商务平台的操作流程和平台操作技能。通过本章的学习，学习者需要：

1. 了解Wish平台的特点；
2. 掌握Wish平台的操作；
3. 了解Lazada平台的特点；
4. 掌握Lazada平台的操作。

本章重点

本章着重学习Wish和Lazada的平台操作技能。

4.1 Wish

Wish随着跨境电子商务发展的热潮应运而生，目前已经发展成为全美领先的移动跨境电子商务平台，在全球排名第六。Wish的异军突起吸引了众多商家，助力商家将优质的产品销往全球各地。

4.1.1　Wish平台简介

2011年，硅谷的两位技术精英Peter Szulczewski和Danny Zhang（见图4-1），以其前沿的技术创意和敏锐的商业嗅觉，创办了移动跨境电子商务平台Wish。

图4-1　Wish创始人

基于移动端的Wish，最大的优点是将全球价廉、物美、质优的产品以精准推荐的方式展示在用户的移动端，让用户利用碎片化的时间快速浏览和订购产品，由此创造了一种深受欧美大众特别是年轻人喜爱的产品消费文化。

Wish鲜明且脍炙人口的口号Shopping Made Fun创新倡导的激发型消费理念，深深地吸引了大批消费者，其应用的下载量和产品交易量出现了爆发性增长。2013年Wish加入产品交易系统，正式进入跨境电子商务领域，2014年在中国成立全资子公司，2015年上线多款垂直购物App，获得高达5亿美元的融资。截至2016年年底，Wish继续保持北美最大移动电子商务平台的市场地位，并且跻身为全球第六大电子商务平台。

目前，Wish平台拥有1亿的注册用户，日活跃量120万人，这些用户的年龄层是15～35岁，主力消费群体是15～28岁，用户的男女比例为3∶7，男女消费比例为6∶4。就"女性消费竞争力更强"的主观意识而言，"男女消费比例6∶4"是Wish比较奇特的一个现象。

在Wish商户比例中，亚洲对欧洲为81∶19的比例，凸显了Wish是中国卖家的天下。截至2017年年初，入驻Wish平台的中国供应商超过28万家，为Wish平台贡献了90%的产品及85%的销售额，上架产品SKU超过7000万，日配送跨境商品超过100万单。

Wish App面向安卓和苹果移动通信设备，主要分为Wish综合购物App、Mama母婴类购物App、Cute彩妆类购物App、Home家居类购物App和Geek电子产品类购物App等。

Wish的战略目标是力争成为全球第二或第三家销售额突破万亿美元的公司，争取超越阿里巴巴并与亚马逊展开争夺。同时，Wish通过接二连三上线了Geek、Mama和Cute等垂直应用，展开对新生移动跨境电子商务平台的防御，意图成为面向欧美国家销售优廉商品的领先者。

Wish的营销策略是网站门槛低，通过采用免费注册店铺的创新模式吸引大量卖家注册用户，成为会员，汇聚商流，活跃市场，创造商机。Wish对平台消费者采用"宽松容忍"的原则，只要消费者提出退款，基本都能通过。因此，Wish平台吸引了大量的用户注册。

Wish的优势在于智能推荐算法的应用，使不同用户在不同时间段看到不一样的界面，Wish主动与用户互动，增强了用户对平台的黏性。

Wish平台的独特性表现在：Wish淡化了品类浏览和搜索，去掉促销，专注于关联推荐；针对不同国家，Wish采用本地语言进行本土化网站的建设，简单可读且具有亲和力。另外，Wish的物流体系和配送体系也越来越完善，提供了各种服务，使得用户更加信任该平台。

Wish的主要收入来自于卖家佣金，即卖家在出售商品之后，Wish平台收取这件商品收入的15%作为佣金。商家入驻Wish不收取平台费，也不需要交纳保证金、押金，更不用交推广费用。商家上传商品后，Wish App会根据卖家的商品进行定向推送。如果商品未售出，则Wish不会产生佣金。"不收平台费，按交易额收佣金"的策略，将平台和卖家的利益绑定在一起，有效地消除了卖家对推荐算法的不信任。

对于有意向加入Wish平台的卖家，在选品方面需要注意以下几点。

（1）Wish平台严格把控产品发货的时效性，卖家应选择拥有稳定货源的商品。

（2）卖家可以参考热门收藏品。

（3）卖家需要明确公司或店铺的定位，选择相应的商品。

（4）卖家需要了解目标客户群的需要，做到有的放矢。

对于青睐Wish平台的境外买家，卖家需要了解如下基本信息。

（1）高达一半以上的用户分布在美国和加拿大地区。

（2）用户年龄主要为15～30岁的年轻人。

（3）潜在买家的经济能力主要表现为年收入8万美金以上，且常在沃尔玛购物。

（4）潜在买家的男女性别比例大约为1∶4。

（5）潜在买家对商品的侧重点在于商品是否物美价廉，合乎使用。

对于目前入驻Wish平台的卖家情况，主要总结为以下两点。

（1）Wish平台的入驻卖家多为中小规模的卖家，极少有大型品牌商。

（2）一半以上的卖家来自中国，主要分布在深圳、广州、金华、义乌、上海、杭州、宁波、青岛、温州、东莞及北京等城市。

目前，Wish的物流方式主要有以下四种。

（1）E邮宝：E邮宝是中国邮政与支付宝最新打造的一款国内经济型速递业务，专为中国个人电子商务所设计，采用全程陆运模式，其价格较普通EMS有大幅度下降，大致为EMS的一半，但其享有的中转环境和服务与EMS几乎完全相同。Wish采用的E邮宝，主要针对美国地区。

（2）瑞士/荷兰邮政：主要针对欧洲大部分地区。

（3）顺丰小包：顺丰速运是目前中国速递行业中投递速度最快的快递公司之一。Wish采用顺丰小包，覆盖美国和加拿大在内的28个国家和地区。

（4）Wish邮：Wish邮是Wish携手上海邮政联合推出的全新跨境物流模式。

Wish平台之所以发展迅猛，与以下四个优点紧密相关。

（1）专注产品展示与个性化推荐。Wish平台通过机器系统自动检测和人工审核两种方式，对所有上传的商品进行逐一审核。

（2）无障碍连接用户和内容。这个特点是Wish平台的核心价值，对于大小品牌一视同仁，品牌对于Wish而言相当于一个属性。

（3）根据用户喜好进行产品推送。Wish平台的产品大都不是品牌，因此价格相对较低，通过低价保障获得大量年轻人的青睐。

（4）移动购物App应用。App的应用使得购买者可以利用大量的碎片时间。

4.1.2　平台注册及体验

Wish平台的首页如图4-2所示。

图4-2　Wish首页

　　企业入驻平台的注册流程是：单击图4-2所示的"免费使用"按钮，在显示页面上填写正确的账户信息，确保电子邮箱地址及密码的有效性，如图4-3所示。然后，输入商家办公地址、店铺位置、库房等商户信息，如图4-4所示，同意并选择平台服务条款，单击"提交"按钮后，出现电子邮件已发送的确认通知消息。若用户输入的电子邮箱账号密码无误，可前往电子邮箱查看，如图4-5所示。单击Confirm Your Email按钮进行电子邮箱的确认，在显示页面中输入联系电话并单击"立即呼叫我"按钮进行电话接听，如图4-6所示。然后用户输入来电屏幕显示的验证PIN码，即可完成电话验证，如图4-7所示。

图4-3　账户信息页面

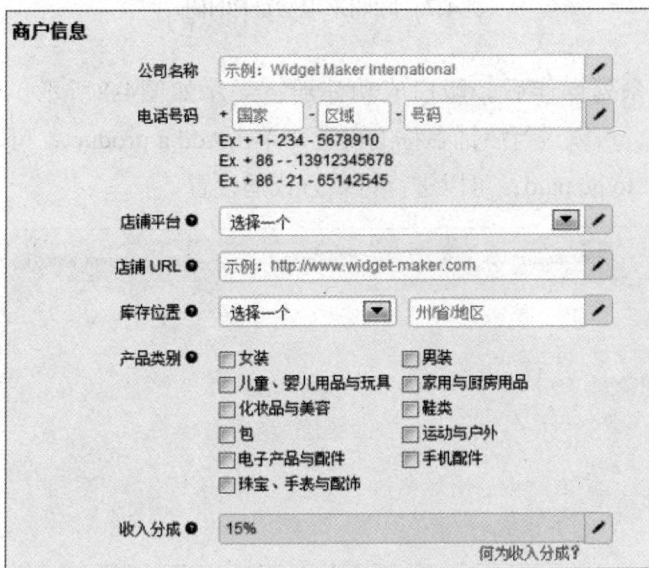

图4-4　商户信息填写部分

图4-5　电子邮件确认示例

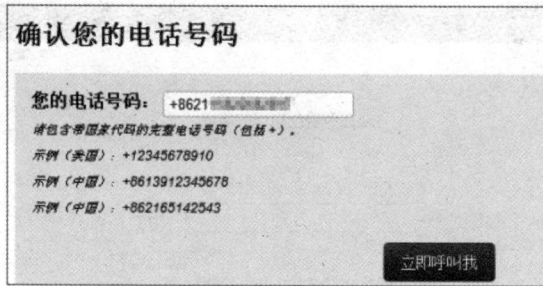

图4-6　联系电话确认

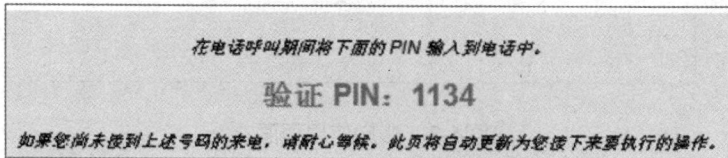

图4-7　呼叫来电验证PIN码

用户经过上述系列操作后，账户成功注册，显示如图4-8所示。在图4-8中，单击 Choose a store name，可以进行店铺名称的设置；单击Add a product，可以上传产品；单击 Tell us how you want to be paid，可以进行付款方式的设置。

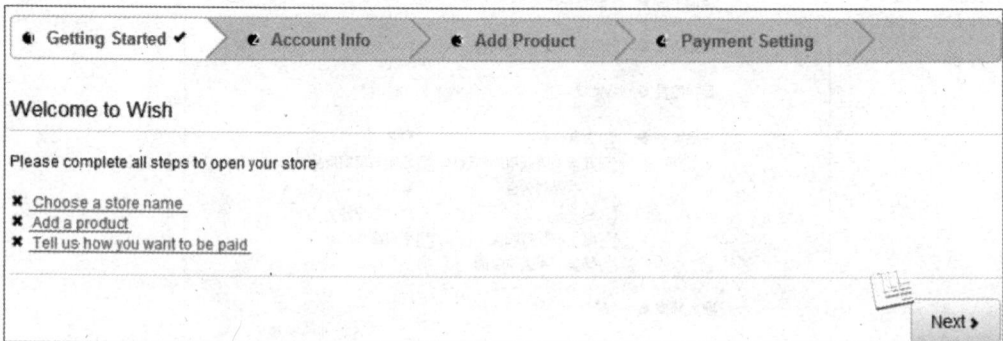

图4-8　账户注册成功

卖家需注意，单击Payment Setting进行支付方式设置时，首先需要输入合法的PayPal账户，然后输入注册邮箱地址，即可实现支付方式的设定。

卖家在Wish开店需要注意如下事项。

（1）Wish对卖家资质的要求：卖家可以是生产者、手工艺者、品牌所有者及零售商等。卖家必须自己创造、生产或拥有批发或零售的权利，才能进行产品销售。所有上传的产品信息必须清晰、准确且详细，这样有利于促进销售。

（2）Wish 严禁销售伪造产品：销售的产品不能侵犯其他方的知识产权，不得引导用户离开 Wish平台，严禁列出重复的产品。Wish平台不允许将原有产品列表修改为新的产品列表。

（3）注册期间提供的信息必须真实、准确。每个卖家实体只能有一个账户。

（4）Wish要求每位卖家都必须遵守相关法律法规，所出售的产品、所展示的店铺内容以及一些限运产品等必须符合法律标准。每位卖家自己制定的运输、付款、退款和换货政策不得与Wish的相关政策冲突。Wish保留要求卖家提供和修改相关政策的权利。

（5）Wish非常注重维护消费者的权益，要求卖家在接收订单后1～5天内发货，并在平台系统中填入相应的物流单号以进行追踪。一旦超过7天未发货，Wish会立即自动向买家退款，故Wish建议卖家选择可靠的物流公司。

4.1.3　平台操作流程

为了让学习者在较短的时间内快速掌握Wish平台的相关操作，下面主要介绍商品上传、商品CSV批量上传、商品维护、订单处理和商品配送等内容。

店铺建立是商家入驻Wish平台从事跨境电子商务的基础。卖家输入店铺名称并上传店铺头像后，即可完成店铺的建立，如图4-9所示。

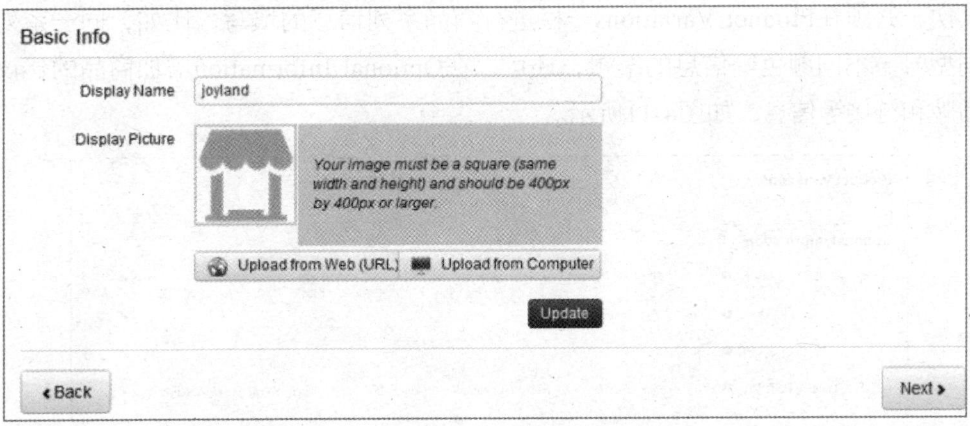

图4-9　店铺建立页面

1. 商品上传

商品上传是后台操作中的首个环节，设置步骤如图4-10所示。

首先，卖家必须完成商品编辑。在商品编辑过程中，在商品名称上应突出品牌、品名及型号；在商品细节上，应该描述包括材质、尺寸、颜色等特征在内的商品细节；在商品标签上，至少应该选择两个以上的标签；在商品ID上，需要确保商品ID的唯一性，以便于识别并追踪该商品；在商品图片上添加链接时，应该直接链接到商品，避免使用图片网站的链接。

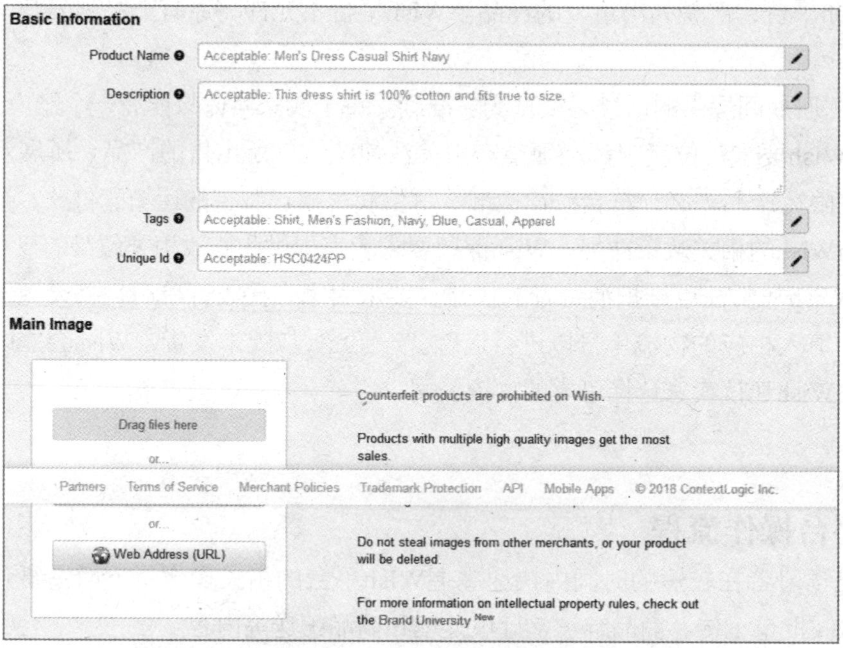

图4-10　商品基本信息设置页面

其次，必须在Product Variations一栏进行商品系列信息的填写，比如，同一系列商品的不同型号、不同颜色等信息的编辑，还可以在Optional Information增加商品的建议零售价、品牌和链接等信息，如图4-11所示。

图4-11　商品差异及可选信息的编辑

最后，必须填写商品库存、运输等信息，单击Submit按钮即可完成商品上传，如图4-12所示。其中，Price指消费者为该商品支付的实际价格，Quantity指卖家为Wish平台准备的销售数量，Shipping指卖家支付的地面运输费用；Shipping Time指商品到达消费者的时间。

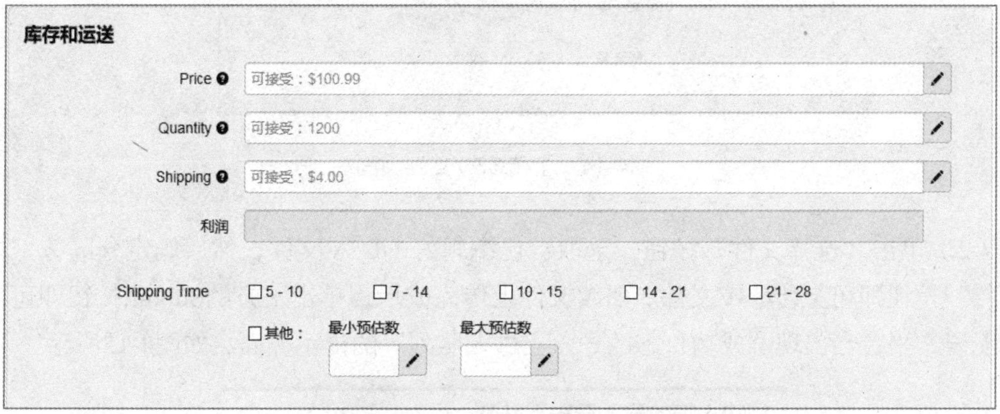

图4-12　商品库存及运输信息的设置

商品上传成功后，在后台单击"产品"→"查看全部"，可查看已上传商品的状态，如图4-13所示。

图4-13　查看已上传商品的状态

2. 商品CSV批量上传

CSV文件是一种可以将几百个甚至上千个商品一次性导入Wish平台的文件。相对于手动上传方式，使用CSV上传效率更高。因此，熟练掌握CSV批量上传技能，将会大幅缩减商品的上传时间，从而大幅提高卖家的工作效率。

商品CSV批量上传的操作步骤如下。

（1）如图4-13所示，单击后台导航中的"产品"，单击下拉菜单中的"添加产品"，再单击"产品CSV文件"，进入上传CSV文件页面，如图4-14所示。

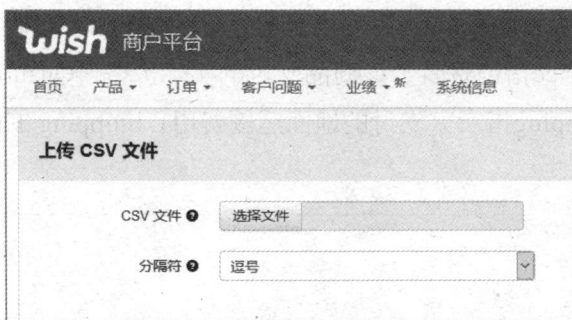

图4-14　上传CSV文件页面

（2）单击"选择文件"按钮，选取自己编辑好的CSV文件，然后确定分隔符，单击"上传"按钮即可上传CSV文件。CSV文件上传完成后，单击下方的Submit按钮即可。若一切无误，平台会出现"成功！您的导入已进入队列"的提示界面，如图4-15所示。

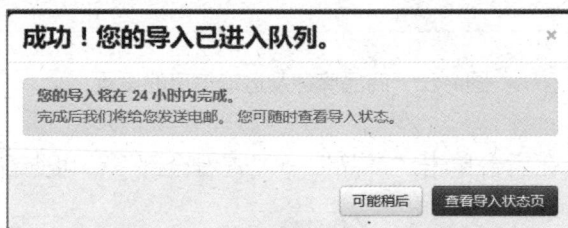

图4-15　CSV文件上传成功的提示

CSV文件的上传操作比较简单，CSV文件的编辑技能则有一定的难度，具体介绍如下。

（1）采用Excel方式打开CSV文件模板，可以看到表格首行是已经设定好的指标参数，如图4-16所示。表格首行的各项指标无须修改。

图4-16　CSV文件示例

（2）填写商品信息：从第二行开始，是卖家进行产品自定义填写的数据区域。在填写具体的商品数据之前，卖家需要对各项指标有一个清晰的认知。

其中，Parent Unique ID指商品的款号。商品款号指生产厂家对生产的不同规格但同一类型商品，用数字或字母分别标记，以利于区分的一种代码。商品同款，但存在不同尺码、不同颜色的情况，商品款号的输入格式为字符串。

Unique Id为商品的编号，是商品唯一标识。商品编号是Wish平台进行识别、跟踪、更新和报告该商品的依据。商品编号的输入格式为字符串。例如，SU888-36-red，只要内部能够辨识即可。

Price指商品价格，默认货币单位为美元。商品价格的输入格式为数字。

Product Name指商品名称，通常建议以"主品牌+子品牌+系列+产品名称+最多3个关键属性+商品类型"的字符串进行商品名称的构建，有助于买家记住商品。例如，"Nikon D5100 DSLR Camera (Body only) USA MODEL"就是一个构建合理的商品名称。

Quantity指商品数量，建议卖家准备充足的商品以备消费者购买。商品数量的输入格式为数字。

Shipping指单位商品的运费，这个是买家为每个商品销售订单支付的运费。商品运费的输入格式为数字。

Main Image URL指商品主图链接。在CSV文件中，该字段需要填写的内容是商品主图的链接。在CSV文件中，商品的所有图片均需要上传到图片空间网站，然后填写正确的图片链接，这样消费者就能够正确地访问商品图片。经过测试，目前免费平台主要有国内的百度网盘以及国外的Photobucket和Flickr。对于商品图片上传环节，卖家需要注意的是，必须填写图片本身的地址，而非图片的网页地址，否则，会造成Wish平台无法获取图片的问题。判断图片链接有效且最简单的方法是：将图片链接放在浏览器中进行查看，若显示效果如图4-17所示，则图片链接正确有效。商品主图正确显示的特征是：图片以其原始大小紧贴浏览器左上方显示，并且不会显示其他内容。

图4-17　商品主图正确显示示例

Tags指分配给源文件中每个商品的关键词或非层次结构关键字。Tags元数据是为了商品的描述和分类，Tags越多，商品描述的准确程度越高，被用户搜索到的概率越高。Wish允许每个商品最多有10个标签，多于10个的会自动被平台忽略。建议卖家填满10个标签，以最大化商品引流效果。而且，标签设置尽量与商品关联度高，增加订单转化的可能性。

Description指商品的详细描述，输入格式为字符串。Description的前150个字符显示在初始搜索页面上，买家单击"显示更多"可查看剩余信息，字符最多达4000个。

Size指商品的尺码，尤其与服装、鞋类相关。每个尺码变量必须是源文件中的行，有自己唯一SKU及自己的库存量。商品尺码的输入格式为数字，或者是Wish平台推荐尺码列表中的尺码。

此外，Color指商品的颜色，MSRP指制造商的建议零售价，Brand指商品的品牌名称，Landing Page URL指网站上包含使用商品详细信息和购买按钮的URL，Extra Image URL指商品照片的URL，UPC指用于跟踪店内商品和销售时进行扫描的商品条形码。

CSV文件编辑是Wish平台中的一项重要技能，卖家须注意以下事项。

（1）CSV文件中，每一行只能填写产品的具体尺码和指定颜色，如图4-18所示。

	A	B	C	D	E	F	G	H	I	J	K
1	Parent Un	*Unique I	*Product	Color	Size	*Quantity	*Tags	Descripti	*Price	*Shipping	Shipping
2	TG-088	TG-088	Sleeveles	Mint	XS	600	High and	Simple, s	20	4	"3-7"
3	TG-088	TG-088_Mi	Sleeveles	Mint	S	200	High and	Simple, s	20	4	"3-7"
4	TG-088	TG-088_Mi	Sleeveles	Mint	M	200	High and	Simple, s	20	4	"3-7"
5	TG-088	TG-088_Mi	Sleeveles	Mint	L	200	High and	Simple, s	20	4	"3-7"
6	TG-088	TG-088_Mi	Sleeveles	Mint	XL	200	High and	Simple, s	20	4	"3-7"
7	TG-088	TG-088_Pi	Sleeveles	Pink	XS	200	High and	Simple, s	20	4	"3-7"
8	TG-088	TG-088_Pi	Sleeveles	Pink	S	200	High and	Simple, s	20	4	"3-7"
9	TG-088	TG-088_Pi	Sleeveles	Pink	M	200	High and	Simple, s	20	4	"3-7"
10	TG-088	TG-088_Pi	Sleeveles	Pink	L	200	High and	Simple, s	20	4	"3-7"

图4-18　CSV文件中商品多颜色、多尺码的正确填写示例

（2）CSV文件保存时，文件扩展名确保为".csv"，而不是Excel格式。

（3）CSV文件中的表头是对商家输入时的指示，上传时必须将其删除。

（4）CSV文件中，Tags之间的逗号是半角输入法下的逗号，请切记。

（5）CSV文件中的Unique Id、Price、Product Name、Quantity、Shipping、Main Image URL、Tags这7个为必填项，缺少信息将会出现错误。

（6）CSV选填项中，颜色、尺码、辅图也相当重要。商品通常会配有多幅图片。当买家在前台搜索时，显示在默认搜索结果列表的商品图片被称为商品主图，其余的则为商品辅图。在CSV文件中，最多可以上传20张商品辅图，但是建议卖家最好不要超过3张。

（7）CSV文件中，Parent Unique ID的长度不能超过50个字符；Unique ID不能超过50个字符；Product Name不能超过300个字符；Tags最少1个，最多10个。

（8）CSV文件中的Shipping不能出现"Free Shipping"的字样。

（9）CSV文件中的图片只能是JPEG或GIF格式，图片只能以"http:"开头。

（10）CSV文件中的Unique ID是产品唯一ID，不能重复。若需要修改，应该选择添加或更改现有产品，而不是选择上传新产品。

3．商品维护

一旦卖家发现商品上传中存在错误或需要进行更新，可以使用商品维护功能。

登录后台，单击导航中的"产品"→"更新现有产品"，通过选择手工添加或使用产品CSV文件的方式，实现对商品信息的维护，如图4-19所示。然后，确定要修改的商品列表Item，单击商品对应的Action下拉菜单中的Edit，便可以在显示的页面中对商品进行编辑，如图4-20所示。除此之外，卖家还可以在Price、Shipping等编辑框中直接修改。若想实现多个商品的编辑，则采用"产品CSV文件"方式实现批量处理。

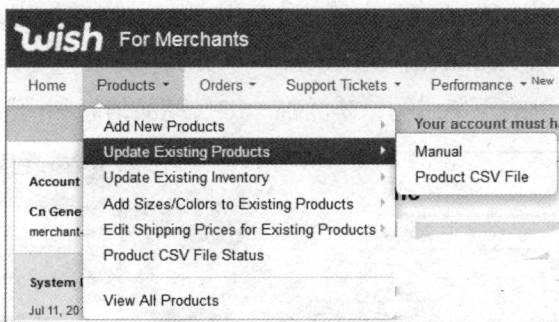

图4-19　商品维护菜单入口

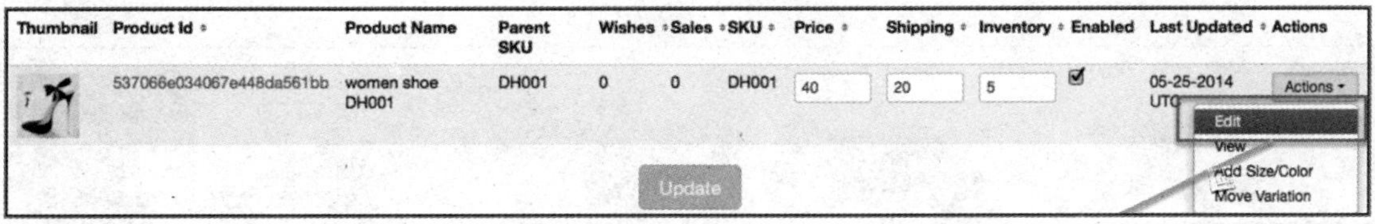

图4-20　单个商品维护示例

若要对多个商品的库存进行修改，可单击图4-19中的"更新现有库存"→"产品CSV文件"实现多个商品库存的修改。

Wish平台中无法删除上传的商品，但Wish提供了商品下架的方法。取消勾选Enabled选项，即可实现该商品的下架，如图4-20所示。若想实现商品的批量下架，可采用CSV文件进行商品编辑。在CSV文件中，将产品的Disable字段设置为1，可实现相应商品的下架；同理，将商品CSV文件中的Enable修改为1，即可实现相应商品的上架。

某些情况下，卖家需要了解已上架商品的所有信息，这就可以使用商品导出功能。商品导出的操作是：在Wish后台单击导航中的"产品"，单击下拉菜单中的"查看所有已上传的产品"，如图4-19所示。然后，在产品列表中，单击Export CSV按钮，即可实现商品信息CSV文件的导出。

在CSV文件中会出现若干个商品信息属于同一单品的情形，如图4-18所示。这就涉及将多个单品合并为一个单品的问题，即当CSV文件上传平台后，针对需要合并为一个单品的商品信息。单击商品相应的Action下拉菜单中的Move Variation，进入商品合并页面。在商品合并页面中，按照平台提示，在Move variation with SKU文本框里输入被合并的商品ID及合并的商品ID，然后单击Move按钮即可实现商品的合并，如图4-21所示。

4. 订单处理

为了保证买家的良好体验，卖家需要及时处理买家的订单。登录后台，单击导航中的"订单"，单击下拉菜单中的"必需的操作"，如图4-22所示。在订单处理页面，可以看到订单总数量，还可以进行信息核查、发货、登记快递单号以及导出订单等操作，如图4-23所示。例如，从"Action Required：6 Orders"可以知道卖家需要处理的订单有6个，从订单Item可以看到当前订单的下单时间、单品唯一ID、商品信息和商品规格等信息。

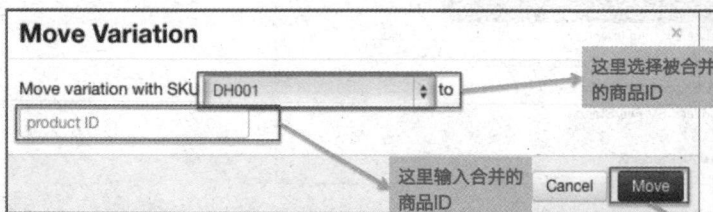

图4-21　商品的合并示例　　　　　　图4-22　订单入口

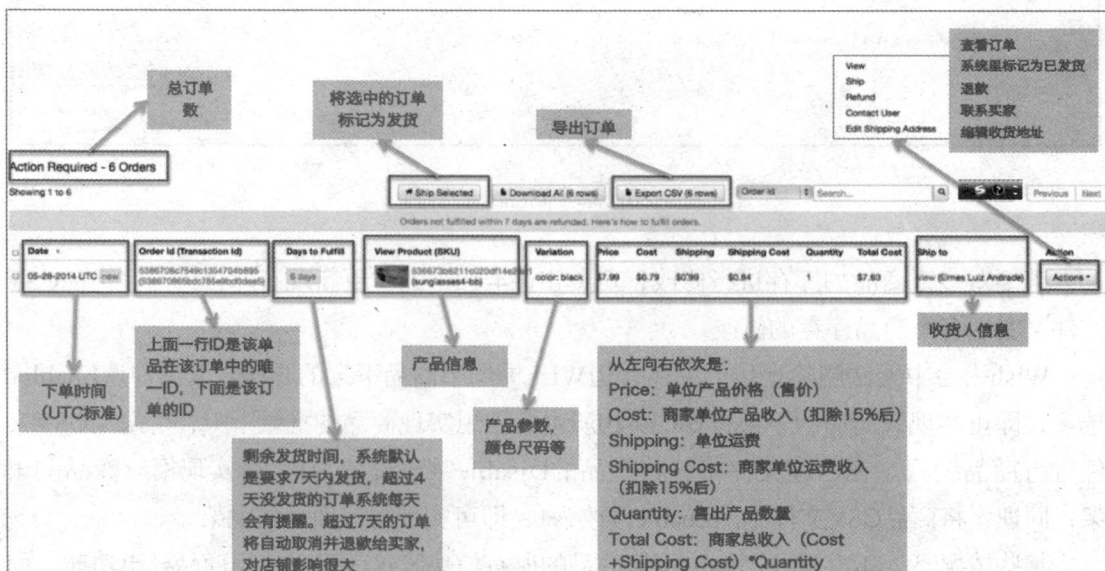

图4-23　订单信息页面

一旦有买家下单，代表一笔新订单的产生。订单创建后，Wish平台每天会发一封邮件到卖家的邮箱中提醒发货。进入Wish卖家中心，很容易看到需要处理的订单，然后核查买家是否已经付款。若买家已付款，则卖家按照订单需求着手发货。

按照订单内容进行包装发货后，一个关键的步骤是告知平台"订单已发货"，具体操作步骤是：在订单页面单击Actions下拉菜单中的Ship选项，告知平台该订单已发货，如图4-24所示。

单击Ship选项后，在弹出的页面中选择物流公司，填入物流单号，然后单击Sava按钮即可，如图4-25所示。

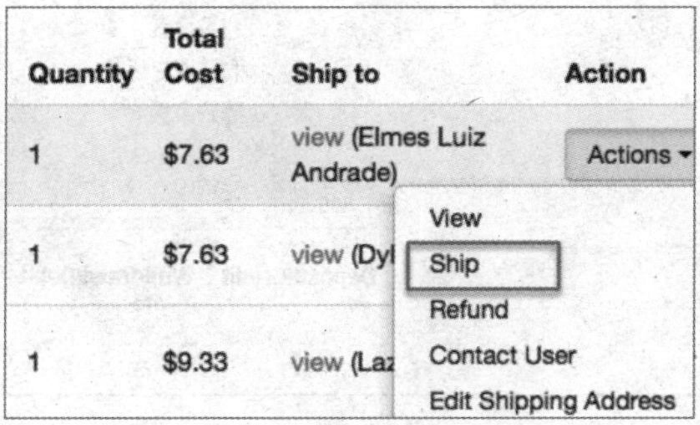

Quantity	Total Cost	Ship to	Action
1	$7.63	view (Elmes Luiz Andrade)	Actions ▾
1	$7.63	view (Dyl	View
			Ship
1	$9.33	view (Laz	Refund
			Contact User
			Edit Shipping Address

图4-24　订单信息页面中的Ship标识

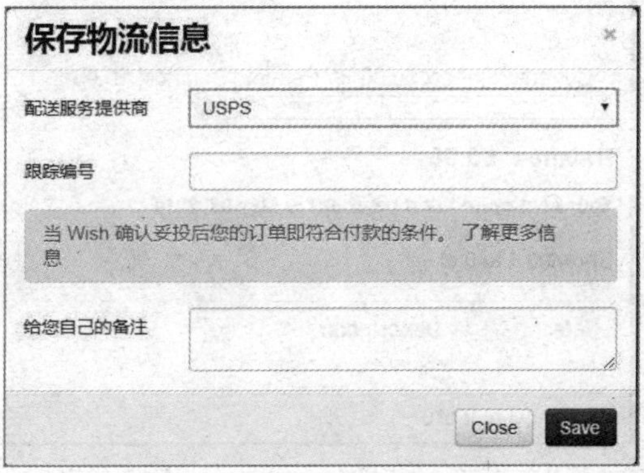

保存物流信息　✕

配送服务提供商　USPS　▾

跟踪编号

当 Wish 确认妥投后您的订单即符合付款的条件，了解更多信息

给您自己的备注

Close　Save

图4-25　物流公司及物流单号

若同一个订单有多个商品需要同时发货，可采用CSV文件实现多个商品的批量发货。

某些情况下，卖家需要了解、汇总订单信息，则需要订单导出功能。订单导出的操作步骤是：在Wish后台单击导航中的"订单"下拉菜单中的"历史订单"，进入订单页面后，选择打算下载的订单，单击Export CSV按钮，即可实现已发货订单CSV文件的导出。同理，单击导航中的"订单"下拉菜单中的"必需的操作"，进入订单页面，单击Export CSV按钮，即可实现待执行订单CSV文件的导出。

5. 商品配送

商品配送已经成为海外买家对卖家专业服务水平和实力的一个重要衡量指标。在Wish平台上，物流配送包含"配送至美国""全球配送"以及"配送至选定国家"共三种方案。其中，"全球配送"指被Wish平台"列表"包含的国家和地区，都可以购买平台上的商品，相应的运费也就是到这些国家和地区的运费。"配送至美国"是指商品只能被美国消费者购买，相应的运费也只是到美国的运费。"配送至指定国家"是指店内商品只能被指定国家的消费者购买，对于每一个卖家指定送达的国家来说，卖家可以设置送达该国的相应运费。

Wish平台的精准推荐，有利于给卖家带来有效的产品点击率，赢得无限商机。同样，为了助力入驻Wish平台的卖家能够及时、全面地了解店铺的销售业绩，平台提供了卖家业绩销售额汇总、业绩报告分析等功能，助力卖家及时调整销售策略，不断提升商品推广相关技巧，以进一步提升店铺的销售额。

当卖家成功完成几笔订单后，Wish平台会在规定的付账周期给卖家付款。卖家可在账户模块中查询收到的货款历史记录，如图4-26所示。若想了解店铺的销售业绩情况，则可以在"业绩"模块查看店铺的销售业绩、销售图表、客户服务表现记录、客户服务图表和客户反馈等信息，如图4-27所示。

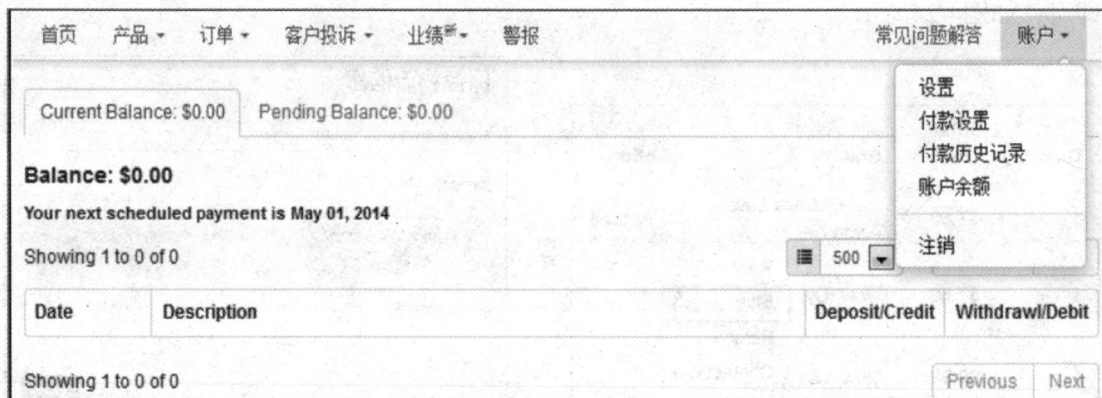

图4-26　销售额页面

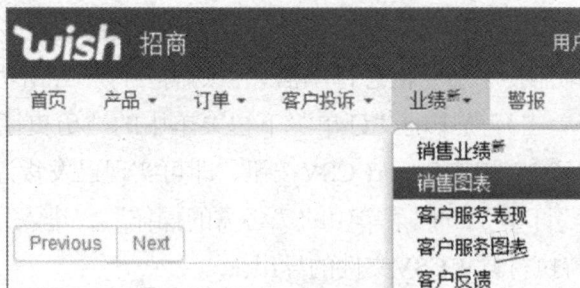

图4-27　业绩模块

4.2　Lazada

继中国、印度之后，东南亚已经成为亚洲最具诱惑力的跨境电子商务市场。Lazada平台仅仅用了3年时间就跻身为东南亚首屈一指的跨境电子商务产品交易平台，近年来受到了业内人士的广泛关注。

4.2.1 Lazada平台简介

2018年，预计东盟的六大经济体（新加坡、马来西亚、印度尼西亚、泰国、菲律宾和越南）的累计网络零售总额将达345亿美元，未来跨境电子商务的发展前景十分广阔。在其他国家和地区，发展成熟的是全球品牌亚马逊、eBay、Wish等，而在东南亚地区，则是本土跨境电子商务发展得比较好，比如Lazada。

Lazada于2012年3月诞生，成长于新加坡，仅用了3年时间便发展成为东南亚最大的跨境电子商务平台，在印度尼西亚、马来西亚、菲律宾、新加坡、泰国以及越南六大主要经济体均设有分支机构。

Lazada平台上拥有大量的产品，种类涵盖消费型电子产品、家庭用品以及时装。其中，东南亚地区是世界上最大的智能手机市场之一，移动客户端交易额占全球电子商务交易总额的40%，这是东南亚地区电子商务发展的一个关键优势。有着"东南亚亚马逊"之称的Lazada，可以看作是亚马逊与移动电商Wish的创新结合体。同时拥有PC端和移动端的Lazada平台，正在席卷全球的移动互联网浪潮，吸引了众多商家入驻。2014年，Lazada平台销售额超过3.5亿美元，2015年突破13亿美元。目前，Lazada平台日均用户访问量高达450万人，拥有超过2万个商家，5.5亿用户。2016年4月16日，中国互联网巨头阿里巴巴宣布收购Lazada的控股权，这项收购花费约10亿美元。

就入驻Lazada平台的2万商家而言，入驻商家之间的竞争程度相对较低。若国内入驻Lazada的商家能够悉心培养，未来将会获得巨大收益。一般情况下，新入驻商家只能在马来西亚站开店。其中，越南站不对中国商家开放。

2015年，Lazada携手全球电商解决方案领导者ESG，共同发力东南亚市场，旨在帮助中国跨境电子商务更快速、更精准地切入到东南亚这片待挖掘的跨境蓝海。其中，ESG集团是电子商务解决方案的领导者，提供全球开店、物流仓储、支付收款、ERP管理系统、平台培训、平台运营、促销引流、品牌出海等一站式跨境电子商务服务。

Lazada平台旺盛的生命力来源于以下几点优势。

1. 合理罚款

"不会任意罚款"是Lazada平台的基本准则。与国内部分跨境电子商务平台不同，Lazada平台采用"不会任意罚款"的原则，不会"唯顾客至上"，不会让商家接受"任意"罚款。

对于违反平台规定操作的商家，Lazada平台的罚款措施是降低其产品订单的数量，或者暂停店铺，通过让其接受培训的方式来规范销售行为。

2. 合理退货

"不会随意接受买家退货"是Lazada平台的基本准则。入驻Lazada平台的产品订单，都是经过Lazada平台进行严格检测后的订单。只有发生产品描述不符、产品邮寄数量与订单不符、产品损坏等情况下，Lazada平台才会接受消费者的退货或退款申请。

为了保证卖家权益，Lazada平台收到买家在线支付的货款后，才会通知卖家发货。这样既能够有效保护卖家面临的资金风险，又进一步提升顾客索赔的严谨力度，为卖家提供了妥善的保障制度。

3. 及时付款

Lazada平台与Payoneer的良好合作，能够保障卖家权益，使卖家在平台规定的付款周期内及时收到订单货款。其中，Payoneer是主流跨境电子商务平台官方认可的安全、快速的收款通道，还为卖家提供提款到银行或实体卡等多个资金取用方式。Payoneer是跨境电子商务从海外B2C平台轻松收款的高效选择。

在Lazada平台上，一旦平台系统及专业人员实时追踪到订单已经被签收，货款就会在次周五截止前，直接打入卖家的Payoneer账户。卖家可以将货款从Payoneer账户直接提取到卖家的私人账户。此外，Lazada平台还提供了货到付款等多种付款方式。

消费者可以实现随时随地访问Lazada平台，访问方式既可以是PC端，也可以是移动端。

4.2.2　平台注册及体验

Lazada平台的产品发布页面如图4-28所示。

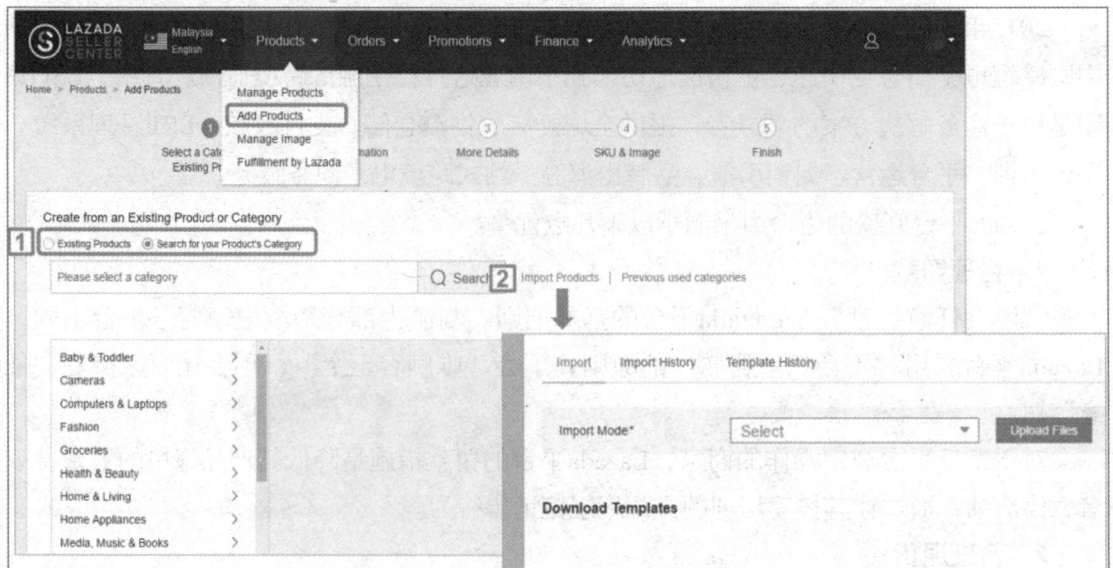

图4-28　Lazada平台的产品发布页面

目前，Lazada平台仅支持Payoneer企业账户，且商家具有公司营业执照方可创建店铺。

入驻Lazada平台的注册流程包含注册并提交文件、培训&激活账户、上传产品并开始销售共三个步骤，如图4-29所示。其中，注册时需要提交的文件主要包含申请表及商务登记表，卖家提交并经过Lazada平台审核通过后，平台会发送网签协议、注册Link到卖家注册的电子邮箱。然后，卖家按照Lazada平台完成专业培训后进行在线测试，只有测试分数高于85分，卖家身份才有效。然后，卖家登录账户，重新设置卖家中心的密码。接下来，卖家可以创建店铺，上传至少一个产品，开启Lazada销售之旅，如图4-30所示。

图4-29　平台注册流程

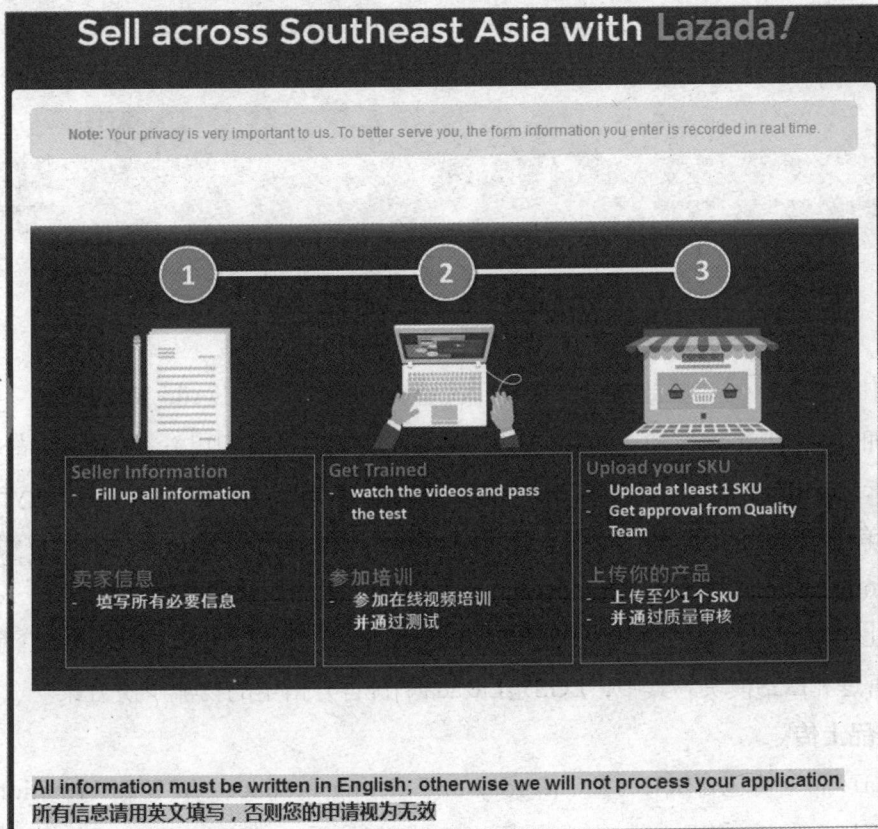

图4-30　平台注册页面

卖家注册的具体操作是：打开Lazada平台首页，单击页面下方的BECOME A SELLER NOW按钮，进入Lazada平台注册页面。在平台注册页面，卖家需要填写联系信息（CONTACT INFORMATION）、商家信息（SELLER INFORMATION）、物流信息（LOGISTIC INFORMATION）和法律信息（LEGAL INFORMATION），即可完成注册。

4.2.3 平台操作流程

输入合法账户后，登录Lazada平台卖家中心，如图4-31所示。Lazada卖家中心为卖家提供的功能主要有产品管理（Products）、订单管理（Orders）、产品优惠促销管理（Promotions）、财务管理（Finance）和数据分析管理（Analytics）共五个模块。

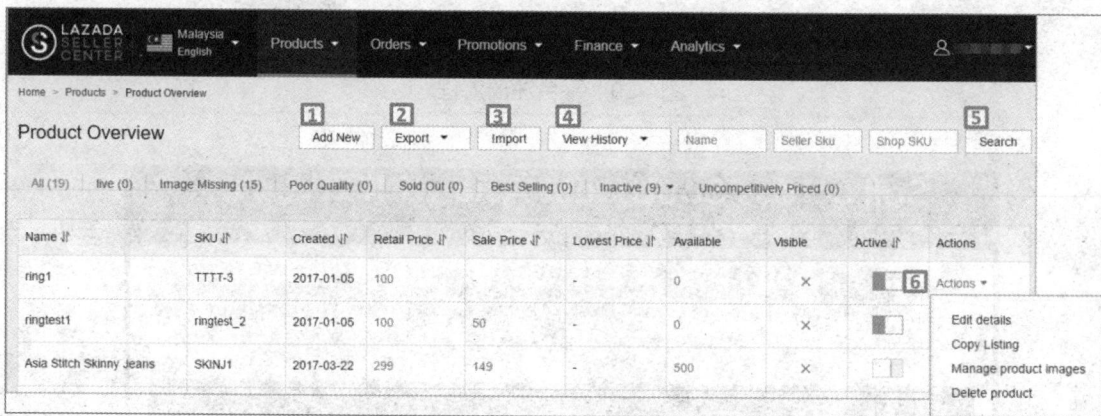

图4-31　卖家中心页面

卖家中心页面有一些快捷按钮，便于卖家操作。其中，单击Add New按钮，可以进行产品的添加；单击Export按钮，可以采用CSV文件格式将系统中已经存在的产品SKU信息导出；单击Import按钮，可以批量上传产品或者批量修改产品；单击View History按钮，可以查看订单进口或出口的历史记录；单击Actions按钮，可以进行系列操作，包括Edit Details、Copy Listing、Manage Product Image和Delete Product共四种操作。

为了让学习者在较短的时间内快速掌握Lazada平台的相关操作，下面主要介绍产品上传、订单管理和LGS模块。其中，LGS是Lazada平台官方指定的物流解决方案。

1. 产品上传

Lazada产品上传包含Select a Category or Existing Product、SPU Information、More Details、SKU & Image和Finish共五个环节，如图4-32所示。

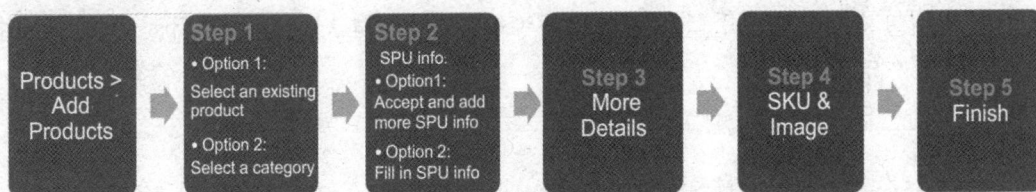

图4-32　产品上传流程图

产品上传的具体操作是：在Lazada平台的卖家中心，单击导航Products下拉菜单中的Add Products，进入产品添加页面，如图4-33所示。

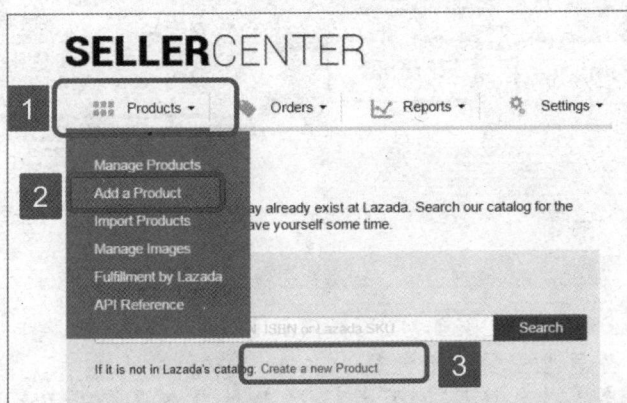

图4-33　产品添加页面

首先，产品上传的第一步要求卖家进行产品的选择，选择方式有Existing products dress和Searth for your Products Category两种。

然后，填写产品的SPU信息。针对不同的产品选择方式，SPU信息填写也不同。若采用Searth for your Products Category的方式添加新产品，则填写产品的SPU信息即可；若采用Existing Products dress方式选择已经存在的产品进行添加，则采用接受产品原有SPU信息并额外增加SPU信息的方式即可。

接下来，进入产品详细信息填写环节，如图4-34所示。例如，单击Image按钮，可以插入产品图片的URL。如果产品图片的URL正确有效，图片就会立刻显示。在这里，图片的URL必须以https://开头。又如，单击IFrame按钮，可以插入嵌入式视频URL。此外，建议采用列表形式，高亮撰写产品特色、产品优点等内容，而且产品优点最好在3~6条，每句话必须是英文且最多60个字符。

产品详情撰写完毕，进入SKU & Image的设置环节。对于SKU而言，卖家须注意，产品不同，SKU属性也不相同。在设置产品SKU属性时，针对不同规格进行价格的设置。产品价格包含Shipping Fee、Commission、Payment Fee和Payment Provider Fee等信息。卖家还要设置产品包装的尺寸、重量和发布日期等信息，如图4-35所示。最后，单击Finish按钮，就完成了产品的上传。

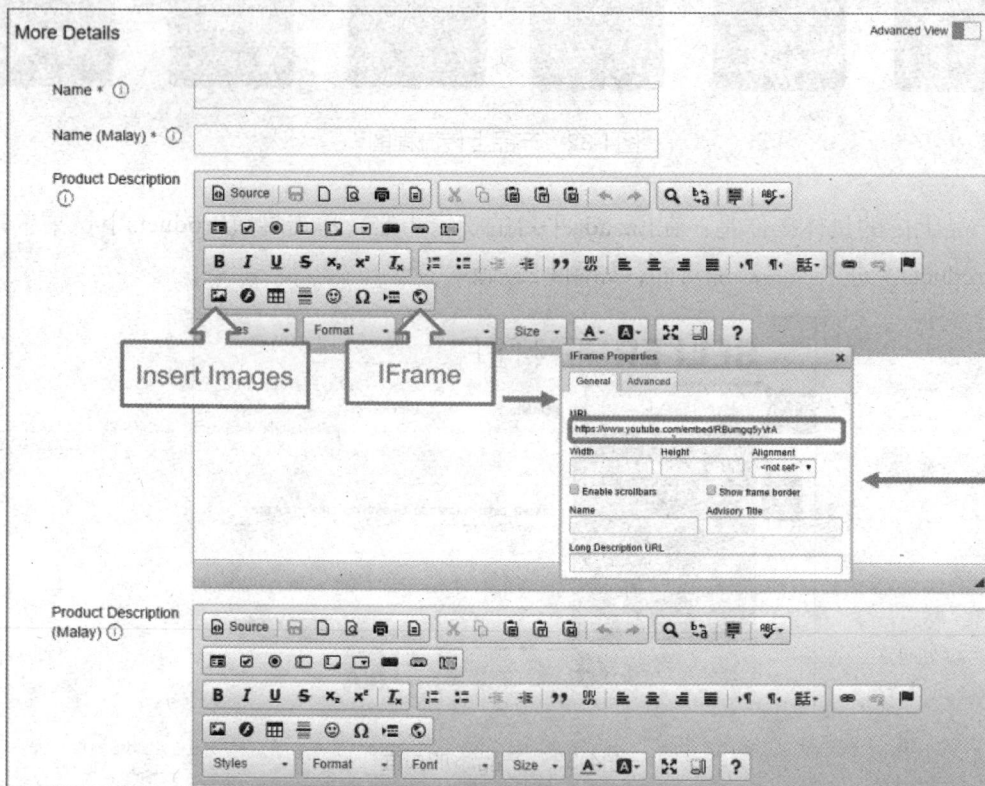

图4-34　产品详情页面

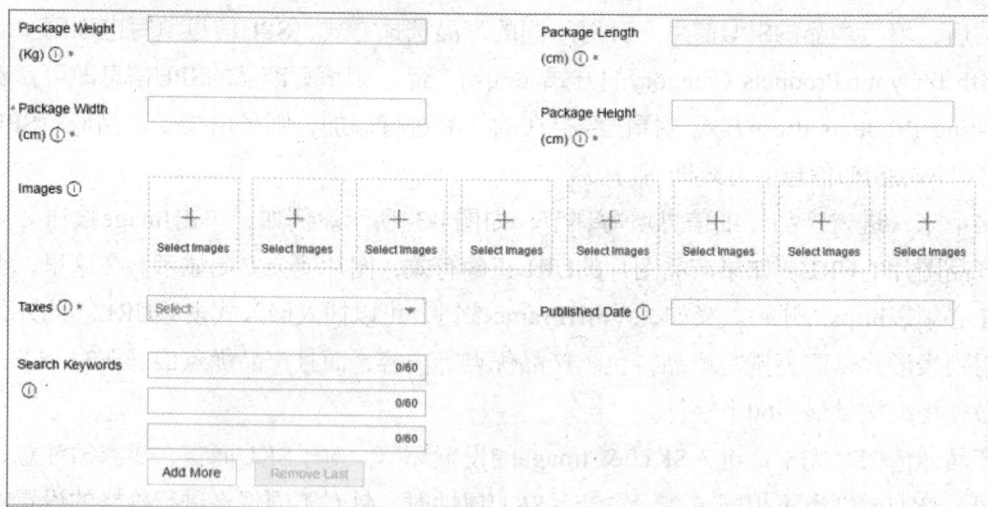

图4-35　产品包装等信息设置

2. 订单管理

产品上传后，卖家关注的重点就是订单的生成。为了保证买家能有良好的体验，卖家需要及时处理买家订单。Lazada平台的订单处理流程共包含六个环节，如图4-36所示。首先，在卖家中心后台，单击导航Orders下拉菜单中的Manage Orders，进入订单管理页面，如图4-37所示。

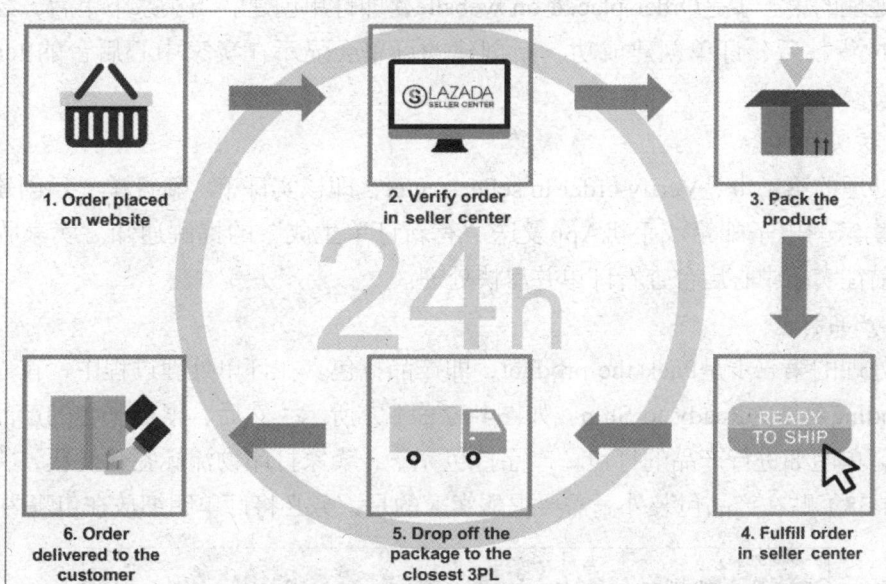

图4-36　订单处理流程

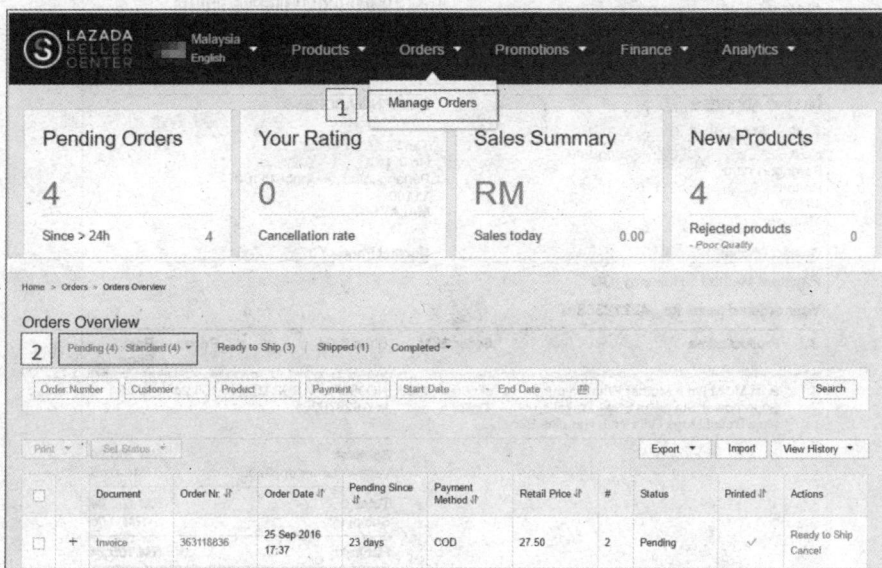

图4-37　订单管理页面

在订单管理页面，卖家可以看到Pending Orders、Your Rating、Sales Summary和New Products等订单相关信息。其中，Pending Orders指未执行订单，Your Rating指卖家评级，Sales Summary指销售汇总，New Products指新上传的产品。

按照图4-36的订单处理流程，从订单创建到订单处理完成的操作步骤如下。

（1）订单创建

订单处理的第一步是Order placed on website，即订单创建。当买家下单后，经平台验证买家支付货款后，订单创建成功。新创建的订单会显示在卖家中心后台的Pending页面，提醒卖家及时处理。

（2）核实订单

订单处理的第二步是Verify order in seller center，即核实订单。新订单一旦创建，平台会自动向卖家的电子邮箱或手机App发送"有新订单生成"的提醒通知。卖家收到提醒后，可以前往卖家中心后台查看订单并尽快处理。

（3）产品打包

订单处理的第三步是Pack the product，即产品打包。在订单处理过程中，首先将订单状态由Pending更新为Ready to Ship，如图4-37右下方所示。然后，根据平台的产品包装要求，按照订单明细进行产品的打包。产品打包完毕，卖家打印物流标签及发票，将物流标签（见图4-38）贴在产品包装外。需要提醒卖家的是，务必将订单明细放在包裹内部。

图4-38　Invoice发货清单示例

（4）完成订单

订单处理的第四步是Fulfill order in seller center，即完成订单。卖家打包快件后，需要在平台上输入包裹跟踪编号。具体操作是：进入订单处理页面，输入相应订单跟踪ID，即Tracking ID，单击Shipping Labels即可完成订单处理，如图4-39所示。

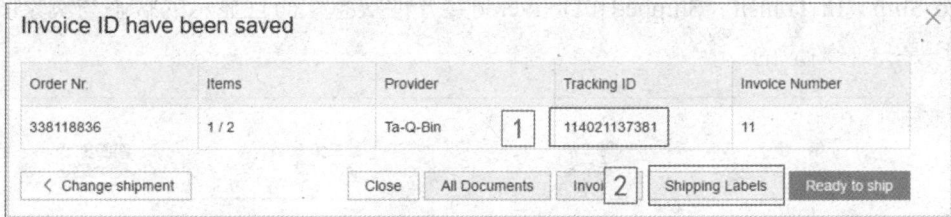

图4-39　订单处理完成

（5）发货至分拣中心

订单处理的第五步是Drop off the package to the closest 3PL，即卖家将包裹寄送至平台最近的分拣中心。其中，3PL是Third-part logistics的简称，指在物流渠道中由中间商提供的服务，通常简称为第三方物流，也就是平台的合作物流。

（6）快递至买家

订单处理的第六步是Order delivered to the customer，即平台合作物流会将包裹妥投给买家。

若想保存订单处理过程中的具体细节信息，可以打印一份Merchant copy以便卖家查看核对，如图4-40所示。

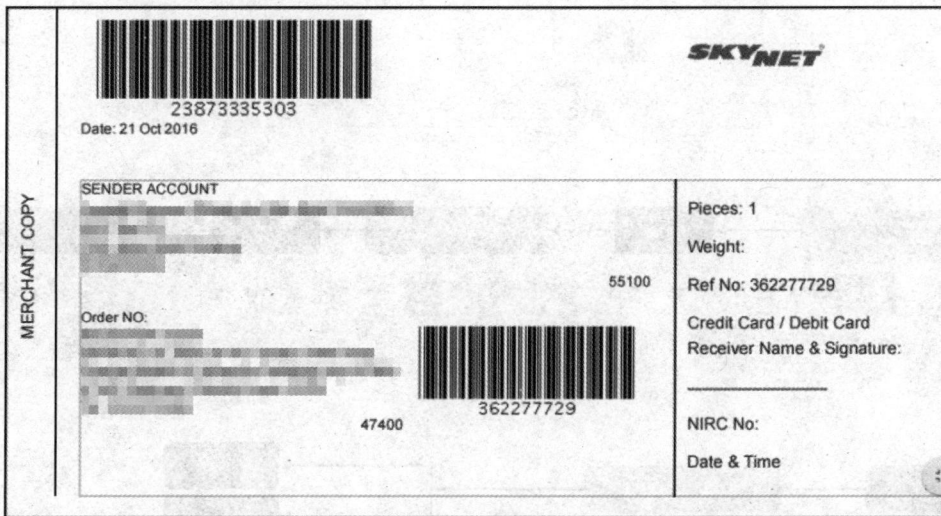

图4-40　Merchant copy示例

在东南亚地区，Lazada跨境电子商务平台发展势头迅猛，与平台清晰高效的订单处理流程和物流体系密不可分。

经过平台订单在线处理流程的讲解后，卖家可以自行解读Lazada平台订单状态的变化与订单处理之间的关系，如图4-41所示。从图4-41中可以看到订单状态包含Pending、Ready to Ship、In Transit、Shipped和Delivered共五种状态，而且显示的状态与卖家的订单处理阶段是一一对应的。

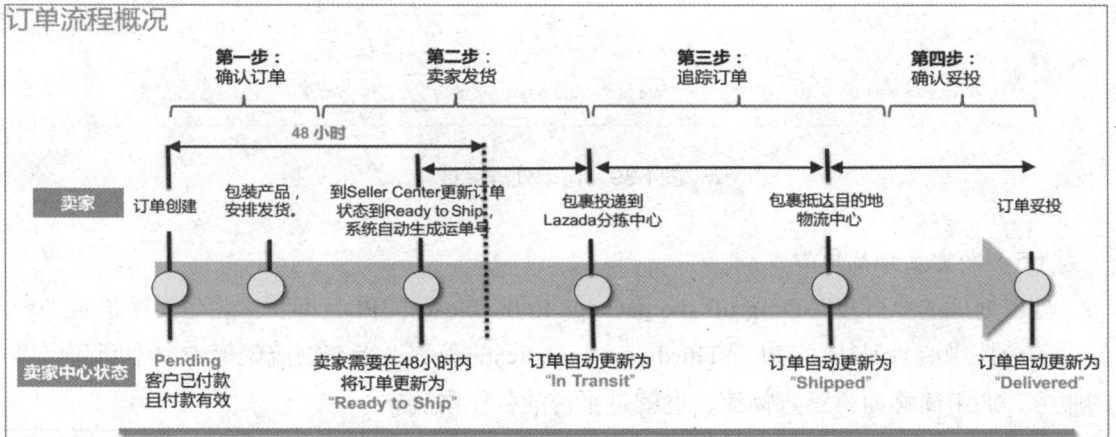

图4-41　平台在线订单处理流程概况

卖家在平台上对订单进行处理的实际操作流程如图4-42所示。在实际操作过程中，卖家需要关注如下几项内容。

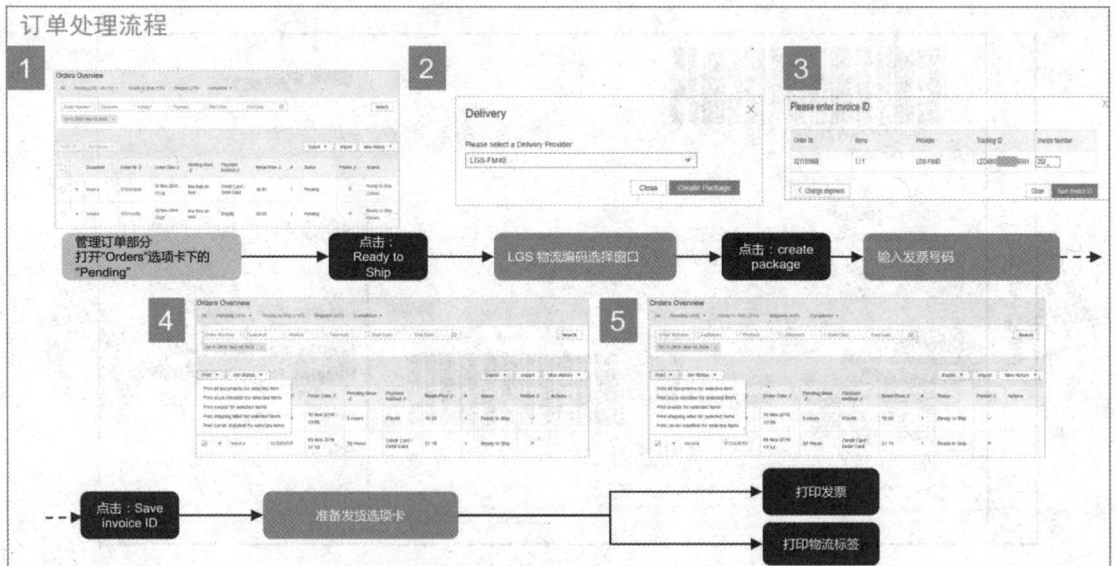

图4-42　在线订单处理完整示例

① 48小时。当订单创建成功后，平台会自动通知卖家。卖家在收到新订单后，请务必在48小时内将订单状态从Pending更新至Ready to Ship。订单处理的及时性既可以有效避免订单取消和平台的罚款，还能提升卖家店铺的表现。注意，48小时不包括周末及法定假期。

② 7天。在订单创建成功后的7天内，请卖家务必将包裹寄送至平台分拣中心，以避免订单取消和罚款，影响卖家店铺的表现。

③ 库存。卖家须知，在Lazada平台从事跨境电子商务，务必保证上架产品的库存。如果出现由于库存不足导致订单取消的情况，卖家会受到平台的罚款，因此建议卖家及时更新库存。

④ LGS物流。目前，Lazada平台规定，中国的发货统一使用平台官方指定的物流解决方案LGS。在LGS物流体系中，包裹抵达目的地的物流中心后，Lazada平台会将订单状态由Ready to Ship更新为Shipped。卖家将产品打包好后，可选择任意物流公司将包裹寄送至LGS分拣中心。卖家在线处理订单后，需将货物的物流标签贴好，然后寄送到Lazada的指定仓库。在线操作时，切勿单击Delivery failed，否则即使货物准时送达Lazada的指定仓库，Lazada也不会结算货款。

⑤ 签收。买家签收包裹后，系统会将订单状态由Shipped更新为Delivered。卖家须注意，LGS经过多次派送仍无法联系到买家时，Lazada会将产品退回。

对于退回的包裹，卖家在后台中心的Orders→Manage Orders→Completed→Delivery Failed中可以查看退回订单的信息。

当订单状态为Shipped时，Lazada会启动运费计算和付款。按照平台规定，Lazada平台会在下一个对账周期的周五将货款转到卖家的Payoneer账户。

3. LGS介绍

LGS为Lazada平台官方指定的物流解决方案，是全球物流配送方案，其宗旨是实现"点对点物流方案，全程轻松掌控"。入驻Lazada平台的卖家须知，LGS全球物流配送方案具有如下优势。

（1）时效性强。LGS保证每日直接寄送至东南亚，大幅度缩短了包裹配送时效。

（2）运费低。LGS通过统一货运及当地物流运送，大大降低了包裹运送费用。

（3）掌控度高。LGS通过发货、收货地的内部分拣管理机构，有效提升了对交货及物流的掌控度。

（4）灵活性强。LGS采用模块方式，可灵活地、大规模地管理不同的合作伙伴，能够应对包裹配送高低峰及其他突发情况。

（5）订单取消率低。LGS更高的派送成功率降低了包裹丢失的可能，有效降低了订单取消率和派送失败率。

（6）销量高增长。LGS的优异表现缩短了交货时间，提高了客户满意度及店铺评级。使用LGS，卖家还可以参加特定促销等平台奖励活动。

由此可见，使用LGS有助于提升店铺评级，有效提升包裹配送成功率，从而提升客户满意度，为未来赢得商机奠定基础。

此外，卖家还要深入了解LGS全球物流配送体系，如图4-43所示。

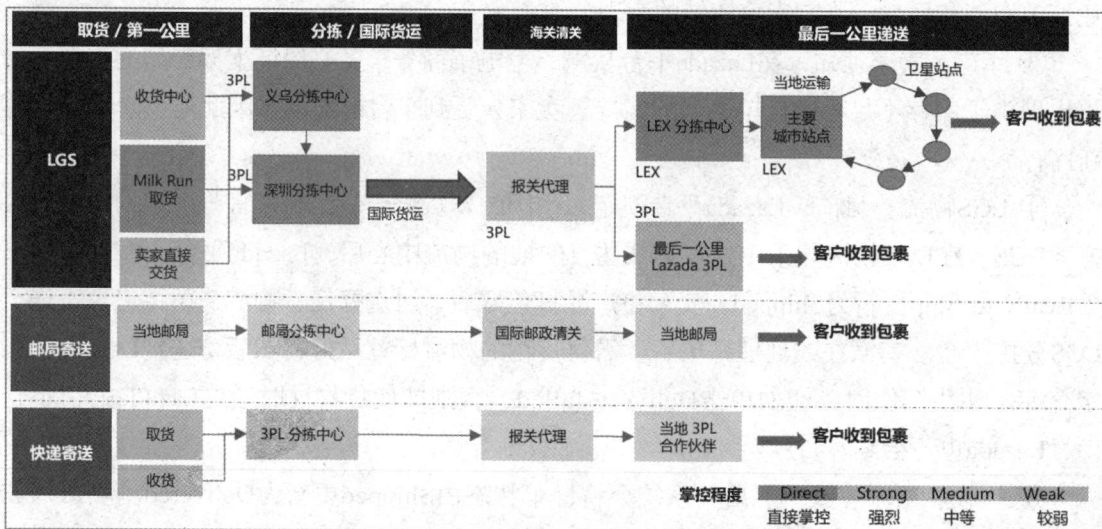

图4-43　LGS全球物流配送概览图

限于篇幅，关于LGS全球物流配送的适用服务范围、定价解决方案、运送时间、退货流程、卖家包裹邮寄程序、卖家服务条款、标签规格和标准、付款及收费机制以及付款时间等服务内容，请入驻Lazada平台的卖家自行查阅学习。

4. 卖家透明度

为了帮助卖家了解店铺经营情况，提升店铺销量，使利润最大化，Lazada平台为卖家提供了卖家透明度功能。

卖家透明度是平台将卖家简介显示在产品页面，有助于买家增加对卖家的了解。卖家简介包含一些对买家有参考价值、会影响买家下单决策、有利于提升店铺销量的详细信息。

以移动端App为例，卖家简介主要包含的内容有店铺主要销售类目、店铺规模、开店时长、准时发货率、订单取消率、卖家评分和评价以及产品评分和评价等，如图4-44所示。

其中，Seller Main Category即主要销售类目，该内容的展示有助于买家对同一类目下不同卖家的绩效指标进行比较，比如店铺规模、产品准时发货率和订单取消率等。

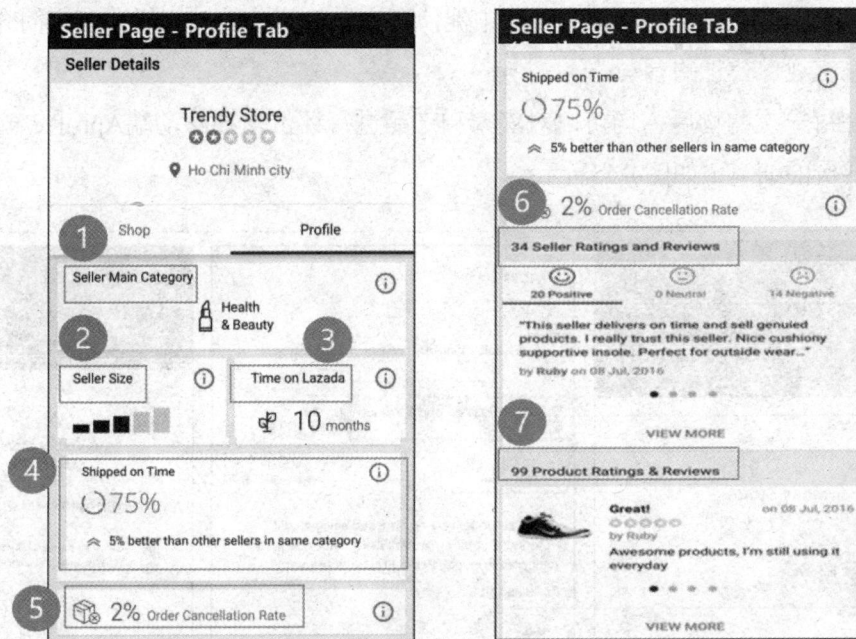

图4-44　移动端App中的卖家简介

    Seller Size即店铺规模，该内容的展示有助于买家了解卖家的业务规模，同时也是卖家拓展业务、提升店铺规模的动力。卖家可以通过上传合理定价的优质产品、高质量的图片、有吸引力的产品描述等来积极拓展业务。如果有机会，店铺应该积极参加平台举办的大型促销活动，以吸引更多的流量。

    Time on Lazada即开店时长，该内容的展示有助于买家了解自己购买的产品是从新店铺还是从已经在Lazada销售过一段时间的店铺买到的。

    Shipped on Time即准时发货率，该指标是衡量卖家是否在7日内将包裹送达分拣中心。Lazada希望卖家的"准时发货率"能达到98%及以上。为达到此目标，平台建议卖家确保包裹在7日内送达分拣中心。"7日"是指订单创建后，包裹寄送到分拣中心且被扫描所耗的天数。建议卖家提前打包好热销产品，以节约打包时间，并确保准时发货。

    Order Cancellation Rate即订单取消率，指由于卖家库存不足、定价错误或延时发货等原因造成的订单取消。订单取消率超过1%的卖家才会在卖家简介中显示。为避免订单取消率过高，请卖家时常查看并及时更新库存水平，上传正确的价格到平台，确保在规定时间内发货。卖家需要注意，价格以"当地价格"的形式标注，避免引发纠纷。

    综上所述，对于买家而言，卖家简介是卖家的绩效、卖家评分和服务评级的综合体现；对于卖家而言，卖家简介则是卖家不断提升店铺服务水平与专业水平、扩大店铺规模的动力。

很显然，销售业绩好的店铺会无形中促使买家做购买决策。同样，卖家简介的有效性离不开买家客观、公正的参与。

买家在每一次购物后，均可以对卖家和产品进行评价。在移动端App上，查看店铺评价和产品评价的细节，如图4-45所示。

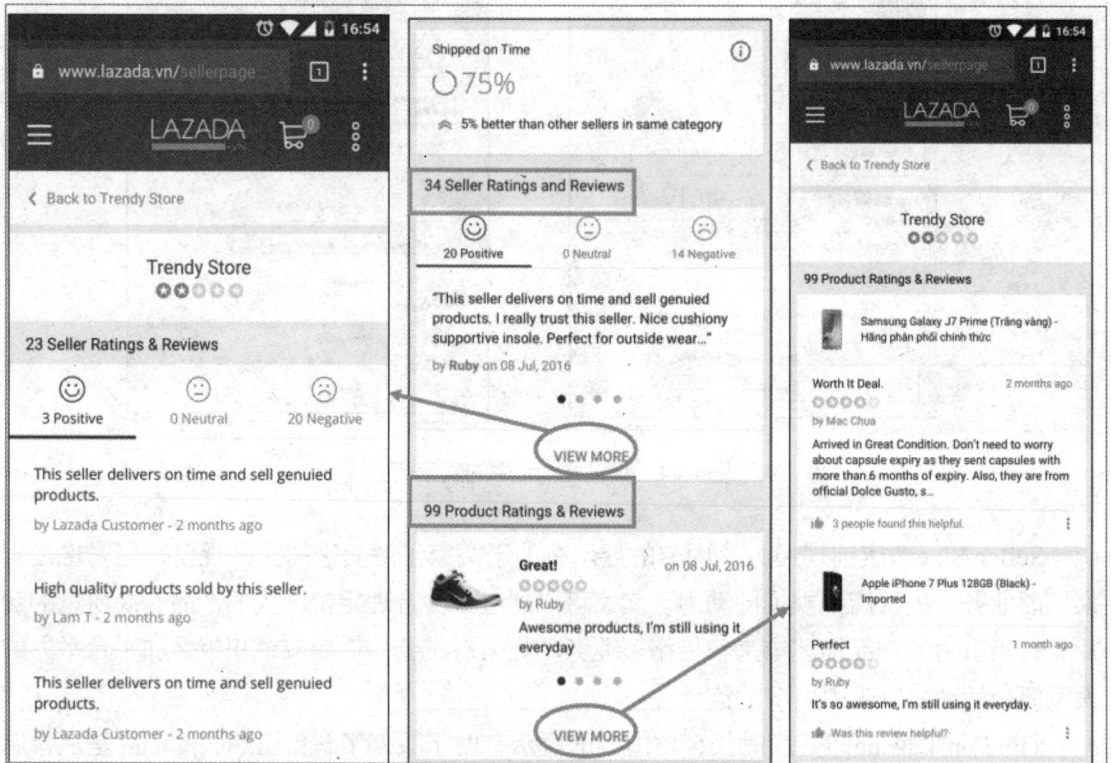

图4-45　查看店铺评价和产品评价

5. 产品问与答

产品问与答的功能是允许买家在产品页面直接询问产品相关问题，在满足买家需求的同时为卖家赢得商机。

对于买家而言，"产品问与答"功能便于其深入了解产品功能，增进对卖家的信任，有助于提升客户满意度，避免买家因对产品信息了解不足而提出退货。对于卖家而言，"产品问与答"功能便于与买家产生互动，通过提供更详细的产品信息和专业咨询，拉近与买家之间的距离，准确获取买家需求，以便有针对性地提供专业的服务，有助于提升转化率和销量，并减少退货订单。

产品问与答流程如图4-46所示。

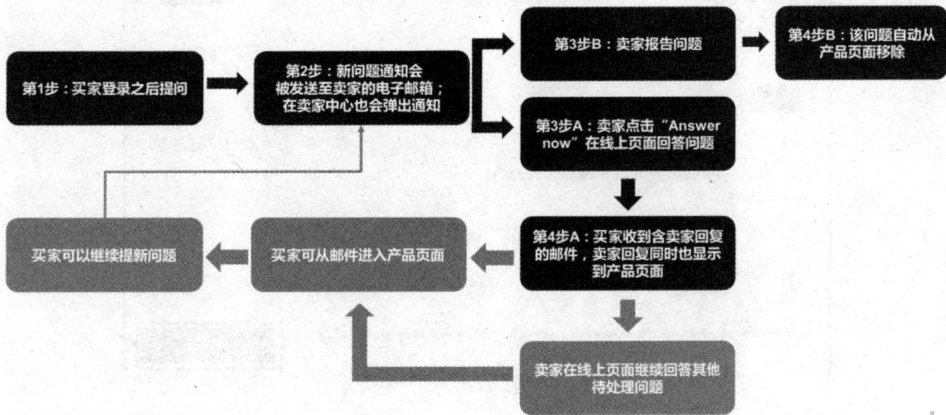

图4-46　产品问与答流程

　　"产品问与答"的操作流程是：买家在前台产品页面的Question部分输入问题，然后单击Ask Question即可发布问题。问题一经发布，就会立刻显示在产品页面；同时，该问题会被发送至卖家的电子邮箱，卖家中心也会弹出通知。卖家收到通知并打开邮件查看问题后，单击Answer now即可进入线上页面回答问题，如图4-47所示。

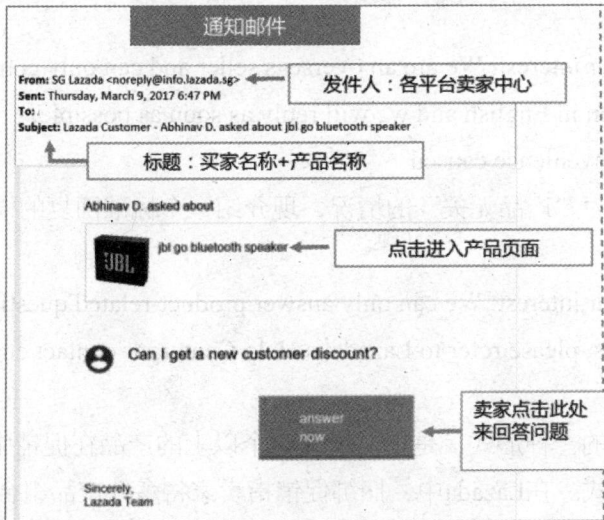

图4-47　卖家查收邮件示例

　　在线上问题回答页面中，卖家在输入区回答问题时，必须采用英文，然后单击Publish Answer按钮，即可发布回复，如图4-48所示。

　　在"产品问与答"部分，当卖家提交问题回复后，产品页面买家问题的下方就会显示卖家回复。因为卖家回复内容会公开显示在产品页面，因此建议卖家根据问题提供正确且详尽的回复。此外，对于非产品相关问题，卖家可以使用诸如Help Center等进行标准回复。

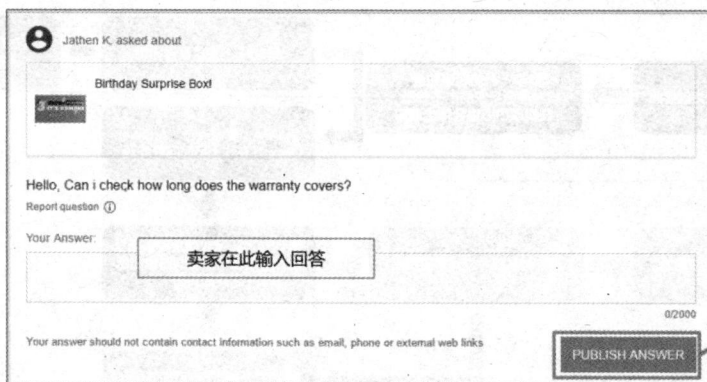

图4-48　卖家填写回复页面

卖家须知：切记不要向买家提供个人联系方式，不要引导买家在Lazada站外进行交易，不要与买家发生争论，不要与买家进行价格或折扣谈判，回答的言语要有礼貌，不要使用表情符号，不要指责、威胁买家等。

如果买家使用"非英语"语言提出的问题，这里介绍一个标准回复的模板，示例如下。

Dear Customer,

Thank you for your interest. We are an overseas seller and can only communicate in English. Please ask your question in English and we will reply as soon as possible.

Sorry for the inconvenience caused.

如果买家的问题为"产品无关"的情况，现介绍一个标准回复的模板，示例如下。

Dear Customer,

Thank you for your interest. We can only answer product-related questions here.

For other enquiries, please refer to Lazada's Help Center, or contact customer care directly.

6. 捆绑促销

捆绑促销是营销的一种形式，是指两个或两个以上的产品在促销中合作，以扩大影响力的一种新型营销方式。在Lazada中，捆绑促销指卖家将多件产品组合为一个促销套装。

捆绑促销的宗旨是为了迎合客户需要，将店铺产品与其他卖家的产品区分开来，尤其是在价格竞争激烈的产品类目。捆绑销售，能够为买家带来单价更低的新产品，为店铺的特定产品清除存货，提升用户体验，为店铺赢取流量，从而获取更多订单。

在绑定相同SKU的情况下，主要有"数量捆绑"和"买一送一"两种促销手段。其中，"数量捆绑"是指以特别折扣售卖多件同款产品，如20%折扣购买10瓶洗发水。"买一送一"是指以一件产品的价格售卖两件产品，如买家支付一个水杯的价格购买两个水杯。

在绑定不同的SKU进行促销时，主要有"套装捆绑"和"赠品"两种促销手段。"套装捆绑"是指售卖包含不同产品的套装，其中一件或多件打折，如10%的折扣购买一个包含手机、手机壳、数据线和充电宝的套装。"赠品"是指售卖一件产品时，额外赠送一件产品，如购买一个手机额外赠送一个充电宝。以购买太阳镜额外赠送配件为例，如图4-49所示。

卖家须知，同一件产品，每次只可一组捆绑促销，赠品必须是已上线销售的产品，同一个主SKU可以创建多个赠品促销，买家可以选择自己喜欢的赠品。

图4-49　赠品促销示例

捆绑销售的具体操作步骤是：在卖家中心，单击导航Promotions下拉菜单中的Seller Promotions，进入卖家促销页面，如图4-50所示。

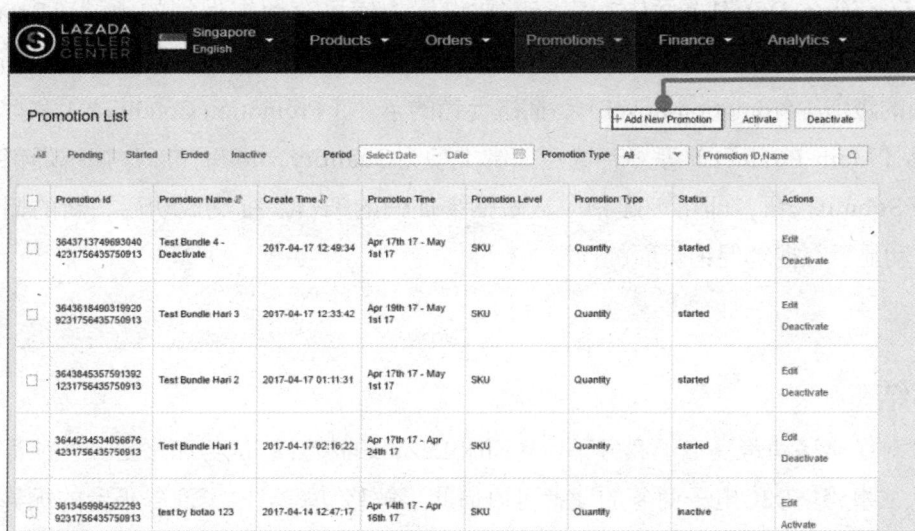

图4-50　捆绑促销页面

从图4-50中，卖家可以看到已经设置成功的产品捆绑促销列表。若想新增捆绑促销，单击Add New Promotion按钮，进入Promotion Detail页面进行捆绑促销条目的创建，如图4-51所示。

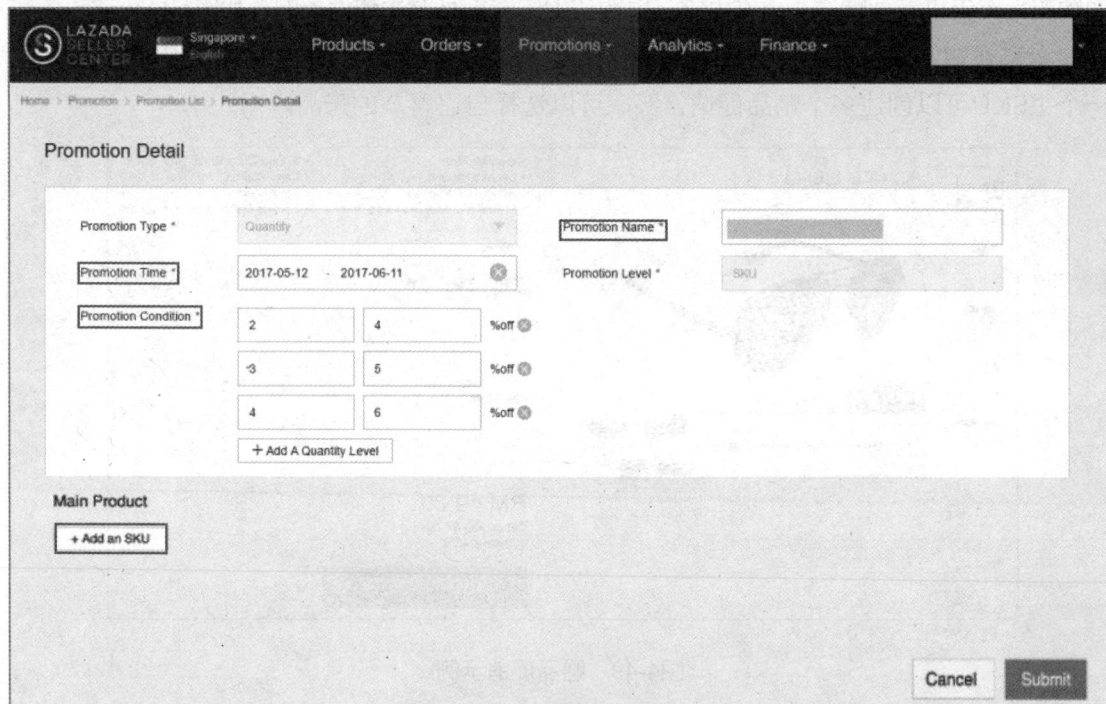

图4-51　新建捆绑促销示例

在Promotion Detail页面中，卖家需要设置的信息有捆绑促销的类型（Promotion Type）、捆绑促销的名称（Promotion Name）、捆绑促销的有效期（Promotion Time）、捆绑促销的级别（Promotion Level）、捆绑促销的条件（Promotion Condition）和捆绑促销的主产品（Main Product）等。若选定捆绑类型为Quantity，填写完新建捆绑促销的信息后，单击Submit按钮，即可创建相应数量捆绑促销的条目。提交成功后，新的捆绑促销Item会自动显示在捆绑促销页面的顶端。

本章小结

本章对经典移动跨境电子商务平台Wish和Lazada的特点、优势和平台操作流程进行了介绍。欲从事跨境B2C电子商务的读者可以借此了解移动跨境电子商务平台的优势，掌握移动跨境电子商务平台的操作流程及操作技巧。

习题

1. 总结目前市场上的移动跨境电子商务平台，并分别阐述各平台的特点。
2. 简述Wish跨境电子商务平台的优势有哪些。
3. 简述Wish平台的产品批量上传过程中，CSV文件使用的注意事项。
4. 简述Wish平台推荐算法的原理，试举例说明。
5. 阐述Wish平台物流配送方案中的"全球配送"方案。
6. 简述Lazada平台的优势。
7. 简述Lazada订单处理流程。
8. 回答LGS的含义、优势，简述LGS全球配送流程。
9. 简述卖家简介的作用。
10. 简述捆绑促销的含义及分类，并举例说明。

第 5 章

我国跨境电子商务平台的未来发展

教学目标

了解我国跨境电子商务目前的发展状况，并对我国跨境电子商务竞争力进行分析和展望。

学习目标

本章旨在通过介绍我国跨境电子商务目前的发展状况，对我国跨境电子商务竞争力进行客观分析，并对我国跨境电子商务的未来发展进行展望。通过本章的学习，学习者需要：

1. 了解我国跨境电子商务目前的发展状况；
2. 了解跨境电子商务领域市场的投资热点；
3. 了解我国跨境电子商务进口市场的结构；
4. 了解我国政府对跨境电子商务发布的政策措施。

本章重点

本章的重点在于分析我国跨境电子商务的竞争力和预测未来的发展趋势。

判断一个行业的发展趋势，最客观的依据就是数据，下面引用艾媒咨询公司的数据进行介绍。艾媒咨询（iiMedia Research）于2007年成立，是全球领先的移动互联网第三方数据挖掘与整合营销机构,也是我国第一家专注于移动互联网、智能手机、平板电脑和电子商务等产业研究的权威机构。2012年,艾媒咨询正式成为中华人民共和国国家统计局主管的中国市场信息调查业协会唯一专注于移动互联网行业市场信息调研的成员单位。

5.1 我国跨境电子商务目前的发展情况

2017年,互联网第三方数据机构艾媒咨询发布了《2017上半年中国跨境电子商务市场研究报告》。报告显示,我国出口跨境电子商务交易规模逐年稳步增长,如图5-1所示。其中,2016年中国跨境电子商务市场交易规模达到6.7万亿元,同比增长24%,预计在2018年整体交易规模将达到8.8万亿元。由此可见,不论是进口还是出口,目前跨境电子商务行业整体上都保持着良好的发展势头。

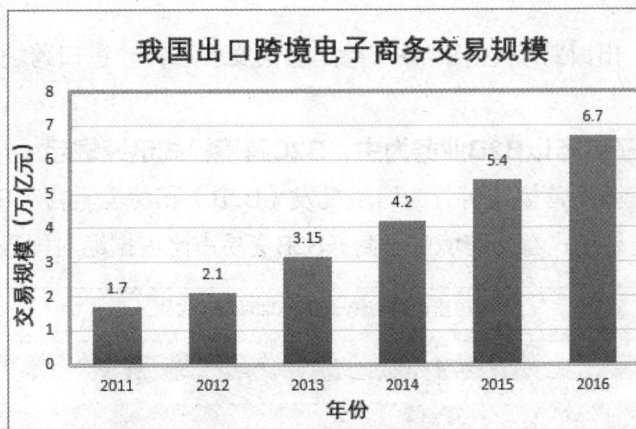

图5-1 我国跨境电子商务交易规模

当前,我国跨境电子商务发展的特征表现为:跨境电子商务交易规模持续扩大,在我国进出口贸易中所占比重越来越高;出口跨境电子商务有望延续快速发展态势;出口跨境电子商务以B2B业务为主,B2C模式兴起且有扩大趋势。

1. 规模持续扩大,占比不断提高

跨境电子商务平台的出现,为商家拓宽了渠道,开拓了市场,减少商品流通环节,降低流通成本,拉近了与国外消费者的距离,促进了国际贸易的发展。

2012年,我国进出口贸易超过美国,一跃成为世界进出口贸易规模最大的国家。目前,跨境电子商务进出口额约占整个外贸规模的19%。

2. 出口跨境电子商务有望延续快速发展态势

我国是世界上重要的产品出口大国,在整体出口总量相较稳定的情况下,跨境出口电子商务取代了传统贸易，成长性良好，跨境电商占进出口总值的比例逐步提高，整体跨境出口电子商务的体量超过中国的网络零售总额，如图5-2所示。

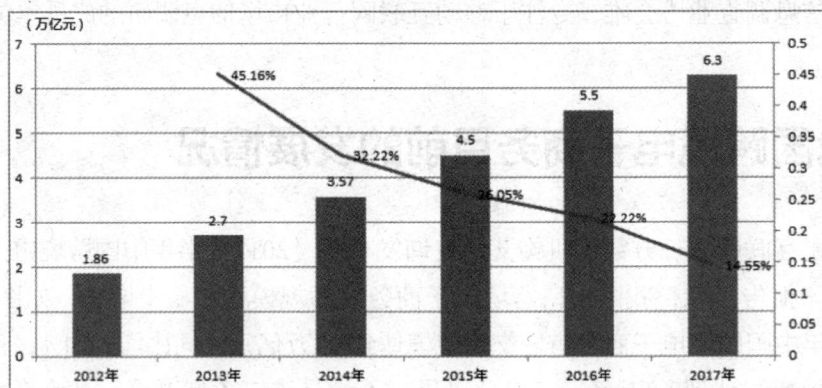

图5-2　我国出口跨境电子商务交易规模和年增长率

预计未来几年，出口跨境电子商务有望延续快发展态势，进口跨境的份额占比将逐步提升。

3. 出口跨境电子商务以B2B业务为主，B2C跨境模式迅速崛起

跨境电子商务按照运营模式可分为跨境批发（B2B）和跨境零售（B2C、C2C）。从我国跨境电子商务的交易模式看，跨境电子商务B2B交易占比占据绝对优势，如图5-3所示。

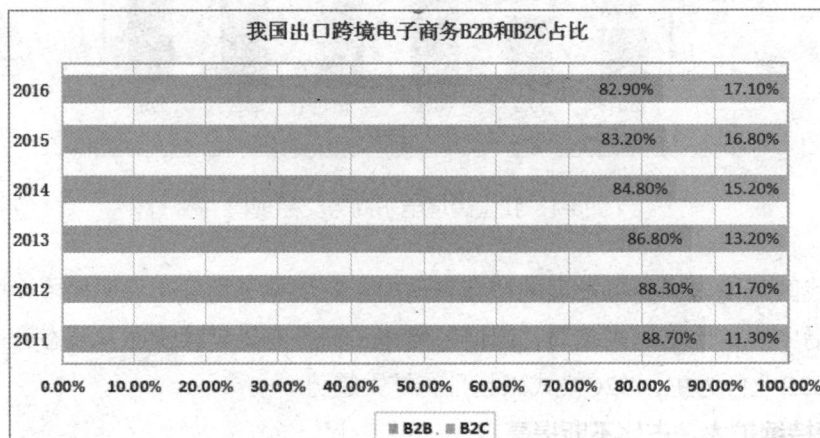

图5-3　我国出口跨境电子商务B2B和B2C占比

如图5-3所示，2016年我国出口跨境电子商务交易中，B2B跨境电子商务交易总额占比仍高达82.9%，出口跨境网络零售交易额的占比则上升至17.1%。

随着政策加持，出口跨境电子商务发展迅猛，正成为互联网行业的风口。据电子商务研究中心监测数据显示，2017年中国出口跨境电子商务交易规模为6.3万亿元，同比增长

14.5%。出口跨境电子商务正是"互联网+外贸"的结合体，国家政策不断扶持出口跨境电子商务有利于带动我国制造业、电子支付、物流、信息服务等产业的发展，进一步优化我国产业结构，加速产业结构的转型升级。出口跨境电子商务作为近年来多项政策的受益者，且伴随着"一带一路"以及"互联网+"的趋势，成功实现快速的发展，未来将有更多有利于出口跨境电子商务的政策出台，出口跨境电子商务将继续其快速发展的势头。

跨境电子商务还在发展中，远没有到达成熟稳定的发展阶段，但跨境电子商务的未来发展趋势必将是有利于降低交易成本、促进全球贸易便利化，促进全球经济健康发展。

5.2　我国跨境电子商务竞争力分析和展望

跨境电子商务是一种新型的贸易方式和新型业态，具有广阔的市场空间和良好的发展前景。发展跨境电子商务不仅可以带动我国对外贸易和国民经济的增长，还可以促进我国经济转型升级，提升"中国制造"和"中国服务"的国际竞争力，培育我国开放型经济新优势。

近年来，传统零售商、海内外电商巨头、创业公司、物流服务商以及供应链分销商纷纷入局跨境电子商务，并呈现蓬勃发展的局面，政府监管部门也在积极摸索，从政策层面调整完善，引导跨境电子商务的良性发展。

对跨境电子商务未来趋势的精准把握，不仅是企业的期盼，也是政府完善服务的需要。下面根据多年来对跨境电子商务的研究分析，提出我国跨境电子商务的发展趋势，并对其进行展望。

5.2.1　以出口为主导

根据PayPal和调研公司Ipsos（益普索集团，全球最大的市场研究公司之一）联合发布的第二届全球跨境贸易报告显示，2015年间，全球有19%的网购者有从中国网站购物的经历，中国也成为全球第二大受欢迎的跨境电子商务出口国。2016年我国跨境电子商务交易额约5.85万亿元，同比增长28.2%，其中B2B跨境电子商务交易额约为4.6万亿元，占总交易规模的78.6%；跨境网络零售交易额达到1.25万亿元，占总交易规模的21.4%，跨境网络零售中进口3060亿元，出口9440亿元。中国海淘用户规模达到0.41亿，增速达到78.3%。从结构上看，跨境出口电子商务的比例将长期高于跨境进口电子商务的比例，我国跨境电子商务的发展将始终以出口为主，进口为辅。

对于我国外贸出口而言，跨境电子商务能够有效化解当前外贸企业面临的突出问题，有效地拓市场、促转型、树品牌，把跨境电子商务打造成为外贸出口的新增长点。我国近年来力促跨境电子商务的发展，旨在扶持传统外贸企业借助互联网的渠道实现转型升级。例如，通过为中小微企业提供电商平台，有效地缩短了从生产者到消费者之间的产业链条，减少中间环节，降低交易成本，使得生产者获得更多的利益分成，也使消费者得到实惠，提高中国产品的国际竞争力；通过跨境电子商务，在个性化消费时代，以出口订单小型化的形式将原来的单一市场扩大到全球，有效扩大订单量，既能满足个性化需求，又能保持工业化生产的规模和效益，促进外贸企业的转型升级。

我国外贸B2B业务在跨境电子商务中处于主导地位，订单长期稳定且交易金额大。但随着金融危机的到来，海外企业受制于资金限制等，在一定程度上影响了B2B业务的发展。相反，持续稳定的个人购买力，加之不断改善的网络物流和完备的第三方支付，使出口跨境电子商务涌现出"多批次、小批量"特征的外贸订单新形态，同时使订单频率加快，这成为促进跨境电子商务不断发展的重要基础动力。

鼓励出口是各国的通行做法，跨境电子商务业务也不例外。据统计，2016年我国跨境电子商务全部进出口业务中，B2B跨境电子商务交易额约为4.6万亿元，占总交易规模的78.6%。在目前以及可预见的将来，特别是考虑到我国作为世界工厂的地位在未来一段时间内不会动摇，必须坚持以出口为主的方针，预计出口电商占比在未来几年内仍将保持在80%以上。出口型跨境电子商务正在从广东、江苏、浙江等沿海地区向中西部拓展，正在由3C等低毛利率的标准品向服装、户外用品、健康美容、家居园艺和汽车配件等新品类扩展，这将为我国出口电子商务的发展提供新的空间。

5.2.2　进口型跨境电子商务业务比重将提升

进口型跨境电子商务的增速快于出口型跨境电子商务的增速，这种现象势必长期存在。进口型跨境电子商务增快速的主要原因是：第一，据艾媒咨询研究数据显示，2016年中国海淘用户规模以高达78.3%的增长率升至0.41亿人，海淘用户市场未呈现饱和状态；第二，国内消费已从标准化、大众化的消费进入到个性化、定制化消费的阶段；第三，国内商品的供给端还停留在大众化商品阶段，无法满足居民消费升级的需求。海淘用户的不断增长和需求缺口的长期维持，成为推动进口型跨境电子商务增长的内在动力。

1. 近年来跨境电子商务进口现状分析

近年来，跨境电子商务进口业务发展出许多模式，如代购模式、海淘模式、直邮模式和保税备货模式等。2014年到2015年，我国本着先发展后规范的原则，对于进口模式持开放态度，鼓励积极探索，甚至给予极为优惠的政策，如对"6+1"个跨境电子商务试点城市开放，给予了跨境电子商务税收上的优惠政策，即通过跨境电子商务渠道购买的海外商品只需要缴纳行邮税，免去了一般进口贸易的"关税+增值税+消费税"。2014年7月，中华人民共和国海关总署的《关于跨境贸易电子商务进出境货物、物品有关监管事宜的公告》和《关于增列海关监管方式代码的公告》，即业内熟知的"56号"和"57号"文接连出台，从政策层面上承认了跨境电子商务，同时认可了业内通行的保税模式。2016年4月8日中华人民共和国财政部、中华人民共和国海关总署和中华人民共和国国家税务总局以营造公平竞争的市场环境、促进跨境电子商务零售进口健康发展为名，出台新政，即实行严格通关单管理等措施，逐渐关闭了税收红利窗口，给进口跨境电子商务带来了严重打击。据统计，新政实施一周，郑州、深圳、宁波等跨境电子商务综合试验区进口单量分别比新政前下降70%、61%和62%。

从长期来看，进口跨境电子商务对于丰富国内商品供给、提升居民消费层级有积极作用，但是必须明确，那些以税收优惠作为主要竞争手段的发展模式将难以为继，竞争将更多地体现在品牌、质量、服务和效率上。今后，我国政府仍将适度发展进口跨境电子商务，进行政策创新，促进跨境电子商务新业态的健康发展，提高我国跨境电子商务的发展质量。

2. 渠道下沉发展二、三线城市

亚马逊中国的报告显示，国内消费者群体表现出两个显著特征：第一个是未来发展趋向二、三线城市，第二个是消费群体特征凸显。首先，一线城市的电子商务大多趋于饱和状态，二、三线城市，甚至是城镇，将成为未来跨境电子商务的发展重点。总体而言，不论是欧洲、美洲的城市，还是国内的城市，跨境电子商务整体渠道都在下沉，往二、三线城市发展。其次，从亚马逊中国近八成的消费者来看，年龄集中在35岁以下，九成消费者拥有大学以上学历，具有稳定的收入。此外，以家庭为单位的群体成为跨境电子商务的主导群体，个人需求到家庭需求的衍变使得跨境网购更加多元化、生活常态化。

随着国内民众海淘习惯的养成，未来预计海淘用户仍能维持较高增速，进一步提升跨境电子商务进口的比重。

5.2.3 B2C向B2B转型

2016年，我国跨境电子商务的交易模式中，B2B交易额约为4.6万亿元，占比78.6%，占据绝对优势，预计2018年我国B2B交易额将超过20万亿元。从商业模式上看，B2B模式已经处于成熟阶段并且将长期占据主流地位，未来行业发展格局趋于稳定。

跨境电子商务B2C模式渠道扁平化，降低中间环节成本。与B2B模式相比，省去了"平台-批发商-零售商"的中间环节，节约成本带来的收益将在生产商与消费者之间分配，有利于供需两端的健康增长，满足消费者个性化需求的驱动，以及互联网技术、物流支付环节的支持，近年来迎来较大成长空间。埃森哲预计全球跨境电子商务B2C将于2020年达到近1万亿美元，年均增长高达27%，全球跨境B2C电子商务消费者总数也将超过9亿人，年均增幅超过21%。考虑到拥有超过2亿跨境B2C电子商务消费者，我国将成为全球最大的跨境B2C电子商务消费市场。

B2C的特点是业务表象热闹、包裹流转频率高，但是进出口的业务量很难做大，呈现出投入大、成本高、效能低的不足，对进出口的增长作用有限；另外，B2C业务模式也不利于政府监管。只有转向B2B，业务量才可能有爆发式的增长，才能真正成为外贸出口的增长点。

未来我国跨境电子商务的重点将从B2C转向B2B，电子商务的B2B具有更大的发展潜力。特别是通过推动制造型企业上线，促进外贸综合服务企业和现代物流企业转型，从生产端、销售端共同发力，成为跨境贸易电子商务发展的主要策略。

5.2.4 优化跨境电子商务服务平台

随着跨境电子商务服务平台规模的进一步扩大，将会产生更大的规模效应和网络效应，生存能力和服务能力不断提升。

1. "平台模式"成为服务公式

建立涵盖所有流程的综合性服务平台，确保实现客户全流程的"平台模式"已经成为服务共识。

第一是政府各类公共服务平台。如，从中央到省、市、县级的电子商务促进机构、电子商务园区，其服务模式将继续创新，在服务环节、服务范围和服务功能上实现更大突破，将扮演"公共服务"的角色，为跨境电子商务提供无处不在、随需随取、极其丰富和极低成本的商务服务，逐步实现现有的"工具性平台"向"生态性平台"过渡。

第二是交易平台。阿里巴巴、敦煌网、环球资源网、中国制造网、环球市场集团、兰亭集势、苏宁、亚马逊中国、聚美优品及大龙网等电子商务平台占据了我国跨境电子商务较大的市场份额。他们不参与交易，只是为平台上的买卖双方提供撮合机会。

第三是进出口流程外包服务平台。外贸综合服务企业，面向中小企业，通过互联网一站式为中小企业和个人提供通关、物流、外汇、退税及金融等所有进出口环节服务。

保障正品、有价格优势、物流体验好、售后完善将是跨境电子商务企业的核心竞争领域。通过不断优化跨境电子商务服务平台，能为跨境电子商务未来的发展创造更大的空间。

2. 积极推广"单一窗口"平台

建设"单一窗口"是国家推动与国际贸易规则接轨、扩大对外开放和推进口岸通关便利化的重大举措，在目前国际贸易形势严峻、国内全力稳定外贸增长的背景下，具有现实意义。推行"单一窗口"建设，核心是信息共享，不但可以提高政府监管效能，减少申报单证的重复录入和数据信息的差错，促进贸易程序便利，而且能降低贸易和物流企业的物流成本。

　　"单一窗口"的创举在于，打破口岸监管部门之间的"壁垒"，将各部门都需要提供的"同类项"合并，企业所有申报行为只面对一个平台，且只需向平台一次递交全部申报信息及相关材料，实现一次性递交满足监管部门要求的标准化单证和电子信息，监管部门处理状态通过单一平台反馈给申报人。

　　"单一窗口"平台具有政务服务和商务服务双重功能，通过"一点接入"，建立和完善数据标准和认证体系，落实"负面清单"制度，实现政府管理部门之间"信息互换、监管互认、执法互助"，做到"一次申报、一次查验、一次放行"，实现通关全程无纸化，提高通关效率，降低通关成本。同时，通过链接各类综合服务企业和金融机构，为跨境贸易电子商务企业和个人提供物流、金融、质量管控、风险防范等贸易供应链综合服务，为跨境电子商务发展提供高效、便捷、透明、公正的政务、商务服务环境。

5.2.5　建立海外仓，加快国际化进程

　　现代化物流是跨境电子商务发展的重要基础和支撑，国际跨境电子商务的领头羊亚马逊在全球有60多个仓储运营中心，具有解决最后一公里和提供购物体验的优势，在物流领域处于领先地位。受到亚马逊良好业绩的影响，eBay也开始学习亚马逊，在美国、澳大利亚设立海外仓，速卖通也开始加大布局海外仓的力度。

　　目前，我国进出口货物的物流配送模式存在国际快件费用昂贵、配送速度缓慢和服务质量不高的问题，这不仅影响了跨境电子商务的销售额，还阻碍了跨境电子商务的发展。与世界先进的物流体系相比，以顺丰速运、中国邮政为主的国内跨境电子商务物流体系正处于摸索和发展阶段。

　　我国跨境电子商务物流主要有五种运作模式，分别是邮政快递、国际快递、跨境专线物流、快递模式和海外仓模式。据不完全统计，我国跨境电子商务出口业务70%的包裹都通过邮政系统投递。第一种物流运作模式是邮政快递，该物流模式的优点是网络全球覆盖度高，缺点是运输时间长，丢包率高。此外，邮政快递模式依靠万国邮政联盟的互助协议，该模式未来可能会受到各国政策的限制。第二种物流运作模式是国际快递，行业中主要有联邦快递（FedEx）、联合包裹（UPS）、敦豪速递（DHL）、天地快运（TNT）等国际物流快递公司。该物流模式的优点是速度快、客户体验好、投送能力强，服务质量高，缺点是寄送价格昂贵，一般商家无法承受。例如，使用UPS从中国寄包裹到美国，可在48小时内到达。第三种物流运作模式是跨境专线物流，通常指通过航空包舱方式将货物运送到海外，再通过合作公司进行目的地的派送。该模式的优点是通过规模效应降低成本，缺点是国内揽收范围相对有限，覆盖地区有待扩大。第四种物流运作模式是国内快递的国际化服务，主要包含顺丰速运、韵达快递、中通快递等国内快递企业。该模式的特点是紧跟时代步伐，在跨境物流方面较早布局，缺点是国内快递企业的跨境物流业务刚起

步，在国际覆盖范围、物流配送效率及物流信息采集等方面与国际物流快递公司相比还存在较大的差距。第五种物流运作模式是海外仓模式，是指国内企业深入海外买家所在国家（地区），在当地建立仓库并储存商品。当所在国家（地区）的买家在线上下单之后，由当地的仓库根据订单情况进行货物的分拣、包装以及规模化递送，从而实现包裹的派送。海外仓是改进国际物流的重要举措，有效解决了国际物流配送周期漫长、小包成本高昂、容易丢失等问题，帮助跨境电子商务降低物流成本、缩短交付时间、贴近用户服务，可以实时退换货，能够极大地提升客户体验，进而提高企业的销售额。不过，海外仓存在容易压货、运输成本高等问题，需要巨大的投入和精细化管理，而且国外的人力成本相当高昂，适合大型跨境电子商务企业，小型企业关于物流方面的处理措施还有待探索。

中华人民共和国商务部发布的《2016年中国国内贸易发展回顾与展望》点名表扬了京东物流、菜鸟物流等一批现代物流企业采用信息化、智能化手段，创新合作模式，不断提高物流配送效率，"当日达"已成为配送领域新航标。由此可见，我国跨境电子商务物流将是未来几年发展的重中之重。

以跨境电子商务领头羊亚马逊的现代化物流体系为标杆，结合现代化物流的发展趋势来看，我国跨境电子商务物流企业的国际化势在必行。我国跨境电子商务物流将积极拓展国际配送服务网络，快速提高物流配送效率，力求为客户量身打造仓配一体的一站式物流供应链服务；制订跨境物流配送企业服务质量标准，促进跨境物流配送企业提质增效；建设海外仓，帮助跨境电子商务跨越时空阻隔，提升用户体验。

相信我国众多电子商务物流企业在国内站稳脚跟后，必然会开始国际化进程，与亚马逊、eBay争夺国际商场，大家拭目以待。

5.2.6　完善金融服务，开放第三方支付

目前，在跨境电子商务领域，银行转账、信用卡支付、第三方支付等多种支付方式并存。跨境电子商务B2B目前主要通过传统的线下模式完成交易，支付方式主要是信用证、银行转账（如西联汇款）。跨境电子商务B2C主要使用线上第三方支付方式完成交易。

美国的第三方支付系统PayPal（贝宝）是国际范围内规模最大的在线支付工具。2014年，PayPal在全球共处理资金2350亿美元，实现营业收入80多亿美元，移动端的交易笔数超过总交易笔数的68%。作为美国公司，PayPal无法在我国开展本地支付，但为我国跨境电子商务提供外币在线支付服务已有多年。随着我国跨境电子商务在全球的崛起，PayPal与越来越多的国内跨境电子商务平台开展合作，并携手银联打通国内银行卡（包括借记卡）渠道，还将正式为中国商户推出B2B2C跨境电子商务解决方案。

在中国市场，一批优秀的第三方支付本土企业，比如支付宝、财付通和银联电子支付，已获得跨境电子商务外汇支付业务、跨境人民币支付业务和跨境汇款业务等跨境支付

业务的试点资格，陆续进军跨境支付领域，致力于提供高效、便捷、安全的跨境网络支付服务。它们可以通过银行，为小额电子商务交易双方提供跨境互联网支付所涉及的外汇资金集中收付及相关结售汇服务。

虽然我国第三方支付本土企业发展很快，但是目前尚不具备国际竞争力。今后要继续推进金融创新，在风险可控的前提下进一步扩大支付限额，引导和支持国内金融机构特别是支付企业"走出去"，逐步完善跨境电子支付体系，有效满足境内外企业及个人跨境电子支付的合理需求，助推我国跨境电子商务的发展。

5.2.7　跨境电子商务良性发展生态圈

跨境电子商务是一个生态圈，包括跨境电子商务平台、电子商务企业、电子商务服务企业、政府及园区等。一个好的生态圈，不能只注重买卖，更要注重产业发展，要打通上下游，疏通"左中右"，营造良好的环境。以杭州电子商务生态圈为例，杭州不仅有阿里巴巴这个全球最大的企业间电子商务交易平台；旗下淘宝网为全球最大的网络零售平台，支付宝这一第三方支付平台为全球最大的网络支付平台；还有中国化工网、中国服装网、中国包装网和中国塑料网等一批行业领先企业；更有各类网店几十万家；还有IT服务、仓储物流、营销推广、视频美工等电子商务服务类企业2000多家；此外还有一达通、融易通、跨境通、跨境购等跨境电子商务综合服务平台。

1. 电子商务高度尊重实体制造者

跨境电子商务企业要清晰地认识到：跨境电子商务是信息提供平台，但最终提供服务、产品的仍旧是实体制造者，因此电子商务企业要对实体企业抱有高度的尊重。要想实现跨境电子商务和实体企业的融合发展，核心在于跨境电子商务从业者充分利用互联网，实现消费者和生产者的良性互动，最终让产品做得更好，最大限度上促进实体的发展。

2. 强化监管力度，助推电子商务健康发展

创建一个公平的竞争环境有助于跨境电子商务的健康发展。

随着我国跨境电子商务规模的扩大，开正门、堵偏门，将灰色清关物品纳入到法定行邮监管的必要性不断增强。同时，跨境电子商务阳光化有助于保障正品销售、降低物流成本、完善售后制度，是未来跨境电子商务发展的必然方向。

利用互联网技术，可以改变监管方法，减少相关复杂环节，使得政府监管更加高效、便捷；未来随着跨境电子商务试点阳光化继续推进，监管经验不断丰富，阳光监管模式流程化、制度化，必将营造公平的竞争环境，助推我国跨境电子商务的健康发展。

3. 积极发展县域电子商务生态圈

直接管辖农村的县域电子商务，将是我国跨境电子商务未来发展中不可或缺的一环。

解决农村的物流快递问题，是布局农村电子商务的关键。2017年12月，阿里巴巴集团宣称，未来5年阿里巴巴将投资100亿元到农村，在中国1000个县建立运营中心，在各个村建立服务点，并希望以此带动更多年轻人回到农村，共同发展有中国特色的农村电子商务生态圈，合力助推县域电子商务的繁荣发展。

4. 做好跨境电子商务要注意细分市场

互联网天生的中心化性质，使得该行业内一般只有前两名，甚至第一名才有较好的发展前景。那么，政府、行业、组织如何有效规避互联网过度中心化将是一个长期摸索、不断完善的过程。

其实，单纯在互联网上的商业交易买卖环节，中心化的趋势一定会存在。但是，像海尔、三一重工这样根据自己在行业内所占的地位、资源而形成的小生态，也是跨境电子商务领域的一种升级。这种升级就是指跨境电子商务要有专注的品类。对于产业园而言，专注的品类可以分为两个方面，第一个是专注的国家或地区，第二个是专注的经营品类，比如消费品、工业品等。对于跨境电子商务平台而言，可以放眼全球，只关注经营品类；也可以既针对国家或地区，又关注经营品类。细分市场、专注品类的跨境电子商务范例已经屡见不鲜。其中，首个跨境移动端女性购物平台BellaBuy另辟蹊径，以其独特的发展理念和发展路线，开创了行业垂直跨境电子商务的先河。BellaBuy专注欧美年轻女性市场，坚持精细化、品牌化发展路线。同样，深耕食品垂直领域的"格格家"作为中国食品类垂直电子商务，以经营跨境进口食品为主，业务采用"保税直营+直采"模式，积累海外供应链资源优势，主攻高端女性群体，建立品牌感知度，积极拓展B2B业务，依靠平台运营和用户体验来吸引消费者。

综合性跨境电子商务平台在物流运营经验上具有优势，但是在不断扩充各个垂直领域的电商布局时，需要认真研究不同领域消费者的需求，否则有可能造成服务过多反而不能发挥自营电子商务深耕优势。而行业垂直跨境电子商务平台经营单一品类，能够大规模采购同类商品并集中仓储，成本控制上具有优势，更容易增加用户在平台的黏性，不足是单一品类对利润控制要求较高，增加仓储和物流成本。

目前，我国跨境电子商务行业呈现两极分化的马太效应，"强者愈强、弱者愈弱"，其原因是：大卖家能够对跨境电子商务有更加深刻的理解，能够有效地利用各种营销工具，采用多种营销方案，在供应链和团队管理上能够更加精细和高效，因而能够充分享受跨境电子商务发展所带来的红利；而大多数小卖家陷于价格战、产品同质化竞争当中，很难有所突破。

由此可见，垂直化经营和新兴品类开发是中小型跨境电子商务企业的突破口。此外，中小型跨境电子商务企业还可以侧重针对小语种市场，采用多渠道经营策略等，以保持竞争力。

未来依靠巨头的海淘垂直平台，凭借体量优势拓展更多商品品类，有效平衡高低收益品类的利润差异，将是未来行业垂直跨境电子商务的发展趋势。

5.2.8　移动端持续发力

随着移动互联网的快速发展，用户正逐渐从PC端向移动端转移。但是，能够摆脱传统PC端互联网思维的影响，专注于移动端的跨境电子商务平台依然凤毛麟角。

众所周知，Wish是创建于美国的一家移动B2C跨境电子商务平台。作为跨境电子商务新手，它没有在PC端运营，因此在开拓移动市场时不会受到固有的PC端互联网思维的影响，它以移动端作为切入点随心所欲地开发，在跨境电子商务领域成功突围，其惊人的成长速度赢得了众多投资人的目光。Wish在移动端高达95%的用户，着实让亚马逊、eBay等出口跨境电子商务巨头们为之一震。

下面介绍智能手机用户的发展情况及移动端跨境电子商务平台的发展现状。

1.　智能手机用户现状

2017年8月4日，中国互联网网络中心发布的《中国互联网络发展状况统计报告》显示，截至2017年6月，中国手机网民规模达到7.24亿人，约占全球网民总数的五分之一。其中，移动支付用户规模达5.02亿人，线下场景使用特点突出，4.63亿网民在线下消费时使用手机支付。从中可见，成熟市场上智能手机的普及将促进消费者媒体使用量，引导跨境电子商务趋向"以移动为中心"，而新兴市场上经济型智能手机的普及，会使得以前从来没有上过网的消费者尝试用手机网上购物，给跨境电子商务带来了新的发展机遇。

报告对不同国家进行了预测，2018年我国智能手机用户将突破8亿人，成为智能手机用户最多的国家；印度智能手机用户将接近2.7亿人，稳固世界第二大智能手机市场的地位；美国2017年智能手机用户超过2亿人，占全国人口65%以上；印度尼西亚智能手机用户将于2018年超过1亿，成为第四大手机市场。客观事实表明，智能手机用户数量多的国家和地区，跨境电子商务平台抢夺市场的比拼也更加激烈。

2.　移动平台发展现状

Wish在移动端取得的成功，促使亚马逊、eBay、速卖通等先后试水移动端并进行布局。但是，这些平台受限于自身PC端互联网平台的经验，仅仅是将PC端的大屏幕进行了适应性调整，使之适应智能手机的屏幕而已，没有真正地利用移动互联网思维的精髓。例如，亚马逊首页是展示自家优质产品，然后是系统推荐；eBay首页是引导消费者注册，然后可以按照产品品类浏览及促销产品的展示；速卖通首页也是各种促销活动。由此可见，这些跨境电子商务巨头依然沿用了PC端网站的设计理念。相反，Wish淡化了产品品类浏览及搜索，去除了促销，通过日常用品的推荐，挖掘消费者的喜好，进行产品的关联推荐，从而进一步刺激了消费者的购物行为。

此外，从首个女性移动跨境电子商务平台BellaBuy到俄罗斯移动电子商务Mobuy的陨落可知，要想在移动端获得成功，必须通过增加娱乐性元素增强平台用户的黏性，平台通过闭环式的商品交易保证用户良好的购物体验，要实现消费者的精准推荐，提高移动平台的竞争力。

3. 聚焦社交媒体

随着移动设备的普及，社交媒体已经成为"千禧一代"生活的一部分，因此社交媒体平台也成为商户跨境销售的必争之地。

相比传统的营销模式，社交媒体凭借天然的"强互动"属性，将企业和顾客紧密结合在一起，帮助企业以较低的成本达到品牌传播的目的。Twitter和Facebook等社交平台也随之成为中国商户开拓海外市场的必争之地。近年来，除了直接在社交媒体上投放广告外，中国商户还采取了一些新的形式，比如与国外社交媒体红人合作。这些国外的"网红"成了商户品牌和商品的媒介，通过他们自身在网民中的广泛影响力，将粉丝转化为潜在消费者。

由此可见，移动设备、"千禧一代"和社交平台三者的融合发展，推动了移动跨境电子商务的持续发力，给我国跨境电子商务企业带来了无限商机。

基于2018年全球智能手机用户将突破25亿的客观事实，我们有理由相信，移动跨境电子商务平台竞争将更加激烈、相信亚马逊、eBay等跨境电子商务巨头会进一步优化，在移动端和Wish一争高下。

5.2.9　跨境电子商务用户行为分析

对我国消费者的地区分布、购物习惯等进行分析，在一定程度上有助于我国跨境电子商务企业提升对海外用户行为的分析，更好地实现产品定位，有针对性地调整经营策略。

艾媒咨询发布的《2017上半年中国跨境电子商务市场研究报告》显示，我国跨境电子商务用户行为主要表现为以下几点。

（1）满意海淘经历：艾媒咨询数据显示，中国近七成海淘用户最近半年有过海淘经历，且高达98.4%的消费者认为，国内跨境电子商务平台在满足消费者升级海淘需求方面表现良好。

（2）海淘关注点：艾媒咨询数据显示，海淘用户的海淘消费支出普遍较高，重点关注的TOP4体验维度分别是商品质量、高性价比、品牌丰富和正品保障。其中，商品质量仍然是海淘用户最看中的因素，用户对不同地区的品牌商没有特别偏好。

（3）平台偏好度：在众多跨境电子商务平台中，超过六成的用户首先考虑跨境电子商务平台的正品保障能力，其次分别是平台知名度、商品品类丰富度、品牌覆盖率以及新品更新度等。在国内，网易考拉海购以24.2%的比例占据2017年上半年跨境电子商务平台市场份额首位，然后是天猫国际的20.3%、唯品国际的15.7%、京东全球购的12.5%、洋码头的5.8%、小红书的5.3%、蜜芽的3.1%以及其他平台的13.1%。由此可以看出，TOP4凭借强供应链布局及电子商务平台的导流能力，已在市场赢得先机。需要说明的是，艾媒咨询数据显示，57.4%的用户青睐自营跨境电子商务平台，原因是平台质量管控能力强、对商品精挑细选的专业性、价格优惠、售后服务有保障及物流速度体验性好等。

在进口电子商务领域，国内消费者海淘的是"国外品牌"；在出口电子商务领域，海外消费者海淘的是"中国制造"的中国货。国内卖家应该换位思考，知道如何有效提升自身的竞争力，进一步将"中国制造"呈现给全世界。

随着跨境电子商务的不断发展，官网直购进口业务模式成为一种新型跨境商业模式。官网直购是指产品的生产企业开设的官方网店，消费者直接从生产单位购买产品的过程。官网直购一举改变了消费过程中的层层传递购买模式，在生产者和消费者之间建立点对点的直接简单的销售模式。

与B2C、C2C不同，官网直购模式作为目前跨境电子商务进口的一种商业模式，无需库存，在垂直领域避开与电商巨头的竞争。目前，无论是天猫国际、京东全球购，还是其他平台，都集中在母婴、保健品等爆款，像55海淘网直接将海外官网数千万商品整合在一起，最大限度地丰富了SKU数量，使得国内消费者购买海外产品更加便利。

国内消费者确保买到品牌真货的第一个渠道就是专柜。专柜模式相当于海外品牌的本土代理，在帮助品牌开疆辟壤之后，通常通过专柜优势获取超额利润，使得品牌价格虚高。然而对于国内消费者而言，官网直购模式则具有以下优点。

（1）高性价比。从海外官网直接购买产品，实现产品价格实时对接。

（2）质量保证。确保产品质量，提高消费者的信心和关注度。

（3）最新款式。助力消费者买到最新产品，而非停留在看杂志、电视中的产品宣传，或等待一段时间才能购买到的阶段。

（4）节省邮费。直购官网通常规定，消费者购买达到一定数量即可免除昂贵的邮费。

鉴于海外品牌在中国有专柜，一旦入驻跨境电子商务平台，很可能损害渠道商的利益，并且难以获得用户信息，因此，如何建立与海外官网良好的合作关系，是官网直购平台面临的挑战。此外，官网直购平台赢得利润的方式无非两种，一种是海外电商的返佣，另一种是提高商品价格赚取差价。

目前，跨境电子商务出口平台显示，手机配件、安全监控等行业类别正在快速发展，市场日益成熟，无论是海外市场的拓展空间、海外渠道机会，还是国内生产企业在外贸电子商务方面的应用潜力，跨境电子商务出口平台都能够助力官网直销，相信会有一个广阔的发展前景。

本章小结

本章总结了我国跨境电子商务目前的发展状况，然后客观分析了我国跨境电子商务的竞争力，并对我国跨境电子商务的未来发展进行了展望。欲从事跨境电子商务的学习者可以结合自身特点与跨境电子商务企业对人才的需求标准，努力学习，使自己成为一名复合型跨境电子商务人才。

习题

1. 简述复合型跨境电子商务人才应该具备哪些知识和技能。
2. 简述进口跨境电子商务持续增长的原因。
3. 简述多渠道运营的概念。
4. 简述海外仓的概念及其优缺点。
5. 简述我国跨境电子商务物流的运作模式。
6. 简述"单一窗口"模式及其优点。